Lisa Lopuck

Fireworks MX efeitos mágicos

Tradução
Eveline Vieira Machado

Revisão técnica
Deborah Rüdiger

Do original
Fireworks MX Magic

Authorized from the English language edition, entitled *Fireworks MX Magic*, 1st Edition by Lopuck, Lisa, published by Pearson Education, Inc, publishing as New Riders. Copyright© 2002 by New Riders Publishing.

All rights reserved. No part of this book may be reproduced or transmitted in any form or by any means, electronic or mechanical, including photocopying, recording or by any information storage retrieval system, without permission from Pearson Education, Inc. Portuguese language edition published by Editora Ciência Moderna Ltda., Copyright© 2002.

Todos os direitos para a língua portuguesa reservados pela EDITORA CIÊNCIA MODERNA LTDA.

Nenhuma parte deste livro poderá ser reproduzida, transmitida e gravada, por qualquer meio eletrônico, mecânico, por fotocópia e outros, sem a prévia autorização, por escrito, da Editora.

Editor: Paulo André P. Marques
Supervisão Editorial: Carlos Augusto L. Almeida
Produção Editorial: Tereza Cristina N. Q. Bonadiman
Capa: Amarílio Bernard
Diagramação: Érika Loroza
Tradução: Eveline Vieira Machado
Revisão: Daniela Marrocos
Revisão Técnica: Deborah Rüdiger
Assistente Editorial: Daniele M. Oliveira

Várias **Marcas Registradas** aparecem no decorrer deste livro. Mais do que simplesmente listar esses nomes e informar quem possui seus direitos de exploração, ou ainda imprimir os logotipos das mesmas, o editor declara estar utilizando tais nomes apenas para fins editoriais, em benefício exclusivo do dono da Marca Registrada, sem intenção de infringir as regras de sua utilização.

FICHA CATALOGRÁFICA

Lopuck, Lisa
Fireworks MX: efeitos mágicos
Rio de Janeiro: Editora Ciência Moderna Ltda., 2002.

Computação gráfica; animação de imagens em computador; Web design
I — Título

ISBN: 85-7393-230-9   CDD 001642

Editora Ciência Moderna Ltda.
Rua Alice Figueiredo, 46
CEP: 20950-150, Riachuelo – Rio de Janeiro – Brasil
Tel: (21) 2201-6662/2201-6492/2201-6511/2201-6998
Fax: (21) 2201-6896/2281-5778
E-mail: lcm@lcm.com.br
www.lcm.com.br

Sumário

1	**Ilustração vetorial inacreditável**	**1**
	Como criar uma arte vetorial com aparência real e de mapa de bits!	1
	Como iniciar	2
	Como construir formas vetoriais exclusivas	3
	Como adicionar textura e cor	6
	Como colar objetos dentro de outros objetos	9
	Modificações	12
2	**Colagem de mapa de bits brilhante**	**15**
	Como construir as melhores composições do mundo	15
	Como iniciar	16
	Como alterar uma forma de mapa de bits	16
	Como alterar os pixels	19
	Como remover a marca em torno de um mapa de bits	20
	Como adicionar um fundo interessante	22
	Como adicionar imagens dentro da concha	24
	Modificações	26
3	**Como exportar a excelência**	**33**
	Desempenho otimizado a partir de desenhos da página web	33
	Como iniciar	34
	Como descrever os desafios	35
	Como fatiar uma estrutura de tabela aninhada	36
	Como otimizar e exportar os gráficos	38
	Como otimizar a barra de navegação	41
	Como otimizar e exportar a animação	45
	Modificações	46
4	**Desenho do bloco de fundo**	**49**
	Como criar e visualizar blocos de fundo personalizados e uniformes	49
	Como iniciar	50

Fireworks MX: efeitos mágicos

	Como criar um bloco padrão uniforme	50
	Como simular a aparência da página web final	54
	Como otimizar e exportar um bloco exagerado	56
	Modificações	58
5	**Vitrine do produto animado**	**61**
	Como construir uma interface dinâmica com animações de rollover	61
	Como iniciar	62
	Como construir um botão	63
	Como animar os objetos	65
	Como exportar as animações GIF	67
	Modificações	70
6	**Desenho dinâmico da interface**	**73**
	Como usar rollovers para expandir de modo mágico a interface de sua página	73
	Como iniciar	74
	Como construir o símbolo gráfico da ficha	75
	Como criar as animações MouseOut	77
	Como construir os estados MouseOver	81
	Como exportar as animações para criar arquivos externos	82
	Como adicionar os comportamentos da imagem de troca	83
	Modificações	84
7	**Botões extravagantes**	**87**
	Como construir botões ótimos e arte para os filmes Flash	87
	Como iniciar	88
	Como desenhar um botão e arte de quadros do filme no Fireworks	88
	Como criar o "saltador"	91
	Como exportar os quadros do botão a partir do Fireworks	92
	Como importar os quadros do botão Fireworks para o Flash	93
	Como criar quadros de clipe do filme no Fireworks	95
	Modificações	98
8	**Gerenciamento dos links em grande escala**	**101**
	Como manter a consistência do link	101
	Como iniciar	102
	Como usar o painel URL	103
	Como atualizar e exportar as bibliotecas de links	106
	Modificações	107
9	**A barra de navegação definitiva**	**111**
	Como construir uma barra de navegação web	111
	Como iniciar	112
	Como criar os gráficos do botão	112
	Como criar os símbolos do botão com texto	114
	Como montar uma barra de navegação	116
	Modificações	119
10	**Menus instantâneos perfeitos**	**121**
	Como construir menus de navegação instantâneos	121
	Como iniciar	122

Como criar uma barra de navegação com menus instantâneos	123
Como exportar os menus instantâneos	129
Modificações	130
Modificação de bônus: como usar instantâneos, ao invés de rollovers de troca	131

11 Para o Dreamweaver e de volta 133

Como trabalhar de modo inteligente entre o Dreamweaver e o Fireworks	133
Como iniciar	134
Como fatiar a interface e atribuir comportamentos	135
Como exportar a interface para o Dreamweaver MX como HTML	137
Edição da ida e volta	139
Modificações	142

12 Sites web atualizados instantaneamente 145

Como atualizar os gráficos do site web com ferramentas de processamento em lote	145
Como iniciar	146
Como usar o Find and Replace com o Project Log	147
Como usar o Project Log	149
Como alterar o esquema de cores	150
Como usar o processamento em lote	153
Modificações	156

13 Produção gráfica com efeitos mágicos automáticos 159

Poupe seu cérebro das tarefas repetitivas	159
Como iniciar	160
Como dimensionar e exportar as pequenas exibições	161
Como emoldurar as pequenas exibições	163
Como criar uma exibição detalhada	166
Modificações	169

14 Fluxo de trabalho de colaboração 171

Como assegurar a consistência da construção	171
Como iniciar	172
Como gravar os estilos e símbolos básicos	173
Como criar um símbolo do botão transparente	175
Como construir uma barra de navegação	180
Modificações	183

15 Extensões poderosas do Fireworks 185

Como criar comandos Flash personalizados	185
Como iniciar	186
Como configurar o ambiente de construção	187
Como construir a extensão lembrando um pequeno histórico	189
Como fornecer extensão a uma interface do usuário	193
Modificações	196

Índice 201

Os autores

Lisa Lopuck

Lisa Lopuck é uma web designer premiada, oradora altamente respeitada nas conferências web no mundo e autora best-seller. Ela tem estado no conselho de consultores do Fireworks da Macromedia desde o lançamento do produto, e nos últimos 10 anos tem sido consultada como uma estrategista criativa da web para várias empresas de alto perfil, incluindo eBay, Inktomi, Palm, Sprint, National Geographic, Twentieth Century Fox, Microsoft e Apple. Ela foi fundadora e diretora-chefe de criação na eHandsOn.com, uma empresa de aprendizado on-line, e em 1996 foi co-fundadora e diretora de criação da premiada empresa de web design Electravision. Lopuck é graduada em design de comunicação pela UCLA.

Jeffrey Bardzell

Jeffrey Bardzell é um especialista em aprendizagem eletrônica na Indiana University. Ele também é instrutor e autor de software na Macromedia, consultor de aprendizagem eletrônica, às vezes instrutor de literatura e o primeiro analista de estratégias da educação. Suas publicações de informática incluem *Special Edition Using Firewowks MX* (Que Publishing, agosto de 2002, ISBN: 0789727269), *Fireworks 4 Expert Edge* (McGraw-Hill/Osborne, julho de 2001, ISBN: 0072131462), *Flash 5: An Architectural Approach* (um currículo on-line na eHandsOn) e contribuições para *Flash 5 Bible* (Hungry Minds, Inc., fevereiro de 2001, ISBN: 0764535153). Suas publicações acadêmicas incluem *Improving Early Reading and Literacy* (Corwin, em breve), assim como vários artigos sobre literatura antiga, reforma financeira da escola e poesia épica.

Joyce J. Evans

Joyce J. Evans tem mais de 10 anos de experiência no ensino educacional, desenvolvimento tutorial e web design. Recebeu o prêmio Editors' Choice por seu livro *Fireworks 4 f/x & Design* (The Coriolis Group, maio de 2001, ISBN: 1576109968) e é autora de vários títulos de design gráfico, inclusive *Dreamweaver MX Complete Course* (Hungry Minds, Inc., setembro de 2002, ISBN: 0764536869). Também contribuiu em vários livros, como *Dreamweaver 4: The Complete Reference* (McGraw-Hill/Osborne, maio de 2001, ISBN: 0072131713) e *Dreamweaver MX/Fireworks MX Savvy* (Sybex, maio de 2002, 0782141110). Joyce escreve ativamente revisões e artigos para várias revistas de design gráfico.

Os autores | VII

Steven Grosvenor

Steven Grosvenor é co-fundador do **www.phireworx.com**, um site de recursos Fireworks, co-autor de *Dreamweaver MX Expert Edge* (McGraw-Hill/Osborne, julho de 2002, ISBN: 0072223553) e é arquiteto sênior de sistemas em uma empresa de segurança da Internet gerenciada no Reino Unido. A base de Grosvenor está na integração de sistemas com plataforma cruzada, design de interface, interação e design de arquitetura. A demanda dos usuários por uma experiência personalizada e interativa levou-o a desenvolver e a criar vários comandos e comportamentos para o Dreamweaver que economizam tempo e são criativos, reduzindo muito o tempo de distribuição para os sites da empresa e aumentando sua portabilidade e dimensionamento. Seu esforço para aumentar a produtividade da empresa levou-o a desenvolver extensões para outros produtos no conjunto web Macromedia, inclusive o Dreamweaver MX, o Fireworks MX e o Flash MX. Um dos novos gêneros de comandos para o Fireworks MX, o "Twist and Fade 3.0", criado por Grosvenor, teve o privilégio de ser incluído no Fireworks MX. Suas outras publicações incluem vários tutoriais do Fireworks MX e do Dreamweaver MX, que podem ser encontrados em **www.macromedia.com**.

Joe Marini

Joe Marini graduou-se em tecnologia da engenharia de computadores no Rochester Institute of Technology, em 1991. Ele vem desenvolvendo software profissionalmente há 15 anos para empresas como a Quark, a mFactory e a Macromedia, e foi sócio-fundador de sua própria empresa, a Lepton Technologies. Enquanto esteve na Macromedia, Marini foi um membro original da equipe de desenvolvimento do Dreamweaver e representou a empresa no DOM Working Group do W3C. Marini mora e trabalha em São Francisco, Califórnia, com sua esposa Stacy e seu cão Milo.

Abigail Rudner

Abigail Rudner é artista, designer, treinadora e consultora especializada na web, em design de interface e ilustração de fotos. Ela trabalhou com clientes que incluem Levi's, Wells Fargo, *The Wall Street Journal*, America Online, Absolute Vodka, Apple, Microsoft, *FAD* e *Publish!* Magazines. Ela tem ensinado web design e tópicos afins com amor e entusiasmo nos Estados Unidos durante os últimos 10 anos. Rudner é graduada em belas-artes na Parsons School of Design.

Anne-Marie Yerks

Anne-Marie Yerks é autora, instrutora e artista plástica da Ann Arbor, Michigan. Ela trabalhou recentemente com a New Riders Publishing como autora-chefe de *Inside Dreamweaver 4* (ISBN: 0735710848), que foi publicado em maio de 2001. Yerks também desenvolveu aulas on-line no campus virtual da New York University, para o Sessions.edu e ensinou web design na George Washington University. Começou a trabalhar com o Fireworks há alguns anos, em sua função de desenvolvedora web no *Journal of Commerce*. Ela também trabalhou nos sites web para o PBS, a Environmental Protection Agency, a University of Michigan e tem contribuído em vários livros e publicações, incluindo *Web Review*, *Intranets Unleashed* e Lycos.com.

Os revisores técnicos

Estes revisores contribuíram com sua experiência prática considerável para todo o processo de desenvolvimento de *Macromedia Fireworks MX: efeitos mágicos*. Quando o livro estava sendo escrito, estes profissionais dedicados revisaram todo o material para o conteúdo técnico, organização e fluxo. Seu retorno foi fundamental para assegurar que *Macromedia Fireworks MX: efeitos mágicos* fosse adequado às necessidades de nosso leitor para obter informações técnicas com a mais alta qualidade.

Marc Garrett

Marc Garrett começou projetando sites web em 1996. Entre seus muitos projetos, ele ajudou o Northeast Historic Film a estabelecer as bases de um armazenamento de mídia digital, desenvolveu aplicações para a intranet do Blue Circle North America e construiu um armazenamento on-line para a Pegasus Communications. Garrett também colabora com revisões e entrevistas em seu próprio site web, www.since1968.com. Em seus momentos de calma, ele suspeita que possa ter esquecido seu ofício como manipulador de serpentes e imagina se não é tarde demais.

Eric R. Infanti

Eric Infanti (CTW, CI), autor, treinador e instrutor web, expressa sua paixão através de uma escrita técnica criativa, um estilo de treinamento positivo e um design web inovador. Infanti é um webmaster da Internet premiado e graduado, é instrutor com certificado, web designer chefe e diretor de treinamento e desempenho em uma firma de design e treinamento em Connecticut. Infanti também tem mais de 14 anos de experiência gerenciando o design conceitual e a arquitetura da informação para os produtos da web/IT e dirige a filosofia e a estratégia das iniciativas de treinamento, formando núcleos de equipes do projeto de aprendizagem, o envio de cursos de certificação centrados no gerenciamento e na tecnologia, design instrucional e métodos de avaliação e medidas de treinamento do início ao fim. A capacidade de design de Infanti ganhou vários prêmios, usando ferramentas como o Flash e o LiveMotion para integrar o design da mídia e a metodologia de utilização do conteúdo. Também é o designer chefe e criador do www.FlashTrainingDesign.com, um tutorial e guia do conteúdo sobre o Flash, usado como uma ferramenta de design de informações. Infanti é autor de *Developing Web Sites with Flash 6* e *The Ten Minute Guide to Visio 2002*, e tem auxiliado como editor técnico vários livros sobre tópicos como o Adobe Photoshop e o Dreamweaver. Também oferece leituras de linhas de ação e seminários de treinamento em todo o país. Infanti pode ser contactado em Eric@FlashTrainingDesign.com.

Mary Rich

Mary Rich começou sua carreira como uma agente de seguros. Rich mudou de carreira para se tornar treinadora de programação, descobriu o que os programadores faziam e se apaixonou! O romance passou pelos mainframes e sistemas médios e, então, culminou quando os primeiros PCs da IBM chegaram. Rich finalmente ficou envolvida com os vários programas gráficos e depois sites web. Uma adepta dos produtos Macromedia, Rich achou que o Dreamweaver e o Fireworks eram a resposta às suas orações para a produtividade. Rich fornece consultoria e treinamento em muitas áreas diferentes para organizações em Los Angeles, Califórnia e – através da Internet – para o mundo. Ela é graduada em Artes na Brown University e está trabalhando em um certificado em computação gráfica na UCLA. O gato de Rich, Friday, permite que ela viva com ele em El Segundo, Califórnia.

Jeremy Wilson

Jeremy Wilson é desenvolvedor/web designer autônomo que mantém seu próprio site web de recursos de desenvolvimento e design, www.jeremywilson.com. A experiência de Wilson como web designer treinado formalmente deu-lhe o SAFECO Insurance reconhecido nacionalmente nos EE.UU. e, antes disso, ele trabalhava como um desenvolvedor (guia) web na empresa de design Digital Sherpas em Seattle. Wilson é formado nas tecnologias Flash/ActionScript, Dreamweaver e Fireworks, acrescentando recentemente os certificados em JavaScript, Perl/CGI e ASP/VBScript também. Além disso, Wilson fornece serviços de consultoria, design e desenvolvimento para negócios pequenos e médios em Seattle, Washington. Wilson é graduado na University of Washington em comunicações (concentrando-se nas novas tecnologias da mídia), assim como possui uma carreira secundária em Alemão e atualmente está se graduando em ciência da computação. Wilson reside atualmente em Seattle, Washington, com sua família, Trista e Alex.

Dedicatória

Este livro é dedicado aos muitos autores e designers talentosos do Fireworks que ajudaram a tornar este um ótimo livro!

Jeffrey Bardzell

Donna Casey

Joyce J. Evans

Steven Grosvenor

Joe Marini

Abigail Rudner

Anne-Marie Yerks

Introdução

Há alguns anos, costumava ser um evangelista, usuário e instrutor radical do Photoshop. Isso tudo mudou quando vi uma demonstração de um novo produto de web design chamado Fireworks. Como web designer, ilustrador, autor e instrutor profissional, reconheci imediatamente o brilho do Fireworks. Finalmente, um produto foi projetado especificamente para atender às necessidades dos web designers.

Até hoje, o Fireworks continua a se desenvolver com recursos que melhoram o design na web e o fluxo de trabalho da produção. Suas capacidades de ilustração vetoriais e de mapa de bits competem com os outros produtos populares. Quando você combina isso com a animação e os recursos interativos do Fireworks, tem o melhor pacote de web design do mundo.

Neste livro, reuni alguns dos usuários mais talentosos do Fireworks no mundo para compartilhar com você suas técnicas de produção e atalhos. O objetivo é levá-lo além da categoria de usuário Fireworks casual e transformá-lo em um usuário sofisticado, para que possa integrar o Fireworks em sua vida profissional.

QUEM SOMOS

As pessoas que contribuíram para este livro são uma mistura de técnicos e artistas. (Conto a mim mesmo como um dos últimos.) Acho que ter tal mistura variada de perspectivas profissionais irá ajudá-lo a se identificar com o Fireworks. A idéia é que mesmo que você não se considere um "artista", o Fireworks ainda terá muito a oferecer.

QUEM VOCÊ É

Ao escrever este livro, supusemos que você fosse um web designer profissional, que tem brincado com o Fireworks mas nunca o usou para projetos "lucrativos". Você está se agarrando desesperadamente ao Photoshop para todas as suas necessidades de design e produção na web, mas está interessado em aprender se o Fireworks poderia se enquadrar em seu fluxo de trabalho.

O QUE HÁ NESTE LIVRO

Este livro contém projetos passo a passo, destinados a fornecer prática com as técnicas web de Fireworks. Os projetos cobrem tudo, desde a criação de uma arte original no Fireworks até o design de páginas web interativas e integração do Fireworks com outros programas, como o Dreamweaver e o Macromedia Flash.

O CD-ROM

Cada projeto apresentado neste livro possui uma pasta própria no CD-ROM anexo, com todos os arquivos e exemplos dos quais você precisará para acompanhar as instruções passo a passo.

Nossas considerações ao escrever este livro

As técnicas e as etapas apresentadas neste livro supõem que você esteja familiarizado com um Mac ou PC e teve uma experiência anterior com software gráfico para web, como o Photoshop, o Illustrator, o Freehand, o Dreamweaver ou o Flash. Além disso, você deve ter alguma familiaridade de trabalho com o Fireworks – mesmo uma experiência com as versões anteriores do software. Os projetos são de intermediários a avançados em seu nível de usuário.

Convenções usadas neste livro

Todo livro de informática tem seu próprio estilo de apresentar as informações. Quando você virar as páginas deste livro, notará que temos um layout interessante aqui. Como sabemos que a maioria de vocês está interessada de fato nos gráficos, as aberturas dos projetos contêm uma amostra interessante. O centro real dos projetos começa na próxima página. Veja.

Você encontrará instruções passo a passo para completar o projeto, assim como explicações sucintas, porém extremamente valiosas. O texto próximo ao número contém a ação que você deve executar. Em muitos casos, o texto da ação é seguido por um parágrafo, que contém informações contextuais. Note que, se você quiser executar as etapas rapidamente e sem qualquer informação de base, precisará apenas ler o texto ao lado dos números da etapa.

Você encontrará também os títulos da tela (e/ou código) ilustrando as etapas. As linhas de código que se dividem na próxima linha são indicadas com um caractere de continuação do código (->). Você também encontrará Notas e Dicas que fornecerão informações contextuais adicionais ou técnicas de personalização.

Na seção "Modificações" no final de cada projeto, você encontrará informações de personalização exclusivas. Cada projeto é designado para ser altamente personalizável; portanto, fornecemos mais dicas e exemplos sobre o que você pode fazer com as técnicas aprendidas para que possa aplicá-las em seu próprio trabalho rápida e facilmente.

ILUSTRAÇÃO VETORIAL INACREDITÁVEL

"Não há nenhuma tentativa, apenas fazer ou não fazer."
–Yoda, no *Império contra-ataca*

COMO CRIAR UMA ARTE VETORIAL COM APARÊNCIA REAL E DE MAPA DE BITS!

É surpreendente como poucos construtores web percebem o quanto é poderoso o Fireworks como uma ferramenta de ilustração. A maioria das pessoas que conheço considera o Fireworks como uma ferramenta para processar suas construções Photoshop terminadas para a web, otimizando e adicionando a interatividade. Porém, achei que as ferramentas vetoriais do Fireworks, quando usadas em combinação com o pincel, as texturas de preenchimento e com padrões, fornecem resultados extraordinários – resultados que você pode torcer, dimensionar e ainda exportar para o FreeHand ou o Illustrator, sem perder a qualidade da imagem.

2 | Fireworks MX: efeitos mágicos

Projeto 1
Ilustração vetorial inacreditável
de Lisa Lopuck

COMO INICIAR

A ilustração que você vê nesta página foi criada completamente no Fireworks, usando ferramentas vetoriais. Como pode ver, não só pode construir ilustrações tão retas quanto um computador laptop, usando as formas básicas e os preenchimentos com graduações, como também pode criar ilustrações complexas e com textura, como uma onça-pintada. Este projeto o conduz no processo de criar uma ilustração vetorial básica e mostra como usar o menu Modify (Modificar), o Properties Inspector (Inspetor de Propriedades) e o painel Layers (Camadas) para dar vida a seu desenho. Todos os arquivos-fonte necessários para completar o projeto podem ser encontrados no CD-ROM em anexo, junto com as ilustrações finais para você dissecar.

Projeto 1 - ILUSTRAÇÃO VETORIAL INACREDITÁVEL | 3

COMO CONSTRUIR FORMAS VETORIAIS EXCLUSIVAS

Usando as ferramentas Pen (Caneta) e Shape (Forma), em conjunto com o menu Modify, você poderá criar novas formas interessantes a partir de duas formas comuns. Por exemplo, para criar uma forma de lua crescente, você iria sobrepor dois círculos e usar o círculo superior para cortar o inferior usando a Intersect (Cortar) encontrada no menu Modify I Combine Paths (Combinar Caminhos), deixando-o com uma crescente. Criando uma coleção de formas exclusivas, você poderá desenhar praticamente qualquer coisa que quiser. Nesta primeira seção, criará uma folha com dois tons. Repetindo estas etapas, poderá criar um jardim de folhas e flores para a ilustração da onça-pintada.

Nota: A melhor maneira de criar suas ilustrações é encontrar uma imagem de mapa de bits e traçá-la com uma nova série de camadas. Para esta seção, use leaves.jpg da pasta Project 1 no CD-ROM em anexo.

1. Abra o arquivo **leaves.jpg** na pasta **Project 1** no CD-ROM em anexo.
2. No painel Layers, bloqueie a camada **Background** (Segundo Plano) que tem as folhas, e crie uma nova camada. Clique duas vezes na nova camada e renomeie-a como **Leaves**.

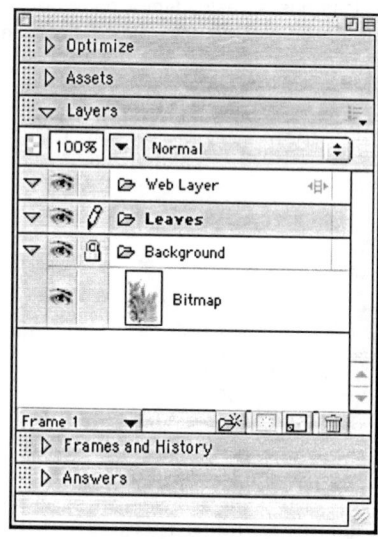

Bloqueie a camada com a imagem de mapa de bits e adicione uma nova camada chamada Leaves.

3   Selecione a ferramenta Pen e clique uma vez no documento, na ponta de uma folha, para colocar seu primeiro ponto. Defina seu segundo ponto meio caminho abaixo na folha, na borda mais larga. Porém, desta vez, não clique apenas. Em um movimento, clique e então arraste as alças de controle para o ponto que fica paralelo no comprimento da folha. Desta mesma maneira, defina seu terceiro ponto na ponta inferior da folha. Arraste direto para baixo, para criar alças para puxar o caminho anterior para dentro, resultando em uma curva em "S".

Note que quando você arrasta, duas alças se estendem a partir do ponto – uma para cima, que afeta o caminho até o ponto anterior; e outra para baixo, que afeta o caminho até o próximo ponto.

4   Para criar um canto nítido, pressione a tecla Option ou Alt e clique uma vez no ponto inferior. Para traçar para trás na folha, clique e defina seu quarto ponto no ponto do meio mais largo. Arraste as alças que ficam em paralelo na folha. Clique uma vez no ponto original na parte superior da folha. Quando clicar no ponto original, arraste uma alça para cima, para formar o caminho começando o quarto ponto.

Você apagará a alça inferior que se estende a partir do ponto inferior para transformar o canto nítido da folha. Observe como você termina a folha com a etapa final de clicar no ponto original em sua parte superior, arrastando a alça para formar o caminho.

Dica: Quando você clicar para criar um ponto, mantenha o mouse pressionado e arraste. Isso criará alças que se estendem a partir do ponto que controla a curvatura da linha. Quando arrastar, observe como você ajusta drasticamente a curvatura.

Trace em um lado da folha de mapa de bits com uma série de três pontos.

Para transformar um canto nítido, clique uma vez em um ponto antes de continuar com o próximo.

Projeto 1 - ILUSTRAÇÃO VETORIAL INACREDITÁVEL | 5

5   Use a ferramenta Pen para desenhar outra folha que se sobrepõe à primeira. Desenhe a forma, para que sua borda esquerda passe precisamente pelo meio da primeira folha e sua borda direita se estenda passando da folha original.

Esta forma se tornará o segundo tom de nossa folha com dois tons. A borda direita não precisa ser precisa.

6   Com a ferramenta Pointer (Ponteiro), selecione ambas as formas pressionando a tecla Shift. Escolha Edit (Editar) I Copy (Copiar) e então Edit I Paste (Colar). Com o conjunto colado selecionado, escolha Modify I Combine Paths I Intersect.

Esta ação criará uma nova forma, que é a interseção da folha original e a segunda folha que se sobrepõe. Essa ação também apaga as formas originais, deixando-o com uma nova forma. É por isso que você está trabalhando com um conjunto copiado.

7   Selecione e apague a segunda forma restante.

Agora você deverá ter apenas o contorno da folha original e a nova forma da interseção. Agora terá as duas formas das quais precisa para criar uma folha com dois tons.

Desenhe uma segunda forma que se sobrepõe passando pela linha do meio da forma original.

Selecione ambas as formas e escolha Modify I Combine I Intersect para criar uma nova forma.

8   Aplique uma cor de preenchimento sólida diferente em cada forma. Repita essas etapas para criar um grupo inteiro de folhas.

Dica: Se você for aventureiro, poderá usar essa mesma técnica de construção da folha para criar as pétalas de uma flor.

Repita as etapas para criar diversas folhas.

COMO ADICIONAR TEXTURA E COR

O Fireworks tem um conjunto surpreendente de padrões e texturas, que produzem resultados reais quando combinados com preenchimentos de graduação e várias pinceladas. Nesta seção, você adicionará cor e textura às folhas que já criou ou ao arquivo **leaves.png** fornecido na pasta **Project 1** no CD-ROM em anexo.

1   Abra o arquivo **leave.png** na pasta **Project 1** no CD-ROM em anexo ou continue trabalhando com sua própria ilustração de folhas.

As folhas atualmente estão preenchidas com cores sólidas. Ao contrário, você irá preencher cada folha com um preenchimento com graduação texturizada.

2   Selecione o segmento escuro da folha com dois tons e, no Properties Inspector, altere seu preenchimento de graduação Solid (Sólida) para Linear. No Properties Inspector, clique na amostra da cor para abrir o editor Gradient (Graduação). No editor, clique nos quadrados coloridos em qualquer extremidade para ajustar suas cores para um verde médio e escuro. No documento, ajuste as extremidades da alça da graduação para controlar sua direção.

Projeto 1 - ILUSTRAÇÃO VETORIAL INACREDITÁVEL | 7

3   Selecione um segmento de folha mais claro e aplique um preenchimento com graduação linear que vai de um verde claro para um verde médio.

Alterando o preenchimento da folha de Solid para uma graduação, você adicionará maior realismo e dimensão.

Aplique um preenchimento com graduação em cada segmento da folha.

4   No Properties Inspector, escolha uma textura no menu instantâneo Textures (Texturas) e ajuste sua porcentagem para cerca de 30%. Desmarque a opção Transparent (Transparente).

Sinta-se à vontade para experimentar texturas diferentes para cada segmento da folha. Agora que você tem dois preenchimentos texturizados com graduação – um escuro e o outro claro – poderá aplicá-los rapidamente no resto dos segmentos da folha da ilustração. Fará isso na próxima etapa.

Escolha uma textura para cada segmento da folha.

5   Selecione e copie o segmento da folha preenchido com a graduação mais escura. Pressione Shift e selecione todos os segmentos da folha do documento nos quais deseja aplicar a graduação. Escolha Edit I Paste Attributes (Colar Atributos). Cancele a seleção de todos os segmentos.

Agora, você poderá querer selecionar cada segmento individualmente, e ajustar a alça do preenchimento para controlar sua direção.

6   Repita este processo para a graduação mais clara. Selecione e copie o segmento da folha preenchido com uma graduação mais clara. Pressione Shift e selecione os segmentos para preencher e escolha Edit I Paste Attributes. Finalmente, ajuste as alças do preenchimento quando necessário.

Selecione todos os segmentos da folha que terão as mesmas definições do preenchimento e copie para a área de transferência.

Use o comando Paste Attributes para preencher rapidamente os segmentos da folha restantes.

COMO COLAR OBJETOS DENTRO DE OUTROS OBJETOS

Nem sempre é possível aplicar uma graduação ou textura em uma forma modificada para obter o efeito desejado. Porém, o que você pode fazer é criar uma série de formas com diferentes preenchimentos e texturas, e então colá-las dentro de uma única forma. Essa é a técnica usada para criar um corpo da onça-pintada com aparência tridimensional.

1. Abra o **jaguar_begin.png** na pasta **Project 1** no CD-ROM em anexo.

   Neste arquivo, a cabeça e a cauda foram completadas para você. Sua tarefa é adicionar uma aparência tridimensional ao corpo do gato. Como pode ver, a camada **Body** no painel Layers contém uma única forma com contorno do corpo do gato. Você criará muitas formas – cada uma preenchida com uma cor diferente, graduação ou textura – e irá colar essas formas dentro da forma do corpo.

2. Desative a visibilidade da camada **Body**. Crie uma nova camada.

   A camada abaixo, a camada **Body Tracing**, contém um mapa de bits incluído como um guia para preparar suas formas coloridas de modo diferente. Você irá construí-las na nova camada que acabou de criar.

3. Em sua nova camada, desenhe uma forma oval, que será a mancha branca de pêlo no peito da onça-pintada. Use a ferramenta Freeform (Forma livre) para moldar a oval em uma forma mais orgânica.

O corpo da onça-pintada é uma única forma, criada com a ferramenta Pen.

Modifique uma forma oval básica com a ferramenta Reshape Area (Remodelar Área) para criar a mancha do peito.

4   No Properties Inspector, ajuste o preenchimento da forma para que tenha uma borda disfarçada com 15 pixels. Escolha a textura Chiffon (Seda) definida em 25% com a opção Transparent marcada.

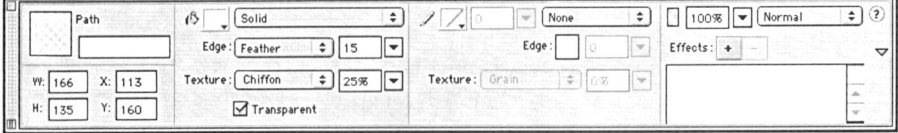

Aplique uma borda disfarçada e escolha uma textura transparente.

A mancha de pêlo ganha vida com os efeitos de preenchimento.

5   Repita esse processo até que tenha uma série de formas individuais, cada uma com uma cor de preenchimento diferente, textura e borda disfarçada. Em alguns casos, tente preencher a forma com uma graduação.

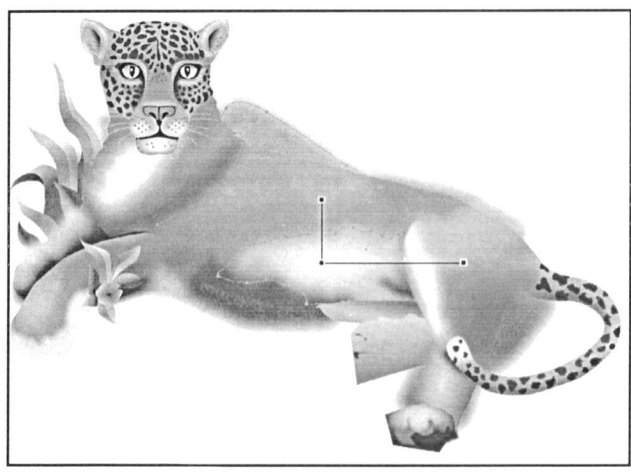

Você deve ter diversas formas coloridas, de forma variada, estendendo-se para além da forma do corpo.

Projeto 1 - ILUSTRAÇÃO VETORIAL INACREDITÁVEL | **11**

6   Selecione todas as suas formas e selecione Cut (Cortar). Ative a visibilidade da camada **Body**, selecione a forma do corpo e escolha Edit I Paste Inside (Colar Dentro). Ative a visibilidade das camadas **Spots** e **Plants1**.
Voilá! Agora você tem uma ilustração vetorial real inacreditável.

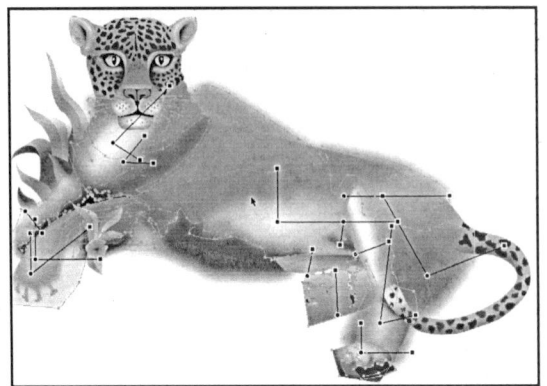

Selecione todas as formas coloridas, corte-as e cole-as dentro da forma do corpo.

As camadas de diversos objetos vetoriais fornecem amplitude e profundidade à sua ilustração.

*Ativar a camada **Spots** completa a ilustração.*

MODIFICAÇÕES

As técnicas tratadas neste projeto são apenas o começo! Você poderá estender suas opções criativas criando texturas personalizadas e padrões de preenchimento. Também poderá aplicar os efeitos no Properties Inspector para aplicar os filtros Photoshop e outros efeitos para dar vida a um desenho. Quando tiver acabado de construir ilustrações completamente diferentes, como o jardim de folhas e a onça-pintada, poderá agrupá-las, e então combiná-las em novas ilustrações. Poderá dimensionar e estender cada ilustração para aumentar o tamanho sem comprometer a qualidade da imagem.

1. Abra o **lava_tile.png** na pasta **Project 1**. Este arquivo é um desenho texturizado que ficará lado a lado uniformemente, significando que se repetirá na página sem bordas visíveis. Grave o desenho como um formato de arquivo PNG, GIF ou qualquer outro que o Fireworks reconheça e coloque o arquivo na pasta Configurations (Configurações) | Textures (na pasta Fireworks em seu computador).

2. Saia e reinicie o Fireworks. Crie uma forma, e no Properties Inspector, escolha sua nova textura personalizada na lista instantânea.

   Você terá que reiniciar o Fireworks para que o programa carregue sua nova textura personalizada nos menus.

Nota: Você poderá também gravar sua imagem lado a lado personalizada na pasta Configurations | Patterns (Padrões) em seu computador. Depois de reiniciar o Fireworks, poderá preencher os objetos com seu padrão personalizado, selecionando-o no Properties Inspector.

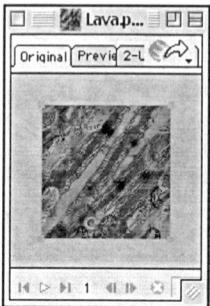

Construa uma imagem lado a lado sem marcas e grave-a na pasta Configurations | Textures.

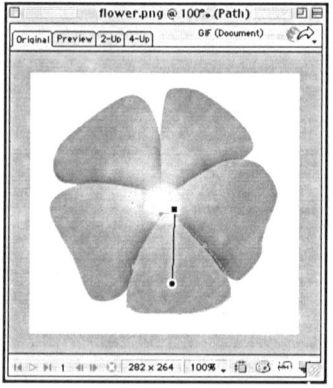

Selecione uma forma e aplique sua nova textura.

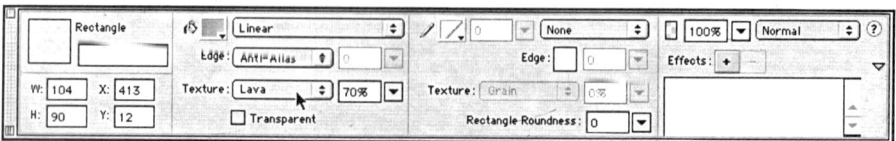

Depois de reiniciar o Fireworks, sua textura personalizada aparecerá como uma opção no menu instantâneo.

Projeto 1 - ILUSTRAÇÃO VETORIAL INACREDITÁVEL | 13

3   Para aplicar um filtro Photoshop em um objeto selecionado, escolha Edit I Preferences (Preferências). Na caixa de diálogo, escolha Folders (Pastas) na lista instantânea. Marque a opção Photoshop Plug-Ins (Extensões Photoshop) e então localize sua pasta Photoshop 5.5 Plug-Ins. (As extensões Photoshop 6 não funcionam com o Fireworks.)

4   Selecione um objeto em seu documento. No Properties Inspector, clique no ícone do sinal de mais (+) e selecione um filtro Photoshop no menu instantâneo.

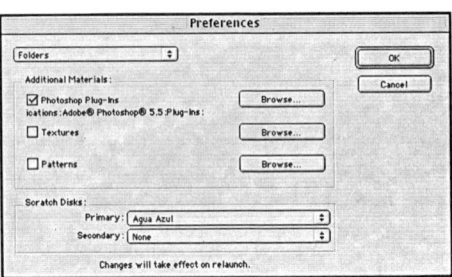

Marque a opção Photoshop
Plug-Ins para acessar
os filtros Photoshop
como efeitos dinâmicos.

5   Depois de construir uma ilustração fora de um host de objetos vetoriais, selecione os objetos e agrupe-os. Então combine suas ilustrações em uma nova cena, como esta ilustração do laptop.

Neste exemplo, combinei primeiro o jardim de folhas com a onça-pintada e agrupei o resultado. Então dimensionei o grupo onça-pintada/jardim para dimensionar e colei-o dentro da tela do laptop.

Nota: Há duas maneiras de dimensionar uma ilustração no Fireworks. Depois de agrupar os objetos de sua ilustração, você poderá simplesmente clicar e arrastar um dos pontos azuis do canto para dimensionar. Porém, dimensionar assim irá descartar seus preenchimentos com graduação. A melhor maneira de dimensionar é selecionar e agrupar sua ilustração e então usar a ferramenta Scale (Dimensionar) no painel Tool (Ferramenta), ou você poderá acessar Free Transform (Transformação Livre) no menu Modify I Transform.

Agrupe cada elemento de sua
ilustração e use a ferramenta Scale
para dimensionar cada elemento.

COLAGEM DE MAPA DE BITS BRILHANTE

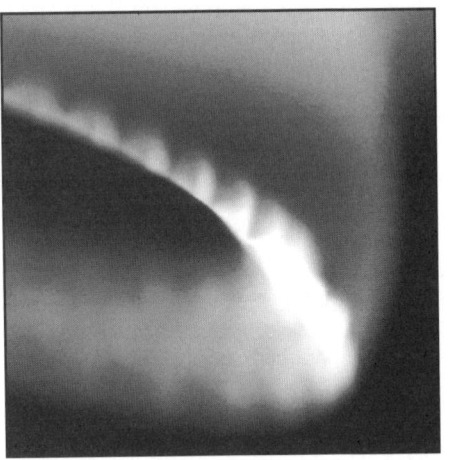

"A América é uma terra de oportunidades e nunca esqueça isso."
–Will Rogers

COMO CONSTRUIR AS MELHORES COMPOSIÇÕES DO MUNDO

O Fireworks é um editor de mapa de bits poderoso e suas capacidades excedem de longe a edição de mapa de bits menor ou o uso das imagens de mapa de bits como preenchimentos e texturas. Você poderá construir composições tão complexas quanto qualquer uma vista nas capas de revista ou nos melhores sites web do mundo. Neste projeto, você aprenderá a usar técnicas como os modos Layer Blending, solidez e mascaramento e usará ferramentas como a Rubber Stamp e Transform para construir uma imagem composta.

Projeto 2
Colagem de mapa de bits brilhante
Joyce J. Evans

Como iniciar

A colagem que você produzirá neste projeto consiste basicamente em uma imagem. Várias imagens menores foram combinadas na composição, usando técnicas de mascaramento, rotação e os modos Layer Blending (Mistura de Camadas). Imagens compostas como essa geralmente são usadas na construção de site web para banners, logotipos ou segundos planos. Neste projeto, irei conduzi-lo no processo de alterar a forma da concha marinha e aplicar os modos Blending para criar um desenho de segundo plano estilizado. Você também usará máscaras, a ferramenta Rubber Stamp (Carimbo de Borracha), a ferramenta Scale (Dimensionar) e o Properties Inspector (Inspetor de Propriedades) para adicionar efeitos e texturas.

> **Nota:** As ilustrações finais e todos os arquivos-fonte necessários para completar o projeto podem ser encontrados na pasta Project 2 no CD-ROM em anexo. Você também encontrará os arquivos que foram gravados depois de cada seção, para que possa pular a qualquer momento durante o processo.

Como alterar uma forma de mapa de bits

Usando as ferramentas Selection (Seleção), copiar (ou cortar) e colar, as camadas, a rotação e a ferramenta Rubber Stamp, você poderá alterar a forma da concha marinha, que é o principal ponto focal da composição. Você copiará uma parte da concha e irá girá-la para o ângulo desejado. Então irá corrigir a marca resultante com a ferramenta Rubber Stamp. Para terminar a concha, removerá a margem preta em torno de suas bordas.

> **Nota:** Se preferir pular esta parte do projeto, encontrará uma imagem gravada da concha alterada, denominada alteredshell.png, na pasta Project 2 no CD-ROM em anexo. Copie a pasta e as imagens para seu disco rígido e vá para a seção "Como alterar os pixels" posteriormente neste projeto.

Projeto 2 - COLAGEM DE MAPA DE BITS BRILHANTE | 17

1. Inicialize o Fireworks e inicie um novo documento com 600x600 pixels com uma cor de fundo personalizada Hex #0000FF e a resolução default com 72. Grave o documento como **myshell.png**.

   Agora o documento está pronto para a concha; porém, você trabalhará na concha separadamente e irá adicioná-la mais tarde.

2. Abra o arquivo **shell.gif** na pasta **Project 2** no CD-ROM em anexo. Primeiro, precisará se livrar da cor de fundo. Para tanto, selecione a ferramenta Magic Wand (Varinha Mágica) na barra de ferramentas. No Properties Inspector, defina a borda de Wand, de Hard (Marcada) para Antialias (Suavizar aparência) (no menu suspenso). Clique uma vez no fundo em torno da concha e pressione a tecla Delete.

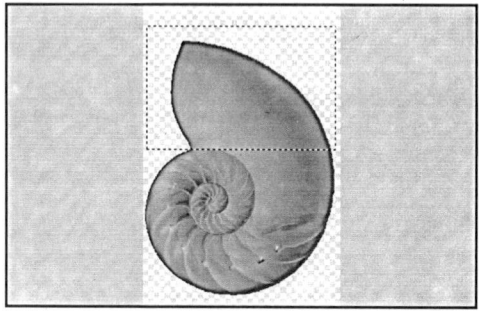

Faça uma seleção em torno da parte superior da concha.
Você irá girar apenas a parte selecionada.

3. Abra o painel Optimize (Otimizar) e defina Export File Format (Exportar Formato do Arquivo) para GIF. Defina o valor Colors (Cores) para 256, use Index Transparency (Indexar Transparência), Web Snap Adaptive (Web Instantânea Adaptativa), No Dither (Sem Pontilhamento) e No Matte Color (Sem Cor Metálica). Escolha File (Arquivo) I Export (Exportar) (Images Only ou Imagens Apenas já será a opção), nomeie o arquivo como **shell2.gif** e grave.

4. Selecione a ferramenta Marquee (Contorno) (retângulo) e faça uma seleção da parte superior da concha que toca a área central curva. Escolha Edit (Editar) I Copy (Copiar), cancele a seleção e então Edit I Paste (Colar).

   Copiando e colando a seleção, ela se tornará um objeto separado, que você poderá manipular de maneira independente.

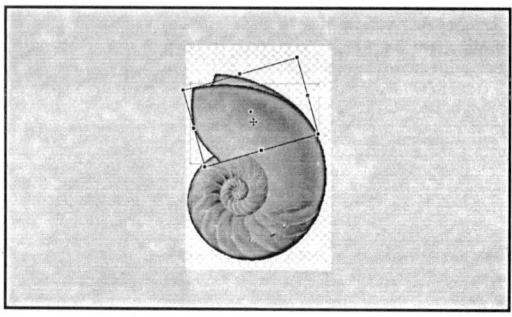

Gire a parte copiada da concha e mova-a para uma nova posição.

5   Enquanto o elemento colado está selecionado, escolha a ferramenta Scale no painel Tool (Ferramenta). Gire a imagem para a esquerda, em cerca de 45 graus. Mova o objeto para a esquerda até que a borda inferior coincida com as bordas no lado direito da concha. Clique duas vezes para aplicar a transformação.

Não se preocupe com a parte inferior indo para o centro curvo; você cuidará disso mais tarde.

Nota: Para girar uma seleção com a ferramenta Scale, mova seu cursor para um dos cantos até ver um pequeno ícone arredondado. Clique e arraste para girar. A figura à direita mostra como fica antes de clicar duas vezes para aceitar a transformação.

6   Com a ferramenta Lasso (Laço), selecione e apague a parte da concha que está cobrindo a forma em espiral.

7   Selecione Bitmap (Mapa de bits) em Layer 1 (Camada 1) (a parte superior da concha) e reduza a solidez para 80%. Selecione a ferramenta Polygon Lasso (Laço do Polígono), faça uma seleção de tudo que fica abaixo da borda externa da concha principal e pressione a tecla Delete. Retorne a solidez para 100%.

Reduzindo temporariamente a solidez, você poderá ver através da concha subjacente.

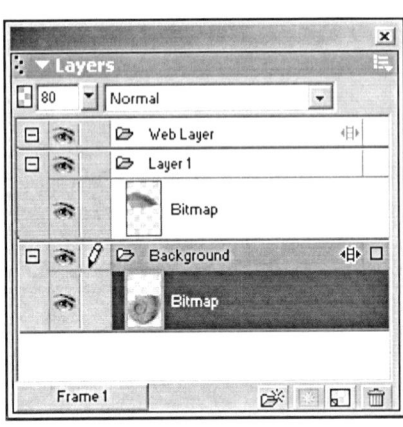

O painel Layers deve conter dois objetos de mapa de bits.

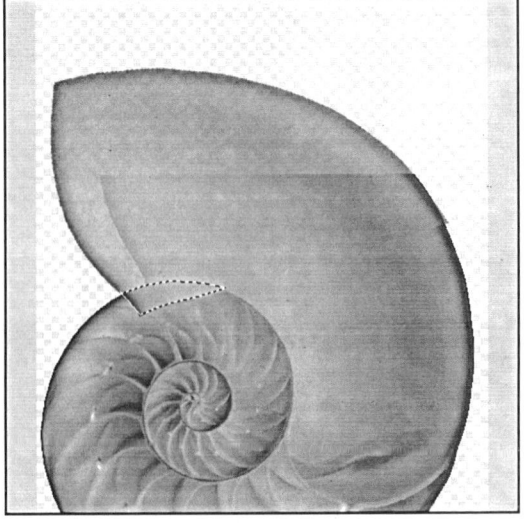

Desenhe uma seleção na área sobreposta e apague-a para exibir a forma curva subjacente.

Projeto 2 - COLAGEM DE MAPA DE BITS BRILHANTE | 19

8. Com o mapa de bits superior selecionado no painel Layers (Camadas), escolha Modify (Modificar) | Merge Down (Mesclar) no menu. Clique duas vezes na camada Background (Segundo Plano) e renomeie-a como **shell**.

Agora você tem uma única concha de mapa de bits modificada. Como é um único objeto de mapa de bits, será mais fácil fazer mais correções, como corrigir a linha que conecta as partes superior e inferior da concha.

Depois de escolher Merge Down no menu, você terá um único objeto de mapa de bits.

COMO ALTERAR OS PIXELS

Agora que você ajustou a forma de mapa de bits, a próxima etapa será alterar a própria imagem, para se livrar da linhas marcadas produzidas por suas alterações. Nesta seção, você usará a ferramenta Rubber Stamp em conjunto com as ferramentas Selection para controlar sua edição.

1. Amplie para que você possa ver a linha marcada que conecta. Usando a ferramenta Polygon Lasso, faça uma seleção em torno da área da linha. Escolha Select (Selecionar) | Feather (Distorcer) no menu e forneça **10** pixels.

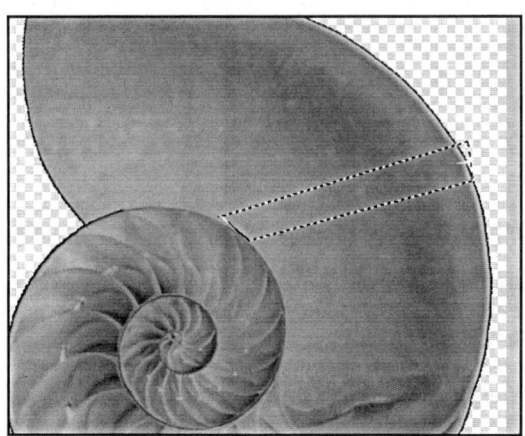

Amplie a área onde os dois mapas de bits se conectam e desenhe uma seleção em torno dela.

2 Selecione a ferramenta Rubber Stamp e no Properties Inspector, forneça 20 para Size (Tamanho). Marque a opção Source Aligned (Fonte Alinhada) e reduza a solidez para 70%. Posicione seu cursor para que a cruz fique abaixo da linha que você deseja cobrir. Pressione e mantenha pressionada a tecla Alt ou Option e clique para definir seu ponto de origem. (Quando soltar, verá um círculo azul em torno da área de origem.) Agora, como se estivesse pintando, desenhe na linha para fazer a correção.

Usando apenas uma solidez de 70%, a correção e as variações da cor serão muito menos notáveis.

Nota: Há dois ponteiros ou cursores ao usar a ferramenta Rubber Stamp. O círculo azul (que é visível quando você solta o mouse depois de definir a origem) é o ponteiro de origem (a área a partir da qual deseja copiar) e Rubber Stamp é seu pincel de clone real. Usando a opção Source Aligned sempre que clicar ou arrastar o mouse, os dois ponteiros se moverão juntos.

Dica: Você pode usar a ferramenta Rubber Stamp sem fazer uma seleção. Usamos uma seleção distorcida neste caso, porque queríamos clonar em uma área específica e não produzir mais linhas marcadas ao clonar nas bordas de nossa seleção. Você também deve tentar alterar o ponto de origem do clone algumas vezes para tornar a clonagem menos óbvia.

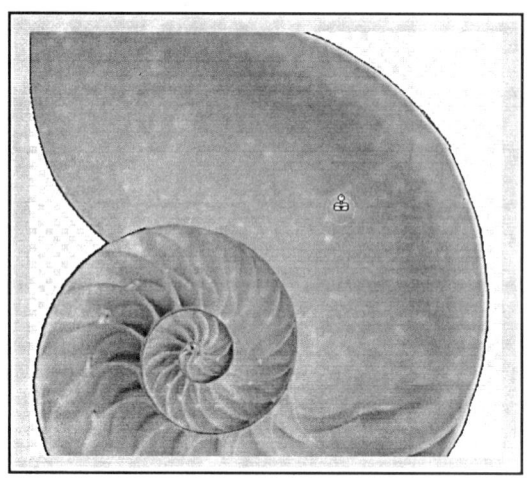

Ao trabalhar com a ferramenta Rubber Stamp, você verá dois cursores se movendo – o ponto de origem e o ponto de clone.

COMO REMOVER A MARCA
EM TORNO DE UM MAPA DE BITS

Ao trabalhar com gráficos de mapa de bits, a imagem geralmente tem sido composta para um fundo branco ou colorido. Mesmo depois de usar a ferramenta Magic Wand para remover a cor de fundo, você verá uma "auréola" em torno da imagem. Essa auréola fina é o que combina a imagem delicadamente na cor de fundo, para que ela não tenha bordas dentadas. Se você pretende colocar imagem sobre outra cor, porém, terá que se livrar da auréola; do contrário, sua imagem terá uma marca combinada de modo ruim. Este projeto mostra como remover a marca.

Projeto 2 - COLAGEM DE MAPA DE BITS BRILHANTE

1. Para remover a borda preta da imagem, selecione a ferramenta Magic Wand. No Properties Inspector, defina a opção Tolerance (Tolerância) da varinha para **0** e selecione a opção Anti-Aliased no menu suspenso.

2. Clique uma vez na área transparente em torno da imagem para selecioná-la. Para remover a marca, você precisará adicionar pelo menos 2 pixels à sua seleção, escolhendo Select | Expand Marquee (Expandir Contorno). Na caixa de diálogo que se abrirá, forneça **2** pixels e clique em OK. Pressione a tecla Delete para remover a borda marcada.

3. Selecione e copie a imagem de mapa de bits. Abra o arquivo **myshell.png** que você criou na primeira seção e coloque a concha no arquivo. Uma caixa de diálogo aparecerá, perguntando como você gostaria de colar a imagem. Escolha Don't Resample (Sem Leitura). Clique duas vezes em Layer 1 no painel Layers e renomeie-a como **Shell**. Grave o documento como **workingshell1.png**.

Você notará que a concha irá se misturar bem no fundo azul, porque você removeu a marca preta.

Uma seleção expandida assegura que a marca inteira será apagada.

A "auréola" preta foi removida da borda externa da concha.

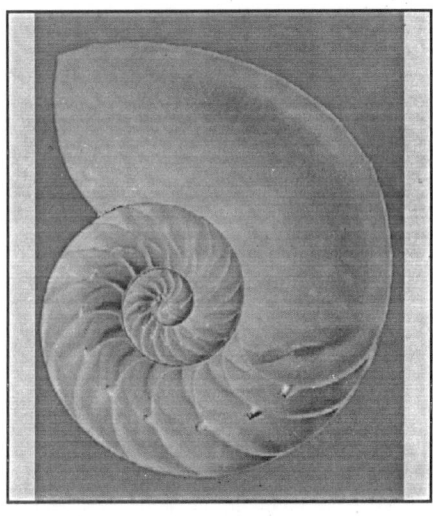

A concha em seu novo fundo.

COMO ADICIONAR UM FUNDO INTERESSANTE

No Fireworks, você pode produzir um fundo interessante usando os vários modos Layer Blending ou usando texturas e padrões. Nesta seção, você produzirá uma tela de fundo exclusiva para a concha marinha construindo um segundo plano a partir das partes da concha e então modificando essas partes com os modos Layer Blending e as texturas.

1. Abra o arquivo **workingshell1.png** na pasta **Project 2** no CD-ROM em anexo ou continue trabalhando com seu próprio arquivo. Adicione uma nova camada sobre a camada **Shell**. Clique duas vezes na nova camada e nomeie-a como **Shellbackground**.

2. Com a ferramenta Marquee, desenhe uma seleção sobre a parte inferior da concha, logo abaixo da parte curva central. Copie e cole a parte selecionada na camada **Shellbackground**.

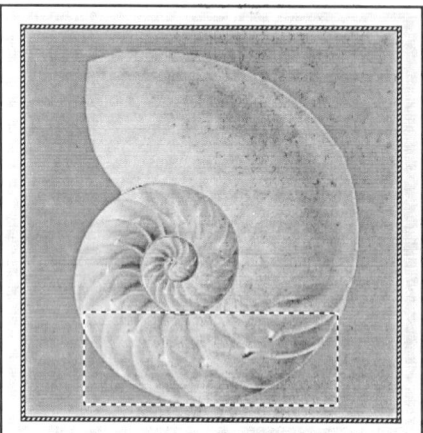

Copie a parte inferior da concha
e cole-a em uma nova camada.

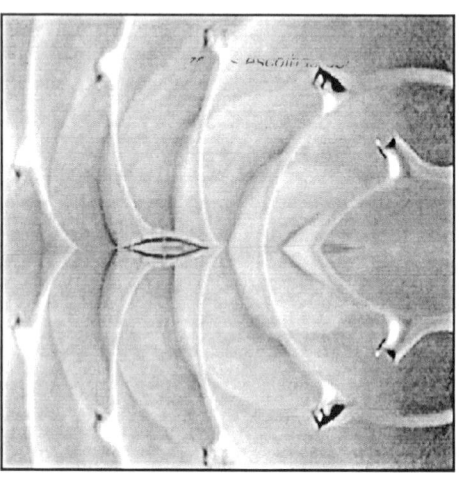

Estenda as duas partes da concha
para caber na área de fundo.

3. Cole mais uma vez. Escolha Modify | Transform (Transformar) | Flip Horizontal (Mover na Horizontal) no menu. Mova a versão movida para a parte superior da tela e a versão inferior para a parte inferior da tela. Puxando as alças dos objetos, estenda cada parte para preencher uma metade do documento. Esticando a imagem, você criará um desenho abstrato para sua colagem.

4. Selecione o mapa de bits superior na camada **Shellbackground**. Escolha Modify | Merge Down.
Mesclando, você combinará as duas metades em uma imagem de mapa de bits.

5. Para adicionar efeitos à imagem, clique no ícone do sinal de mais (+) para acessar a lista Effects (Efeitos) no Properties Inspector. Selecione Adjust Color (Ajustar Cor) | Curves (Curvas) e clique o botão Auto.

Dica: Você também pode fazer com que cada parte da concha tenha a mesma forma, fornecendo os valores da altura e da largura com **850** (Width ou Largura) e **470** (Height ou Altura) no painel Info (Informações) e então pressionando a tecla Enter ou Return.

Projeto 2 - COLAGEM DE MAPA DE BITS BRILHANTE | **23**

6 Clique no ícone do sinal de mais (+) de novo para adicionar outro efeito. Desta vez, escolha Ajust Color I Color Fill (Colorir Preenchimento). Use um preenchimento vermelho, Hex #FF0000. Mude o modo Blending para Saturation (Saturação).

7 Clique no ícone do sinal de mais (+) para adicionar um terceiro efeito. Escolha Ajust Color I Color Fill. Use um preenchimento vermelho novamente, Hex #FF0000. Mude o modo Blending para Difference (Diferença).

8 Para compor os efeitos da composição, altere o modo Layer Blending de ShellBackground de Normal para Lighten (Claro) no menu suspenso no painel Layers.

O modo Blending da camada interage com as cores das camadas abaixo, assim como a cor da tela azul. Experimente a cor da tela para obter uma aparência diferente (escolha Modify I Canvas (Tela) I Canvas Color (Cor da Tela)).

9 No painel Layers, adicione uma nova camada e arraste-a para baixo das outras duas camadas. Nesta nova **Layer 1**, use a ferramenta Rectangle (Retângulo) para desenhar quatro formas retangulares separadas sobre a área do fundo. No Properties Inspector, preencha cada retângulo com as seguintes definições (Você poderá clicar na amostra de cor Fill para acessar a faixa completa de opções do preenchimento.)

Esquerda superior: Cor do preenchimento #66FF99 (verde claro), Edge: Feather (Borda: Distorção) com 50, Texture: Line-Horiz (Textura: Linha Horizontal) 3 em 70%, modo de mistura Normal.

Direita superior: Cor do preenchimento #0066FF (azul brilhante), Edge: Feather com 50, nenhuma Texture, modo de mistura Normal.

Esquerda inferior: Cor do preenchimento #0066FF (azul brilhante), Edge: Feather com 50, Texture: Onyx (Ônix) em 20%, modo Multiply Blending (Multiplicar Mistura). (O modo Blending pode ser alterado no painel Layers ou no Properties Inspector.)

Direita inferior: Cor do preenchimento #FF6633 (laranja), Edge: Feather com 50, Texture: Scratch (Arranhão) em 40%, modo de mistura Screen (Tela).

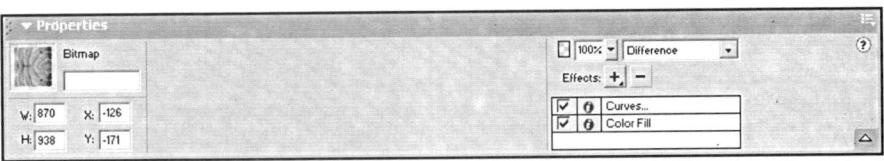

Você pode alterar muito a aparência de um mapa de bits aplicando uma série de efeitos.

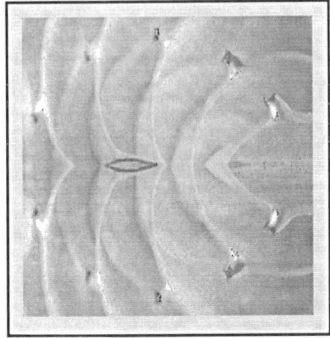

Os modos Layer Blending afetam a interação da cor entre um objeto e seus objetos subjacentes.

Nota: Os modos Blending são baseados nos cálculos que o Fireworks faz nos valores que são associados aos pixels. Os valores usados nos cálculos dependem do modo Blending escolhido e poderiam incluir o matiz, os valores RGB, o brilho ou a transparência dos pixels.

Note que você não tem que desenhar quartos precisos para esse exercício. Na verdade, será melhor se não desenhar formas precisas. Adicionar retângulos introduzirá textura e profundidade.

10 Selecione a camada **Shell** e reduza sua solidez para 70%.

11 Para terminar o fundo, abra o arquivo **starfish.png** na pasta **Project 2** no CD-ROM em anexo. Selecione a camada **Shellbackground** e adicione uma nova camada. Nomeie essa camada como **Starfish**. Copie a imagem **starfish.png** e cole-a na camada **Starfish**. Selecione Don't Resample quando a opção aparecer.

Você está adicionando a camada **Starfish** acima da camada **Shellbackground** para que ela não afete nenhum efeito do modo Blending que você já conseguiu.

12 Arraste os cantos da imagem da estrela-do-mar para caber no documento.

Você poderá estender e dimensionar a imagem para conseguir um local desejável. Reduza a solidez dessa camada para 30%.

A concha combinada com os quatro retângulos adiciona textura e profundidade à composição.

*Adicione o arquivo **starfish.png** para completar a composição.*

COMO ADICIONAR IMAGENS DENTRO DA CONCHA

Nesta seção, você adicionará à sua composição colando objetos dentro de outros objetos. Quando você cola uma imagem dentro de outra, cria um grupo de máscaras.

1 Abra o arquivo **coral.png** na pasta **Project 2** no CD-ROM em anexo. Copie a imagem de coral e cole-a na camada **Shell** de sua composição. Arraste a imagem do coral para a área superior da concha.

Projeto 2 - COLAGEM DE MAPA DE BITS BRILHANTE | 25

2. Desenhe um retângulo sobre a imagem do coral e preencha com uma graduação Radial. Pressione Shift e selecione a imagem do coral e o retângulo. Escolha Modify I Mask (Mascarar) I Group as Mask (Agrupar como Máscara).

> **Nota:** Você pode mudar a posição de qualquer graduação, arrastando e movendo suas alças. Se as alças não estiverem visíveis, clique na pequena exibição Mask no painel Layers e então clique no ícone Pen (Caneta).

A graduação Radial reduz a intensidade das bordas e deixa a parte central visível. Também adiciona um pouco de luz ao centro do coral.

3. No Properties Inspector, clique na amostra de cor Fill para acessar as definições da graduação. Clique no cursor da graduação transparente e mude a solidez para 70%.

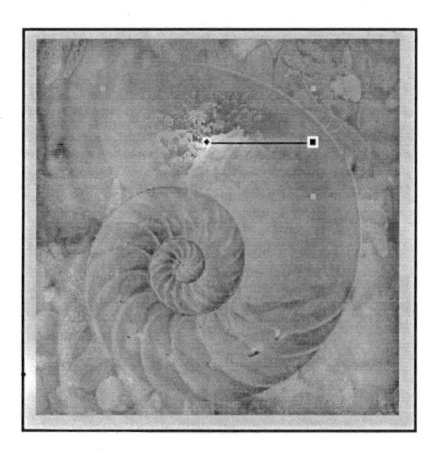

Quando agrupada com uma graduação radial, a imagem do coral se enfraquece nas bordas e brilha no centro.

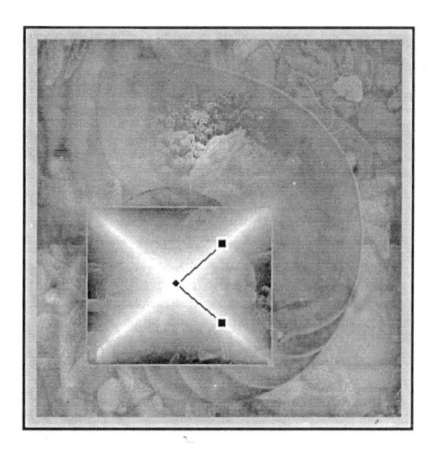

Prepare um retângulo distorcido preenchido com uma graduação Starburst para usar como uma máscara para o caranguejo.

4. Abra **hermit.png** na pasta **Project 2** no CD-ROM em anexo. Usando a ferramenta Marquee, desenhe um retângulo em torno do caranguejo. Copie o caranguejo e cole-o em uma nova camada de sua composição, logo acima da camada **Shell**. Nomeie a nova camada como **Hermit**. Quando colar, escolha Don't Resample. Redimensione o caranguejo com Width definida para **300** e Height definida para **250**. (Faça essas alterações no Properties Inspector.)

5. Selecione a ferramenta Rectangle, e no Properties Inspector, altere a opção Edge (Borda) para Feather definida para 50. Desenhe um retângulo sobre o caranguejo. Ele será preenchido automaticamente com a graduação radial que você usou por último. Mude a graduação para Starburst (Explosão estrelar). Selecione o preenchimento da graduação, o caranguejo e escolha Modify I Mask I Group as Mask.

Você pode imaginar porque adicionei a distorção ao retângulo antes de agrupá-lo como uma máscara. Achei que se eu não distorcesse primeiro, a borda da imagem ficaria visível depois do mascaramento e mover as alças da graduação não removeria a borda. Aplicando uma borda distorcida no retângulo primeiro, eu pude remover as bordas.

6   No painel Layers, clique na pequena exibição da máscara do caranguejo. Clique no ícone Pen para editar a máscara. Ajuste a graduação para exibir apenas a parte do caranguejo desejada. Mova o caranguejo para o centro da concha e redimensione-o para caber.

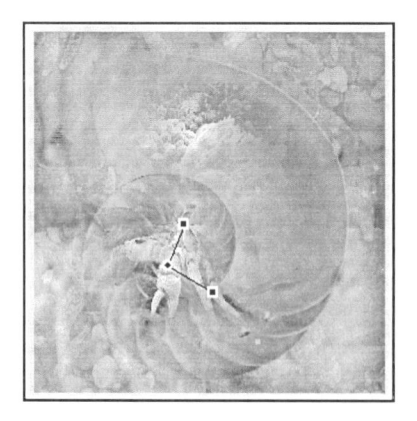

Ajuste a graduação com as alças da graduação para exibir as diferentes partes do caranguejo.

MODIFICAÇÕES

Usando as técnicas de edição de mapa de bits analisadas neste projeto, as possibilidades inovadoras são realmente infinitas. Agora, porém, você pode estar perguntando o que poderá fazer com tal ótima colagem? Esta seção final analisará os diferentes usos para as colagens em um site web.

1   Abra o **workingshell3.png** na pasta **Project 2** ou continue trabalhando com sua composição. Selecione o gráfico da concha na camada **Shellbackground**. No Properties Inspector, clique o botão Add Effect (Adicionar Efeito) e selecione um dos efeitos na lista.

Neste exemplo, apliquei o filtro Swirl (Rodar) da Alien Skin. O Fireworks permite que você use os filtros de outras empresas, inclusive os filtros Adobe Photoshop.

Nota: Você pode carregar o pacote Eye Candy 4000 da Alien Skin gratuitamente na web **(www.alienskin .com/ec4k/ec 4000_main.html)**. Se não quiser obter ou usar isso, gravei uma cópia chamada shellbitmap.png que poderá ser usada posteriormente nesta seção.

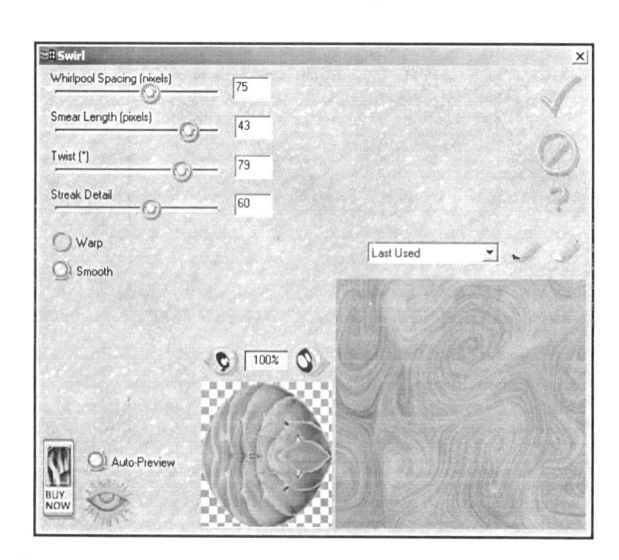

Você pode usar filtros de terceiros como o filtro Swirl da Alien Skin da coleção Eye Candy 3.

Projeto 2 - COLAGEM DE MAPA DE BITS BRILHANTE | 27

2 Escolha Modify I Canvas I Canvas Size (Tamanho da Tela) e mude Height e Width para **800**.
Sua composição agora está adequada para ser usada como uma imagem de fundo para um site web ou filme Flash.

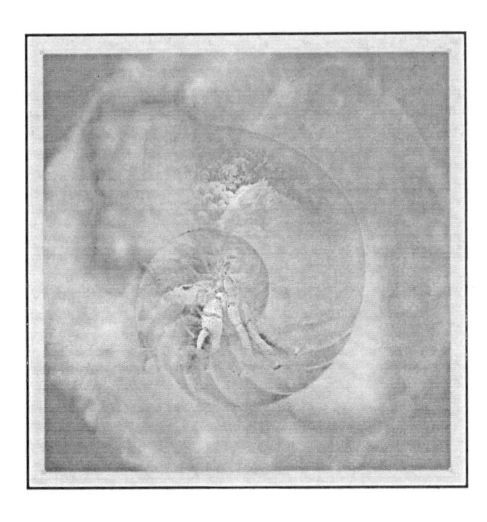

Aumentando o tamanho da tela, você poderá preparar sua composição para ser usada como um bloco lado a lado de fundo da página HTML.

3 Para construir um banner web, oculte **Layer 1** (com os retângulos) e a camada **Starfish**. Pressione Shift e selecione todos os objetos restantes: a concha, o coral e o caranguejo. Agrupe esses objetos (Ctrl+G/Cmd+G) e mova-os para o lado superior esquerdo do documento.

4 Você poderá reposicionar a concha para um local mais agradável selecionando os três objetos agrupados, escolhendo Modify I Free Transform (Transformação Livre) e girando-os.
Se girar a concha totalmente de cabeça para baixo como fiz, terá outro problema. – o caranguejo agora estará de cabeça para baixo.

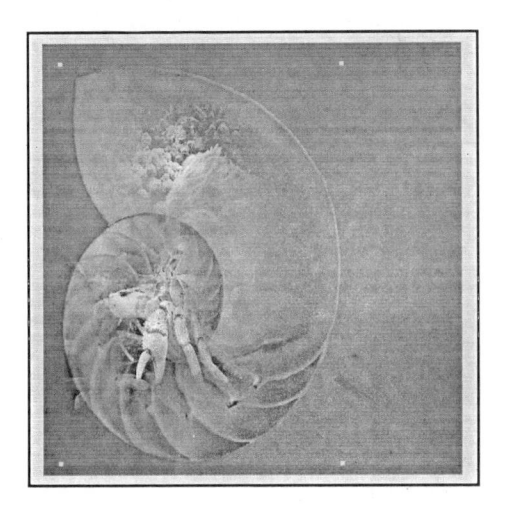

Agrupe alguns elementos para construir um banner da página web.

5   Selecione os três objetos agrupados e escolha Modify I Ungroup (Desagrupar) (Shift+Ctrl+G/ Shift+Cmd+G). Agora você poderá selecionar e girar apenas o caranguejo. Pressione Shift e selecione os três objetos novamente e reagrupe-os.

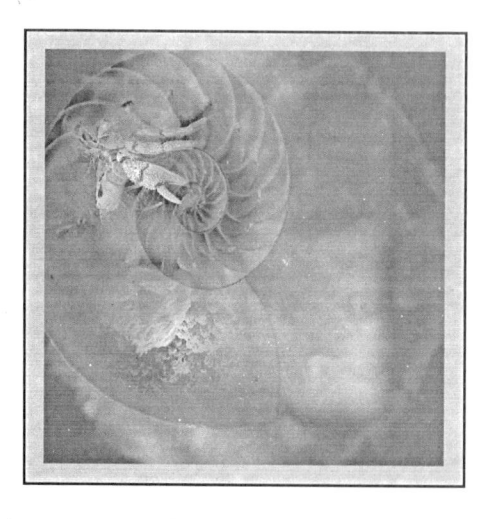

O caranguejo foi girado e movido.

Nota: Você poderá acessar a função Rotate (Girar) selecionando qualquer ferramenta Transform no painel Tools (Ferramentas).

6   No painel Layers, tudo que deve estar visível é Group: 3 objetos e **Shellbackground**. No painel Optimize, escolha JPEG em 80% Quality (80% de Qualidade) e exporte.

Uma cópia chamada **shellbitmap.jpg** será gravada na pasta **Project 2**. A razão da exportação é que você precisará de uma imagem de mapa de bits nivelada para usar no cabeçalho. Se tivesse mesclado as camadas e os objetos, teria alterado a cor da imagem para dourado por causa dos modos Blending usados.

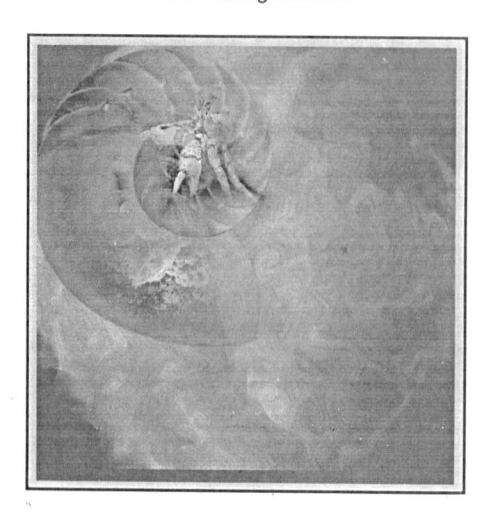

A composição depois de ser convertida em um mapa de bits.

Projeto 2 - COLAGEM DE MAPA DE BITS BRILHANTE | 29

7   Com a ferramenta Rounded Rectangle (Retângulo Arredondado) (o Rectangle Roundness ou Arredondamento do Retângulo de 30 é bom), desenhe um grande retângulo na parte superior do documento, com cerca de 600x100 pixels. Preencha com qualquer cor e não use nenhuma pincelada. Desenhe um segundo retângulo que tenha 100x600. Alinhe-os para formar um L invertido.

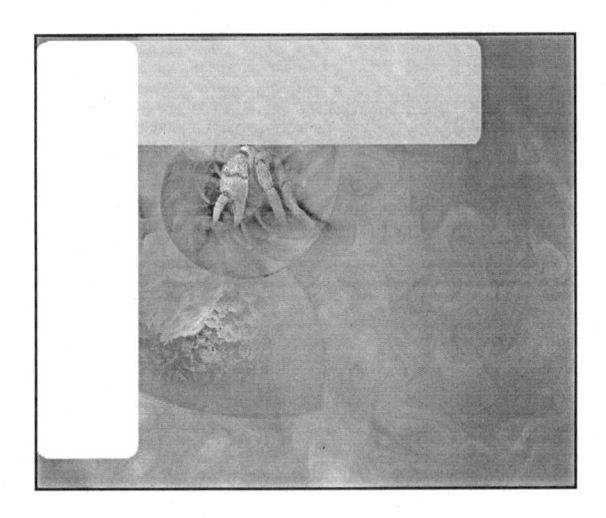

Os retângulos desenhados para uma forma de cabeçalho.

8   Pressione Shift e selecione ambos os retângulos e escolha Modify I Combine Paths (Combinar Caminhos) I Union (União). Agora você tem uma forma. Para transformar o canto interno em uma curva, desenhe outro retângulo arredondado com um tamanho com cerca de 609x560. Posicione-o para cobrir o ângulo reto.

O retângulo é grande assim porque a parte externa arredondada e os cantos inferiores precisam limpar as bordas retas da parte superior e barras laterais, para que uma curva não seja adicionada nessas áreas.

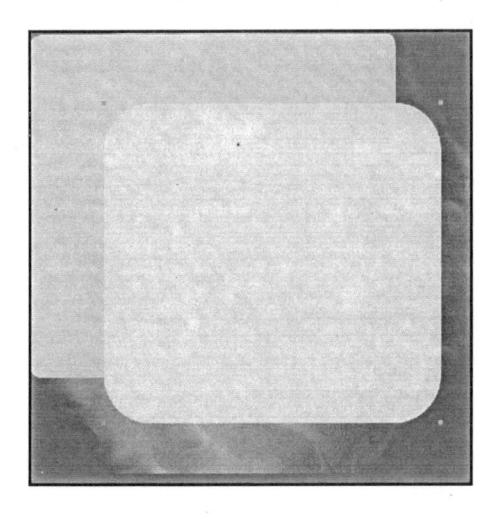

Um retângulo arredondado adicionado para criar um canto curvo.

9   Pressione Shift e selecione a forma L e o retângulo arredondado. Escolha Modify I Combine Paths I Punch (Furar).

Agora você tem uma forma L invertida com um canto interno arredondado.

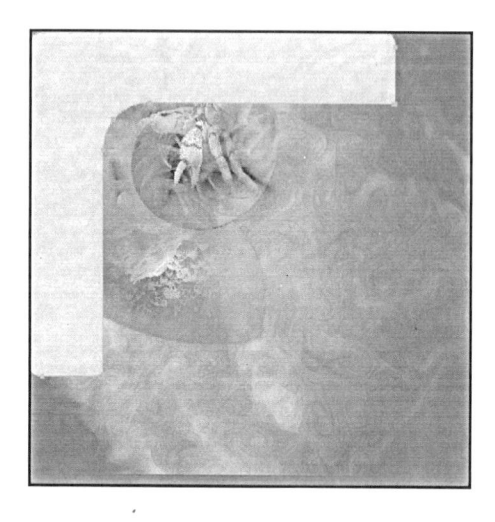

Uma forma vetorial com um canto interno arredondado que será usado para um cabeçalho.

10 Para colocar a composição na forma vetorial, escolha Edit I Cut (Cortar). Selecione a forma vetorial e escolha Edit I Paste Inside (Colar Dentro). Note o pequeno trevo no centro do documento. Clique-o e arraste-o para posicionar a imagem dentro da forma vetorial.

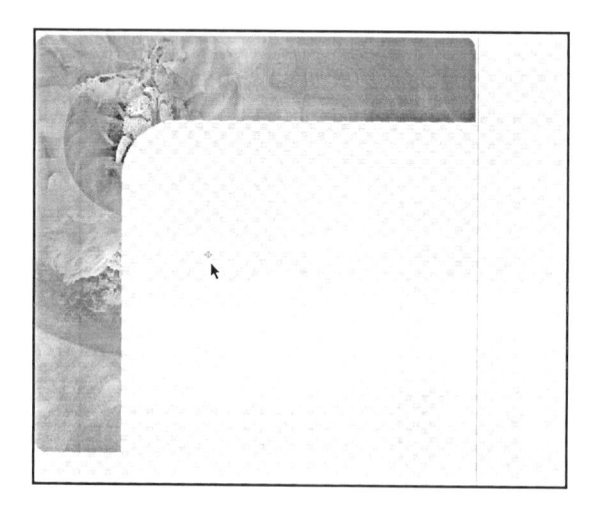

O ícone do trevo que você arrasta para posicionar a imagem na forma vetorial.

Projeto 2 - COLAGEM DE MAPA DE BITS BRILHANTE | 31

11 Adicione algum texto e uma pequena sombra. Agora você tem um cabeçalho.

O cabeçalho terminado.

COMO EXPORTAR A EXCELÊNCIA

DESEMPENHO OTIMIZADO A PARTIR DE DESENHOS DA PÁGINA WEB

Imagine isto. Você acabou de usar o Fireworks para criar uma obra-prima de desenho com uma complexidade animada e interativa que não corresponde à sua simplicidade. Encantado, você põe de lado sua talhadeira e... oh-oh. Como irá exportar isso para fora do Fireworks, otimizado para a web para que possa ser carregado para o usuário em 20 segundos ou menos e seja fácil de manter? Neste projeto, você aprenderá as estratégias para fatiar, otimizar e exportar seus desenhos para um desempenho otimizado da web.

"A virtude vem do hábito... Por isso aprendemos o ofício produzindo o mesmo produto que produzimos quando o aprendemos, tornando-nos construtores, por exemplo, construindo e os harpistas tocando a harpa... A virtude requer o hábito e, portanto, requer prática, não apenas teoria".

–**Aristóteles**

Projeto 3
Como exportar a excelência
de Jeffrey Bardzell

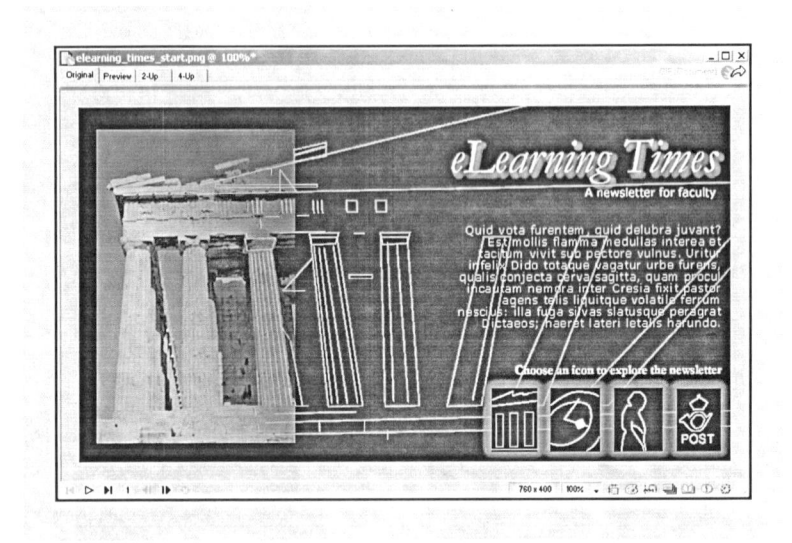

COMO INICIAR

Neste projeto, você irá otimizar e exportar um desenho de página complexo. Irá fatiar e otimizar diferentes seções da imagem, como GIFs e JPEGs, e usará recursos afins, como a compressão JPEG seletiva no decorrer.

A página web para esse projeto contém animação e interatividade, que irá realçar qualquer esquema de fatias simples. Os ícones no canto inferior direito são simples rollovers que também ativam um rollover separado. A linha inicial com o nome do autor sob o título é, de fato, parte de uma animação do texto de paginação.

Assim, você terá que usar a fatia para três finalidades não relacionadas: a otimização da imagem, a animação e a interatividade. E mais, usará a fatia para maximizar sua produtividade quando for do Fireworks para um editor HTML. Compreender essas finalidades diferentes da fatia é a chave para exportar com sucesso – e manter posteriormente – desenhos sofisticados da página.

COMO DESCREVER OS DESAFIOS

O desenho da página web neste projeto foi feito de propósito, para que fosse difícil de exportar. O desenho apresenta duas áreas de dificuldade que serão endereçadas:

- A página contém uma mistura de fotografias e imagens desenhadas; cada uma é exportada melhor como um tipo diferente de arquivo.
- O desenho tem uma mistura de animação e interatividade.

A primeira etapa para otimizar e exportar com sucesso qualquer desenho é compreender sua estrutura, para que você possa determinar melhor como prepará-lo para a exportação. Esta primeira seção irá separar o arquivo **elearning_times_start.png** encontrado na pasta **Project 3** no CD-ROM em anexo.

1 Abra o arquivo **elearning_times_start.png** incluído na pasta **Project 3** no CD-ROM em anexo.

Nota: As figuras neste projeto são fornecidas como uma cortesia da Photodisc.

Observe que o lado esquerdo da imagem é estático, significando que não há nenhuma animação ou interatividade. O desafio será achar a melhor solução de otimização. O lado direito da imagem tem algumas coisas ocorrendo. Primeiro, logo abaixo do título está uma linha inicial que informa: "A newsletter for faculty and instructors". Na verdade, essa linha é o primeiro quadro de uma animação.

2 Abra o painel Frames (Quadros) (escolha Window (Janela) I Frames), clique em Frame 2 e então em Frame 3 para ver a animação da linha inicial. Clique de volta em Frame 1.

Esta animação funcionará muito bem como um GIF animado porque contém apenas texto e gráficos, não fotografias.

3 Clique no Frame 2.

Os botões na parte inferior do desenho serão botões de rollover. As fotografias vistas em Frame 2 são os *estados sobre* do botão – como ficam os botões quando o usuário passa sobre eles. Seus estados normais e não incomodados aparecem em Frame 1.

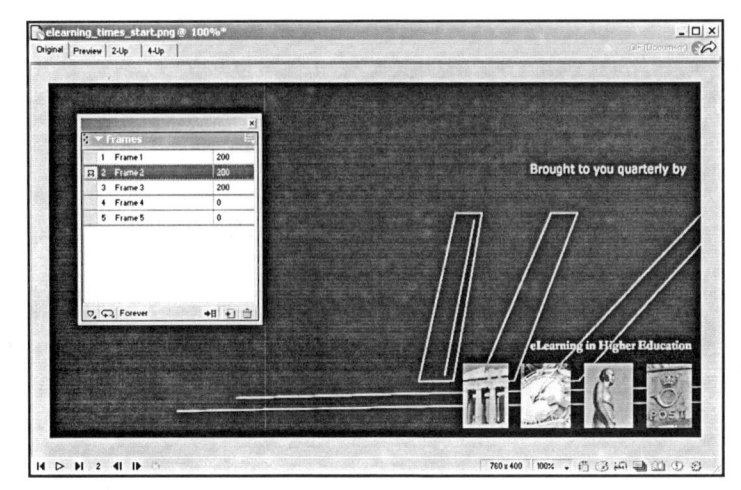

O Frame 2 mostra o segundo quadro da animação, os estados sobre dos botões e um dos estados do rollover separado.

4 Clique nos Frames 3, 4 e 5.

Em cada quadro, você verá um conjunto diferente de instruções logo acima dos botões. Quando o usuário passar sobre cada um dos botões, as devidas instruções de texto aparecerão para fornecer a explicação do botão.

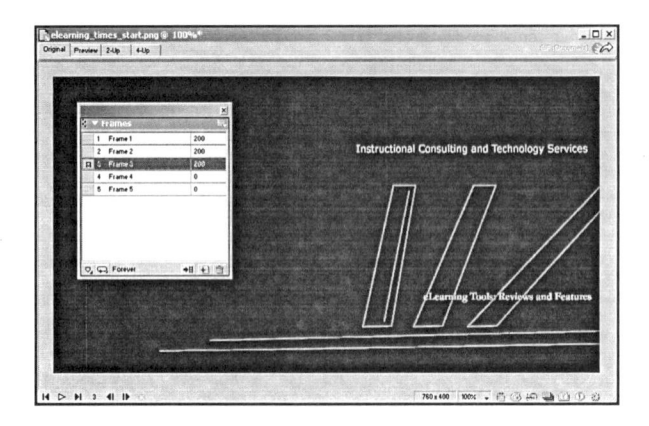

O Frame 3 contém apenas o conteúdo para a animação e o rollover separado. Não há nenhuma informação para os rollovers do botão, porque eles usam apenas os dois primeiros quadros.

Nota: Quando um gráfico faz com que outro gráfico mude em outro lugar na página, ele é chamado de *rollover separado* (algumas vezes chamado de *rollover de troca* ou *remoto*).

Nota: Como você pode ver, o Frame 2 tem três usos diferentes. Ele contém o segundo quadro da animação da linha inicial, os estados sobre de todos os quatro botões e a explicação de um dos botões. Como o Fireworks sabe exportar um como uma animação simples, o segundo como um rollover e o terceiro como um rollover separado? A resposta, claro, é a fatia.

COMO FATIAR UMA ESTRUTURA DE TABELA ANINHADA

As tabelas HTML têm o potencial de ficar extremamente complexas. A melhor maneira de manter a página simples é construir uma estrutura de tabela aninhada, na qual uma "supertabela" simplificada mantém várias outras tabelas no lugar. Nesta seção, você irá fatiar o desenho para criar uma supertabela de apenas quatro células. Na próxima seção, irá exportar as tabelas menores, que serão aninhadas dentro de cada uma das quatro células. Uma estrutura de tabela aninhada resulta em uma página que é muito mais fácil de manter que uma página com uma tabela composta por 300 células.

1. Continue trabalhando com o arquivo **elearning_times_start.png** incluído no CD-ROM em anexo na pasta **Project 3**. Escolha File (Arquivo) I Save As (Salvar Como) para renomear e gravar o arquivo como **elearning_times_supertable.png**.

2. Se a régua não estiver visível, escolha View (Exibir) I Ruler (Régua). Na régua da borda esquerda, arraste uma guia para que ela fique à esquerda do texto Latin (Latim). Clique duas vezes na guia e forneça **420** pixels.

Projeto 3 - COMO EXPORTAR A EXCELÊNCIA | 37

3   Na régua superior, arraste mais três guias. Clique duas vezes nas três guias novas para fornecer as seguintes posições:

89 pixels

110 pixels

285 pixels

Se você não adicionar essa guia agora, não terá nenhum outro lugar para colocar a fatia da animação no final do projeto.

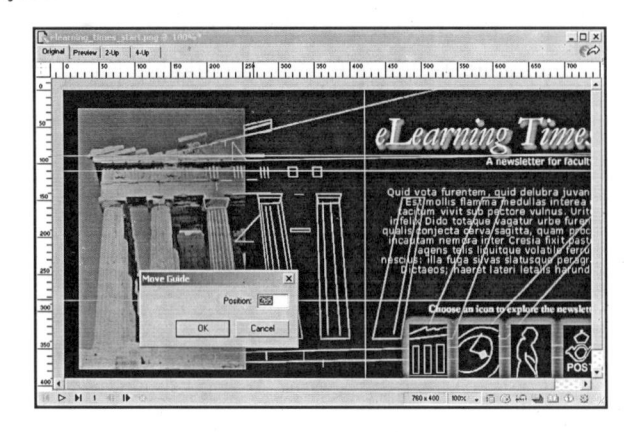

Use as guias para planejar uma estrutura de fatia simplificada.

4   Selecione a ferramenta Slice (Fatiar) e desenhe fatias sobre as cinco regiões. Desenhe uma fatia para cobrir a metade esquerda inteira. Desenhe outra para cobrir a área do título até a direita. Desenhe uma terceira na região estreita sobre a linha inicial GIF animada. Crie uma quarta fatia sobre a parte direita do texto e uma quinta para cobrir o espaço para os botões e a linha de instrução.

Desenhando fatias, você está, na verdade, criando uma estrutura de tabela HTML. O Fireworks produzirá a estrutura da tabela em um arquivo HTML que poderá ser editado ou usado como está com o Dreamweaver. Cada área fatiada se tornará um gráfico separado. Cada gráfico separado poderá ter sua própria definição de otimização.

5   Escolha File I Export (Exportar).

Neste ponto no projeto, você não deve se preocupar com a otimização ou comportamentos. Está simplesmente criando uma tabela personalizada para um editor HTML como o Dreamweaver.

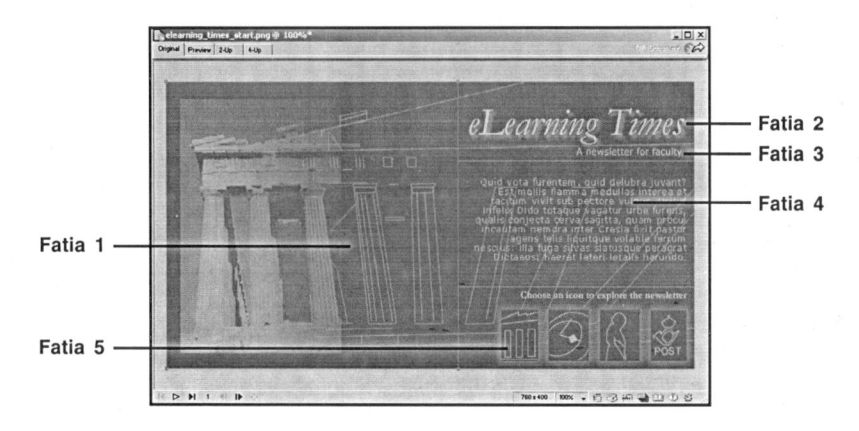

As fatias cobrem a imagem inteira,
sem nenhuma sobreposição, nem intervalos.

6   Crie uma nova pasta para a qual exportar seu desenho. Escolha HTML and Images (HTML e Imagens) nas opções Save As Type (Salvar Como Tipo) e marque a opção Put Images in Subfolder (Colocar Imagens na Subpasta).

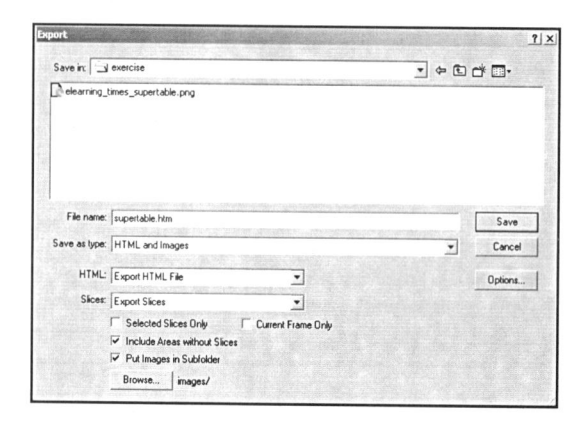

Fazer as escolhas certas na caixa de diálogo Export é fundamental para exportar os arquivos Fireworks interativos.

7   Clique o botão Options (Opções) para abrir a caixa de diálogo HTML Setup (Configuração HTML). Clique na aba Table (Tabela). Selecione Single Table – No Spacers (Uma Tabela – Sem Espaçadores) nas opções Space With (Espaço Com).

Escolhendo essa opção, você está informando ao Fireworks para gerar uma estrutura de tabela simples, sem tabelas incorporadas ou aninhadas.

8   Nomeie seu arquivo como **supertable.htm** e clique em Save (Salvar).

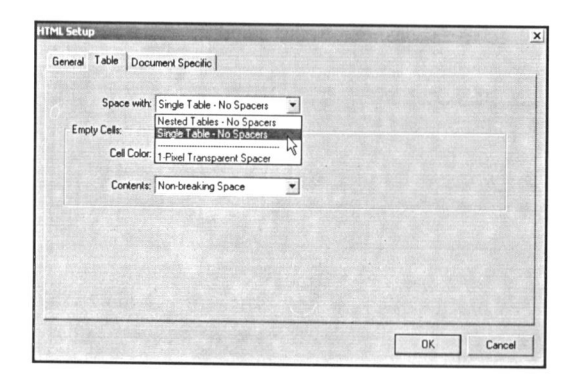

Use a aba Table para determinar se você deseja tabelas aninhadas ou simples.

Como otimizar e exportar os gráficos

Nesta seção, você irá otimizar os gráficos do arquivo e exportá-los como sua própria estrutura da tabela. Otimizar os gráficos requer uma nova estratégia de fatia; portanto, você apagará as fatias feitas anteriormente e desenhará novas sobre os gráficos. Deixe as guias no lugar. A tabela HTML anterior exportada está baseada nelas e você irá usá-las para desenhar seu próximo conjunto de fatias.

1   Escolha File I Save As e renomeie seu arquivo como **elearning_times_imagesoptimized.png**.

Projeto 3 - COMO EXPORTAR A EXCELÊNCIA | 39

2   Selecione e apague cada uma das fatias criadas anteriormente. Crie três novas fatias sobre a região esquerda: uma cobrindo a foto mais à esquerda, a segunda cobrindo a parte gráfica direita e a terceira cobrindo a seção do meio.

Certifique-se de que as três fatias caibam exatamente sobre a mesma área ocupada pela fatia grande anterior.

3   Selecione as fatias esquerda e do meio e no painel Optimize (Otimizar), escolha JPEG definido para 65% de qualidade. Selecione a fatia direita e escolha GIF, palheta Adaptive (Adaptativa), 32 cores.

Como a fatia esquerda cobre uma fotografia, 65% do JPEG faz um ótimo trabalho ao compactar a imagem. A fatia direita contém apenas o conteúdo gráfico que funciona bem com um GIF com apenas 32 cores. Como a fatia do meio cobre uma área com fotografias e gráficos, nem o formato JPEG nem o GIF funcionam inteiramente bem. Para tal situação, o Fireworks oferece uma compressão JPEG seletiva, que permite compactar uma região selecionada de uma fatia com uma definição JPEG diferente.

• *Estas três fatias são usadas para a otimização da imagem, ao invés da criação da tabela.*

4   Desative a camada da fatia pressionando o botão esquerdo Hide/Show Slices (Ocultar/Exibir Fatias) no painel Tools (Ferramentas). Com a ferramenta Lasso (Laço), desenhe uma seleção em torno das partes do desenho com linhas da imagem. Escolha Modify (Modificar) | Selective JPEG (JPEG Seletivo) | Save Selection as JPEG Mask (Salvar Seleção como Máscara JPEG).

Dica: Para visualizar os efeitos de suas definições de otimização, clique na aba Preview (Visualizar) na parte superior do documento. Clique na aba Original para continuar a trabalhar.

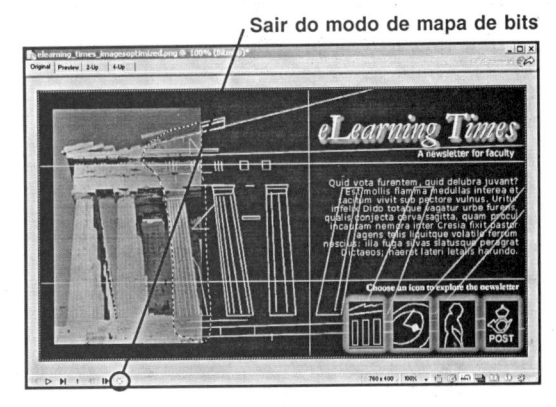

Sair do modo de mapa de bits

Você pode criar uma máscara JPEG seletiva a partir de qualquer seleção.

5   Clique o botão vermelho Exit Bitmap Mode (Sair do Modo de Mapa de Bits) para retornar para o modo vetorial normal.

6   Ative a exibição Slice e selecione a fatia do meio. No painel Optimize, clique no ícone Pencil (Lápis) ao lado da opção Selective Quality (Qualidade Seletiva). Na caixa de diálogo aberta, marque a opção Enable Selective Quality (Ativar Qualidade Seletiva) e forneça **80**. Clique em OK.

7   Pressione Shift e selecione todas as três fatias otimizadas. Escolha File | Export. Na caixa de diálogo Export, escolha HTML and Images nas opções Save As Type. Escolha Export Slices (Exportar Fatias) nas opções Slices. Marque as opções Selected Slices Only (Fatias Selecionadas Apenas) e Put Images in Subfolder (Colocar Imagens na Subpasta). Desmarque a opção Include Areas Without Slices (Incluir Áreas Sem Fatias). Nomeie o arquivo como **three_slices.htm** e clique em Save.

Essas definições exportarão apenas suas três áreas fatiadas, não o desenho inteiro. Depois de exportar, você usará o Dreamweaver para incorporar o **three_slices.htm** no arquivo **supertable.htm**.

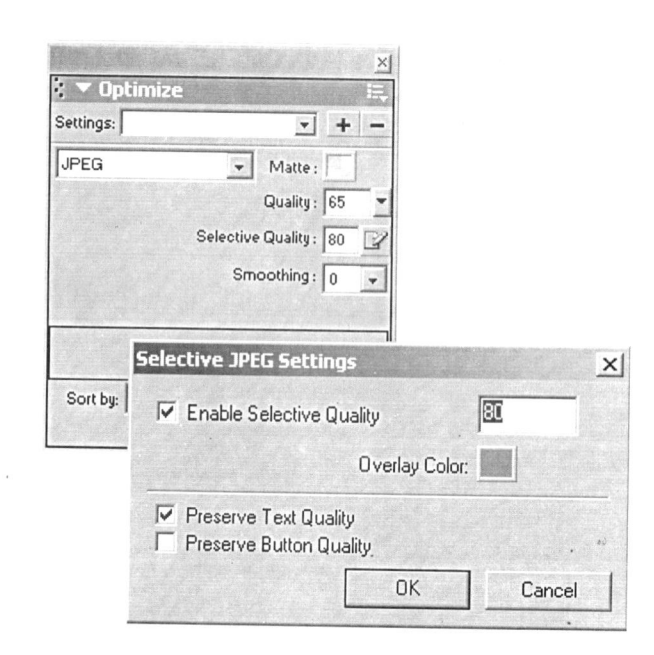

Ative a compressão JPEG seletiva no painel Optimize.

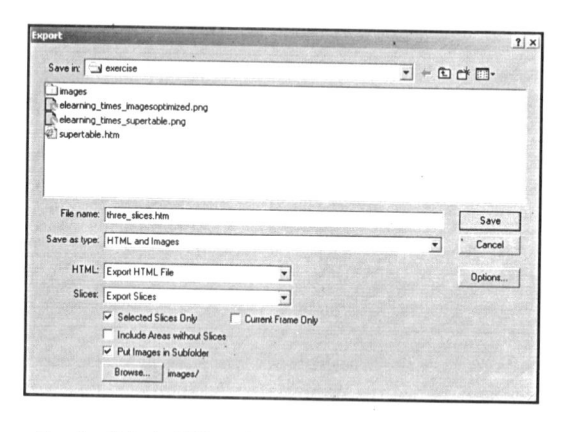

Escolha Selected Slices Only para assegurar que exportará apenas estas três camadas, ao invés do desenho inteiro.

Projeto 3 - COMO EXPORTAR A EXCELÊNCIA | 41

8   Inicialize o Dreamweaver e abra o arquivo **supertable.htm** que exportou anteriormente no projeto. Clique no gráfico grande na célula esquerda e apague-o.

Nota: Quando você trabalhar no Dreamweaver, normalmente deverá definir um novo site usando o menu Site. Definindo um site, informará ao Dreamweaver qual pasta em seu computador irá espelhar a estrutura de pasta no servidor. Porém, para este projeto, não é necessário definir um site.

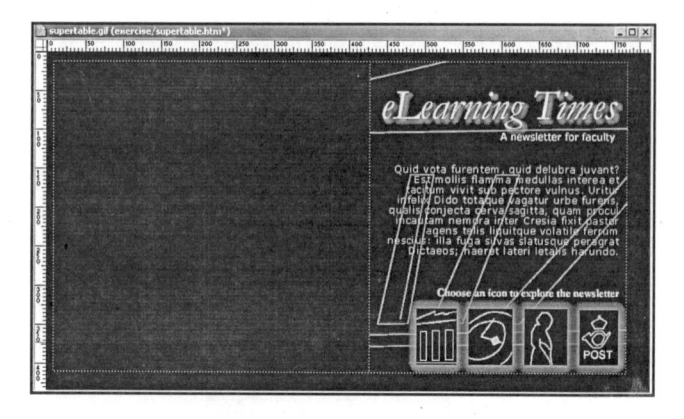

Você pode apagar o gráfico grande no Dreamweaver; era apenas um recipiente.

9   No painel Object (Objeto), clique no ícone Insert Fireworks HTML (Inserir HTML do Fireworks). Navegue para seu arquivo **three_slices.htm** e clique em OK. Escolha File I Save.

Suas três fatias, que são realmente uma estrutura de tabela com três células, caberão bem dentro da célula vazia.

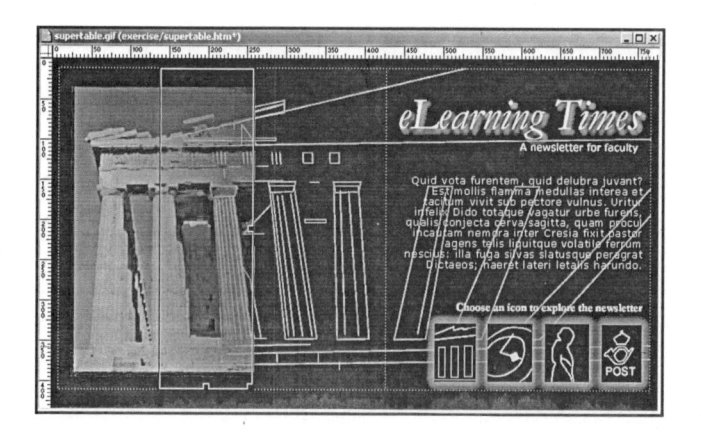

A página parece igual, mas os gráficos ficaram melhores e leva menos tempo para ser carregada.

COMO OTIMIZAR A BARRA DE NAVEGAÇÃO

Usando tabelas aninhadas, você irá assegurar que cada uma de suas tabelas tenha apenas uma função. A supertabela fornece o layout geral, e cada tabela aninhada contém um elemento gráfico ou interativo. Nesta seção, você irá otimizar e exportar a barra de navegação na célula inferior direita, o título e a animação na célula superior direita. Os componentes da barra de navegação e a animação já foram preparados para você no arquivo **elearning_times_nav.png**. Depois de exportar essas regiões, você usará o Dreamweaver para incorporá-las em sua supertabela.

Fireworks MX: efeitos mágicos

1. Abra o arquivo **elearning_times_nav.png** fornecido na pasta **Project 3** no CD-ROM em anexo.

   Otimizar as fatias quando diversos quadros estão envolvidos poderá ser capcioso, porque as fatias são compartilhadas nos quadros. Você não poderá, por exemplo, otimizar a fatia sobre os ícones em Frame 1 (Quadro 1) como GIFs e então otimizar a fatia sobre a fotografia em Frame 2 como JPEGs. A única coisa que poderá fazer é encontrar a melhor otimização para ambos.

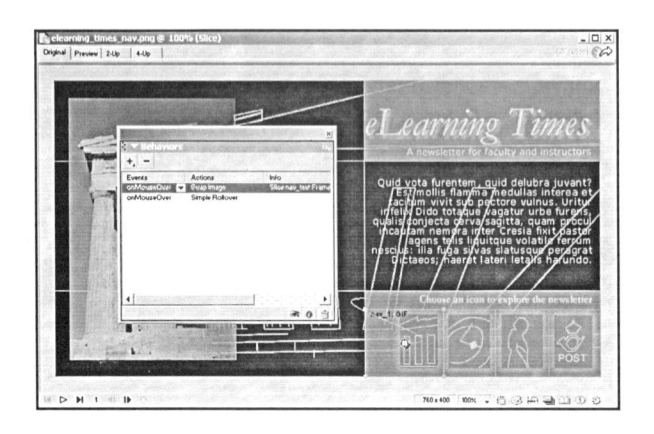

   As fatias e os rollovers separados foram adicionados nesta versão para economizar algumas etapas.

2. Selecione a fatia que cobre o texto de rollover separado e clique na aba 2-Up (Até 2) na parte superior da caixa de diálogo. Escolha GIF (Slice, f1) no menu suspenso abaixo do canto inferior esquerdo da imagem. Isto alterna a página esquerda do original para a visualização da otimização. Use a ferramenta Hand (Mão) para centralizar a fatia na janela Preview.

   Esta fatia será fácil de otimizar porque contém apenas texto. Com algumas cores, você saberá de antemão que a fatia dará um ótimo GIF.

3. Clique no painel de visualização esquerdo para selecioná-lo. No menu suspenso Settings (Definições) do painel Optimize, escolha a definição GIF Adaptive 256 (GIF Adaptativo 256).

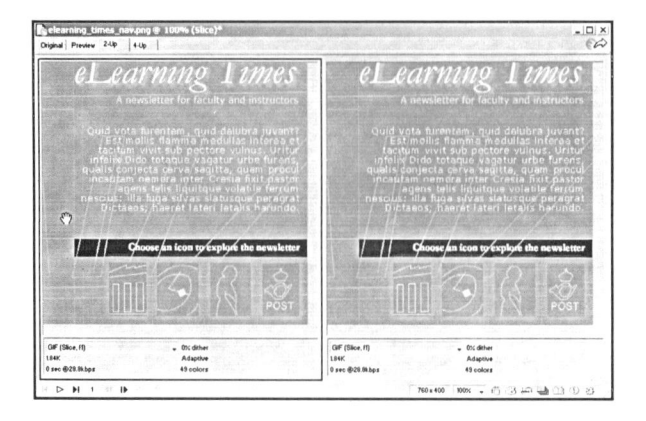

   Use a ferramenta Hand para centralizar a imagem na janela Preview.

Projeto 3 - COMO EXPORTAR A EXCELÊNCIA | 43

4   Clique no painel de visualização direito e no painel Optimize, escolha a definição GIF Adaptive. Mude as cores para 8, selecionando 8 no menu suspenso Colors (Cores).

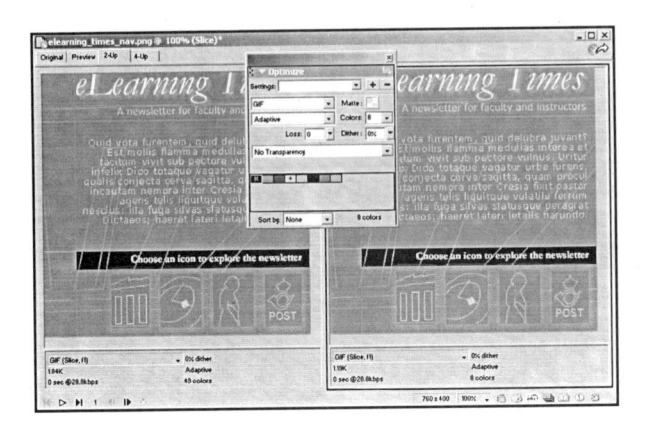

Use o modo 2-Up Preview para comparar a faixa de definições e tamanhos da qualidade GIF.

5   Agora otimize o primeiro ícone da barra de navegação. Ainda no modo 2-Up Preview (Visualizar Até 2), clique na fatia que contém a palavra "POST" (o último ícone). Essa fatia ficará destacada e o resto acinzentado. Defina o painel esquerdo para GIF, Adaptive, 256 cores. Defina o painel direito para JPEG – Better Quality (80%) (JPEG – Melhor Qualidade (80%)).

A definição GIF torna a imagem menor e um pouco mais clara.

6   Com base na comparação, parece que o GIF é o caminho a seguir – mas e o segundo quadro? No canto inferior esquerdo da janela do documento estão alguns controles do tipo VCR. O segundo controle até o último (à direita) é o ícone Next Frame (Próximo Quadro). Clique-o. Agora a foto aparecerá.

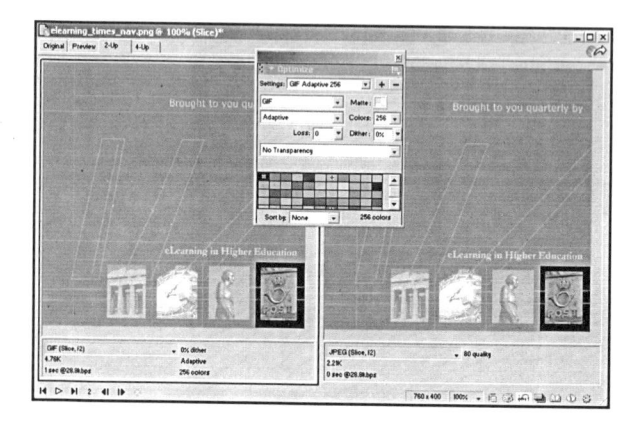

A definição da otimização GIF torna as fotografias grandes demais em termos de tamanho do arquivo, e não produz uma boa qualidade da imagem.

Com as fotos agora na exibição, compare os tamanhos do arquivo e a qualidade da imagem dos dois painéis. O GIF tem duas vezes o tamanho do JPEG. Quando você multiplicar esse aumento nas quatro fatias da barra de navegação, haverá 8KB adicionais. Portanto, o melhor equilíbrio da qualidade da imagem e do tamanho do arquivo é o JPEG.

7   Defina cada uma das fatias da barra de navegação restantes para JPEG 80%. Clique na aba Original para retornar para a exibição do documento principal e grave seu arquivo.

8   Pressione Shift e selecione todas as cinco fatias da navegação e escolha File | Export. Na caixa de diálogo Export, escolha HTML and Images, marque as opções Selected Slices Only e Put Images in Subfolder, nomeie o arquivo como **navbar.htm** e clique em Save. (Grave o arquivo na mesma pasta do site, como antes.)

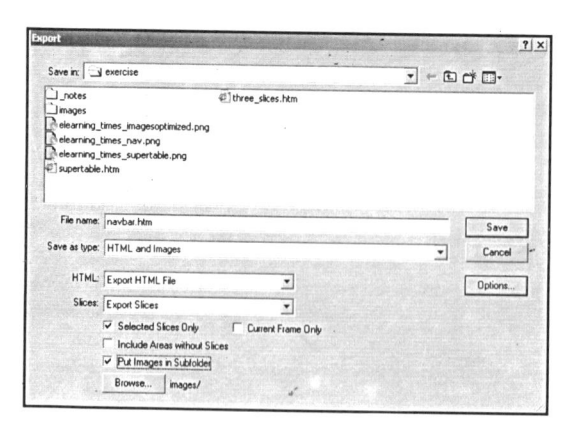

Exporte a barra de navegação como sua própria estrutura da tabela fatiada.

9   No Dreamweaver, apague o gráfico do recipiente para a barra de navegação e clique no ícone Insert Fireworks HTML no painel Object. Navegue para o arquivo **navbar.htm** que acabou de exportar e clique em OK. Para testar sua página em um navegador, pressione F12.

COMO OTIMIZAR E EXPORTAR A ANIMAÇÃO

Nesta seção final, você irá otimizar e exportar uma animação que poderá incorporar em seu desenho Dreamweaver principal, junto com a barra de navegação e as imagens otimizadas. O processo é parecido. Primeiro, aplicará uma definição de otimização em uma fatia que cobre uma animação. Então exportará a fatia selecionada, mas como uma imagem apenas sem HTML. Finalmente no Dreamweaver, substituirá o gráfico de recipiente estático pela nova animação.

    1   Abra **elearning_times_nav.png** na pasta **Project 3** no CD-ROM em anexo e grave-o como **elearning_times_animation.png**.

    2   Selecione a fatia da animação. No painel Optimize, escolha Animated GIF (GIF Animado), Adaptive e 128.

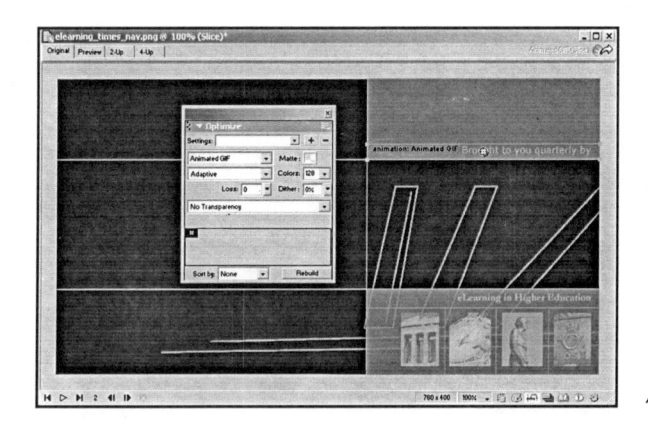

Selecione a fatia que contém a animação e escolha o formato Animated GIF no painel Optimize.

    3   Pressione Cmd e clique (Mac) ou clique com o botão direito do mouse (PC) na fatia e escolha Export Selected Slice (Exportar Fatia Selecionada) no menu contextual. Na caixa de diálogo Export, mantenha todas as definições, mas desmarque a opção Current Frame Only (Quadro Atual Apenas). Nomeie o arquivo como **animation.gif** e clique em Save. Grave-o na pasta **Images** em sua pasta **Site**.

Como é apenas um GIF animado, você não precisará de nenhum HTML ou tabela aninhada.

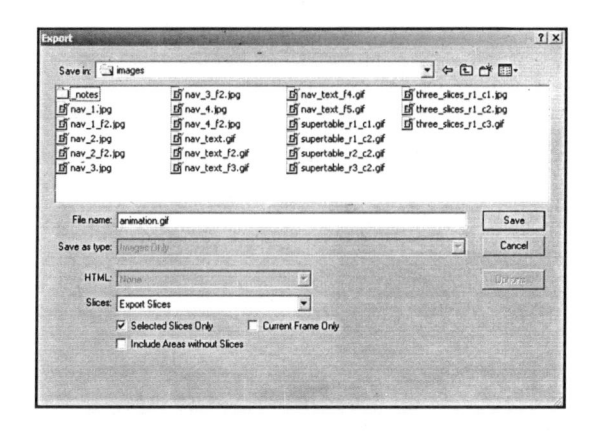

Como você designou isso como uma fatia animada, o Fireworks será configurado corretamente para exportar.

46 | Fireworks MX: efeitos mágicos

4   No Dreamweaver, apague o gráfico de recipiente para a animação e insira o GIF animado em seu lugar. Para tanto, poderá simplesmente clicar duas vezes no recipiente. Na caixa de diálogo Open File (Abrir Arquivo) que aparece, navegue para o arquivo **animation.gif** e clique em OK.

MODIFICAÇÕES

Neste projeto, você usou a fatia para realizar três tarefas não relacionadas: a produtividade (construir a supertabela), a otimização (a imagem combinada) e a interatividade/animação (a barra de navegação e a animação). Uma questão permanece: o texto do corpo Latin não deve ser exportado como um gráfico, mas como um texto HTML. Nesta seção, você irá exportar de novo a fatia como uma fatia de texto, em oposição a uma fatia de imagem. Também exportará uma imagem para usar como um bloco de fundo para o texto.

1   Abra **elearning_times_nav.png** e grave-o como **elearning_times_latin.png**. Selecione o objeto de texto Latin e então selecione a ferramenta Text (Texto) no painel Tool. Selecione e copie o texto. Agora que o conteúdo está no Clipboard (Área de Transferência), selecione e apague o objeto de texto.

2   Alterne para o Dreamweaver, selecione a apague o gráfico de recipiente do texto e cole o texto copiado. Selecione e formate o texto com desejado, usando o Properties Inspector (Inspetor de Propriedades).

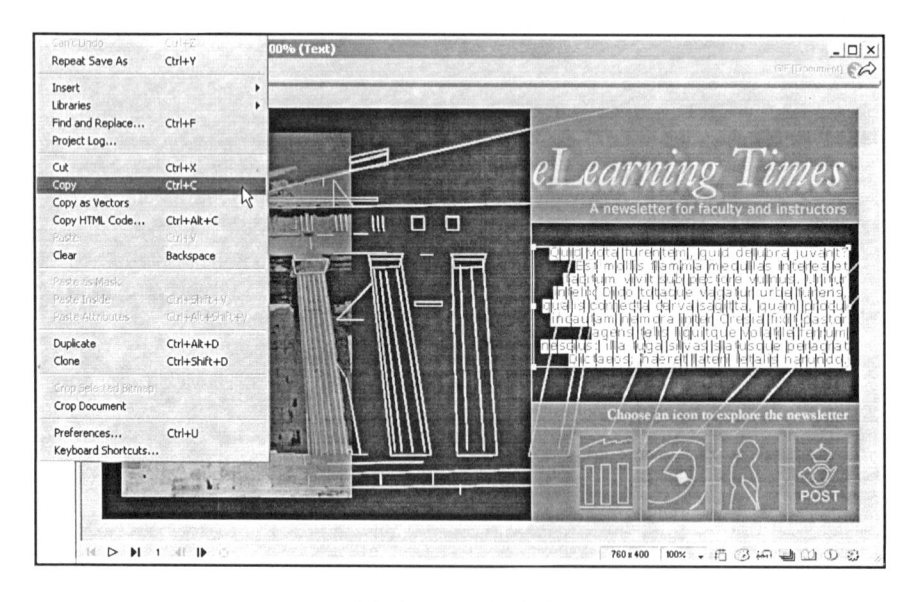

Selecione e copie o texto.

Projeto 3 - COMO EXPORTAR A EXCELÊNCIA | 47

3 Observe que o gráfico de fundo não existe mais agora. Volte para o Fireworks. Clique e mantenha pressionada a ferramenta Crop (Recortar) para exibir o grupo inteiro. No menu instantâneo de ferramentas, selecione a ferramenta Export Area (Exportar Área). (Parece uma câmera.).

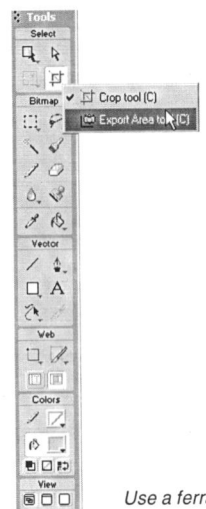

Use a ferramenta Export Area, agrupada com a ferramenta Crop, para exportar as regiões da tela personalizadas.

4 Desenhe um retângulo sobre a região que usou para conter o texto Latin. Use as fatias existentes como seu guia. Pressione a tecla Return ou Enter (ou clique duas vezes na região) para abrir a caixa de diálogo Export Preview (Visualização da Exportação).

5 Na janela Export Preview, use a ferramenta Hand para centralizar a região (ocultada à direita) na janela Preview. Defina o arquivo para ser exportado como GIF, Adaptive, 32 cores e clique o botão Export.

Nota: Se você vir um instantâneo de aviso sobre as fatias não funcionando, simplesmente clique em OK e descarte-o.

Use a área de exportação para demarcar a região Latin para a exportação especial.

6 Na caixa de diálogo Export, escolha Images Only no menu suspenso Save As Type. Nomeie o arquivo como **text_background.gif** e grave-o em sua pasta **Images**.

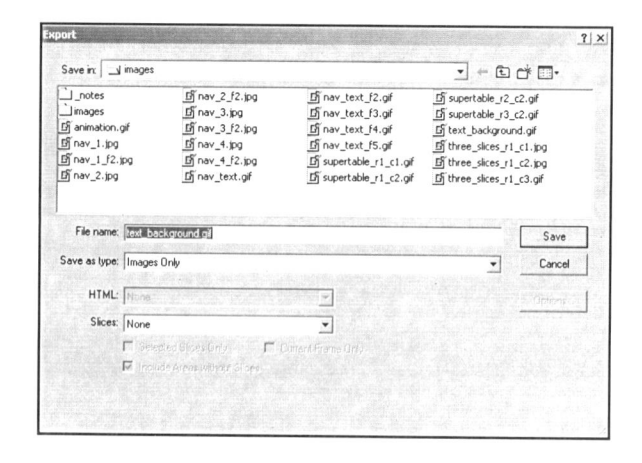

Como você está exportando uma imagem de fundo estática, escolha Images Only nas opções Save As Type.

7 Volte para o Dreamweaver. Clique em qualquer lugar na célula da tabela com o texto Latin. Essa ação irá selecionar a célula da tabela, para que você possa aplicar várias definições nela. No Properties Inspector, clique no ícone da pasta à direita do campo de texto Bg (Segundo Plano). Na caixa de diálogo Open, navegue para o arquivo **text_background.gif** que acabou de exportar e clique em OK.

O Dreamweaver irá inserir o gráfico como o segundo plano da célula da tabela, e o texto acima dele permanecerá editável.

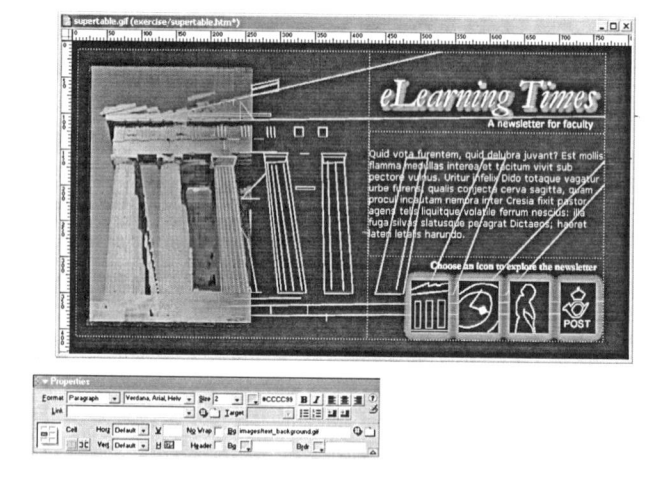

Você pode aplicar qualquer gráfico como um bloco de fundo para uma célula da tabela. Cada célula pode ter um fundo exclusivo.

Nota: Se a célula se redimensionar, bagunçando a exibição, defina sua altura para **175** pixels e sua largura para **327** pixels no Properties Inspector. Isso fará com que tenha o tamanho correto.

DESENHO DO BLOCO DE FUNDO

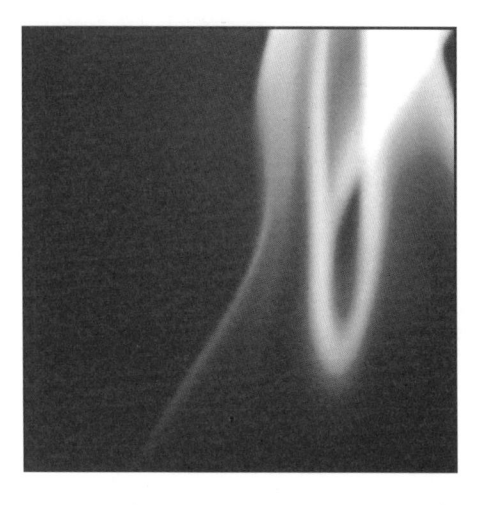

"O poder da imaginação nos torna infinitos."
—John Muir

COMO CRIAR E VISUALIZAR BLOCOS DE FUNDO PERSONALIZADOS E UNIFORMES

Muitos sites web usam blocos de fundo personalizados (como o arquivo lava_tile.png usado no final do Projeto 1, "Ilustração vetorial inacreditável") para adicionar profundidade e interesse visual à página. Os blocos podem ser tão pequenos quanto os padrões uniformes de 100x100 pixels mais familiares que se repetem na página, ou tão grandes quanto os blocos de 1.500x1.500 pixels que se estendem para além do desenho da página, para que os usuários não os vejam se repetir. Seja qual for a estratégia escolhida, o Fireworks fornecerá a capacidade de construir tais blocos personalizados e irá usá-los durante o processo criativo para ajudá-lo a prever o desenho da página final.

Projeto 4
Desenho do bloco de fundo
de Lisa Lopuck

COMO INICIAR

Para construir um bloco uniforme personalizado, você não precisará de nada, exceto sua imaginação. Usará as ferramentas vetoriais e de mapa de bits padrões do Fireworks para criar um desenho e então simplesmente irá gravá-lo no formato que quiser. Assim que gravado, irá colocar o bloco em uma pasta especial, para que o Fireworks possa encontrá-lo e usá-lo como um padrão lado a lado para preencher outros objetos.

Nota: Todos os arquivos necessários para este projeto estão incluídos na pasta **Project 4** no CD-ROM em anexo, junto com os arquivos de amostra.

COMO CRIAR UM BLOCO PADRÃO UNIFORME

Nesta primeira seção, você criará um bloco padrão uniforme que se repete, que servirá como o fundo para um layout da página web. Depois de criar seu bloco, irá otimizá-lo para reduzir seu tamanho de arquivo para que ele esteja pronto para o uso na web. Também irá gravá-lo na pasta Configurations (Configurações) do Fireworks, para que possa usá-lo para simular desenhos da página web lado a lado.

1. Abra o arquivo **mini_tile.png** fornecido na pasta **Project 4** no CD-ROM em anexo. Este arquivo contém uma ilustração de uva que você modificará para adicionar uma textura de fundo uniforme.

Projeto 4 - DESENHO DO BLOCO DE FUNDO | 51

2   Selecione a ferramenta Brush (Pincel) e no Properties Inspector (Inspetor de Propriedades), escolha Air Brush (Basic) (Aerógrafo (Básico) com um diâmetro de 60 pixels e uma cor creme clara. Na camada **Parchment**, aplique o spray em alguns fragmentos para criar uma aparência de papel pergaminho.

3   Aumente o tamanho da tela escolhendo Modify (Modificar) | Canvas (Tela) | Canvas Size (Tamanho da Tela). Forneça **300x300** para as novas dimensões da tela e mantenha o ponto de âncora no centro. Clique em OK.

Para criar um bloco uniforme, precisará de uma tela maior. Você colocará uma cópia do mapa de bits de pergaminho ao lado e acima do original, para que possa suavizar as marcas.

Use a ferramenta Brush para adicionar uma textura de pergaminho.

4   Selecione o mapa de bits do pergaminho com a ferramenta Pointer (Ponteiro). Ative as guias escolhendo View (Exibir) | Rulers (Réguas). Arraste quatro guias a partir das réguas e coloque-as em todos os quatro cantos do mapa de bits selecionado.

As guias ajudarão a posicionar as cópias do pergaminho que você fará na próxima etapa.

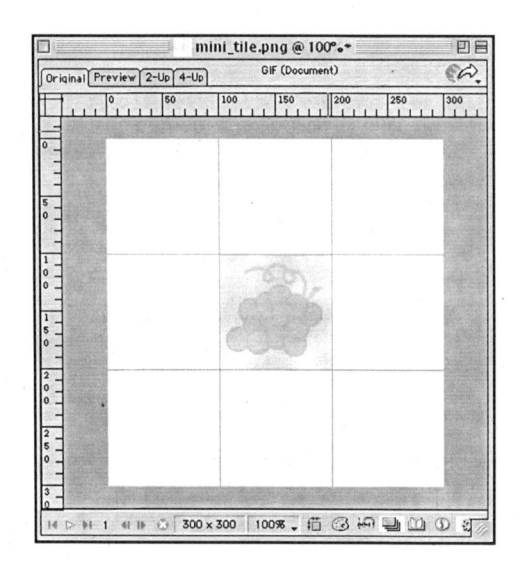

Aumente a tela e adicione guias às bordas do mapa de bits do pergaminho.

5 Pressione a tecla Alt ou Option junto com a tecla Shift e arraste uma cópia do mapa de bits do pergaminho para cima, para ficar na borda superior do original. Arraste outra cópia para a borda esquerda. Pressione Shift e selecione todos os três objetos do mapa de bits e escolha Modify I Flatten Selection (Seleção Nivelada).

Selecionar a ação Flatten Selection irá mesclar todos os três mapas de bits em um. Agora é uma questão de suavizar as marcas óbvias onde os três mapas de bits se uniram.

Desative as guias escolhendo View I Guides (Guias) I Show Guides (Exibir Guias). Isso permitirá que você veja as marcas.

6 Selecione a ferramenta Blur (Mancha). No Properties Inspector, defina seu tamanho para 20 e sua intensidade para 90. Manche as bordas superior e esquerda do bloco original para que se misturem bem com os dois blocos duplicados.

Você poderá precisar usar a ferramenta Brush para adicionar mais fragmentos para ajudar a combinar as bordas. A idéia é ajustar a parte do bloco original para que se misture uniformemente nas cópias vizinhas.

Ative de volta as guias escolhendo View I Guides I Show Guides.

Dica: Concentre seu retoque aplicando o aerógrafo e combinando a parte do bloco original – é a única parte que você manterá no final. Se seus retoques forem pesados demais nas duas cópias do bloco, seu bloco não ficará sem marcas.

7 Selecione a ferramenta Marquee (Contorno) e desenhe uma seleção com cerca de 30 pixels de largura sobre a borda direita do bloco original. Apague a área selecionada. Mova a seleção para o mesmo ponto relativo no bloco esquerdo. Pressione as teclas Option+Cmd (Mac) ou Alt+Ctrl (PC) e arraste uma cópia da área selecionada de volta para o bloco original.

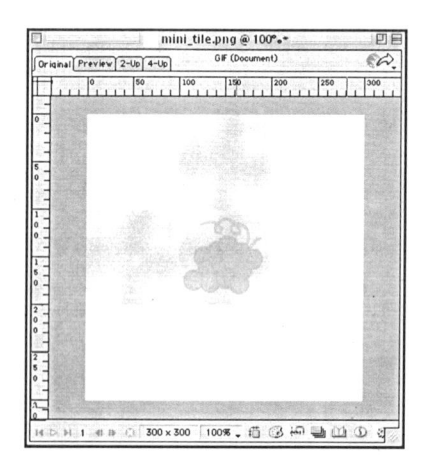

Crie duas cópias do mapa de bits do pergaminho e coloque-as nas bordas superior e esquerda do original.

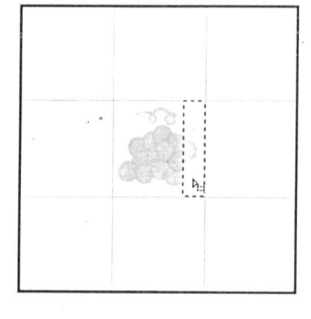

Selecione a borda direita do bloco original e apague.

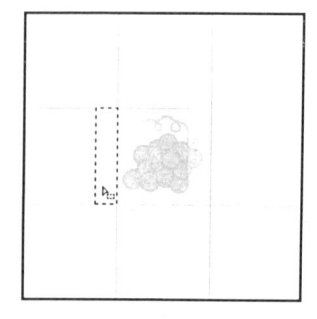

Mova a seleção para o bloco esquerdo para obter sua borda direita para copiar.

Projeto 4 - DESENHO DO BLOCO DE FUNDO | 53

8   Repita esse processo para consertar a borda inferior. Desenhe uma seleção sobre a parte inferior do bloco original e apague. Mova a seleção para cima até o bloco superior e obtenha uma cópia de sua parte inferior para voltar para baixo do bloco original.

9   Depois de ter consertado o bloco original, desenhe uma seleção em torno dele usando as guias para ajudá-lo. Escolha Edit (Editar) I Crop Document (Recortar Documento). Selecione o gráfico de pergaminho com a ferramenta Pointer e no painel Layers (Camadas) (ou no Properties Inspector), ajuste sua solidez para 50%.

Sua seleção sobre o bloco original deverá ir para as guias configuradas anteriormente.

*Recorte o bloco com sua forma original
e ajuste sua transparência no painel Layers.*

10 Escolha File (Arquivo) I Save As (Salvar Como) e grave seu bloco como **mini_tile.png** em sua área de trabalho. Para exportá-lo como um GIF pronto para a web, no painel Optimize (Otimizar), deixe as definições Optimization (Otimização) em GifWebSnap 128. Escolha File I Export (Exportar). Na janela Export, escolha Images Only (Imagens Apenas) nas opções Save As. Grave o arquivo como **mini_tile.gif** em sua área de trabalho. Saia do Fireworks.

Gravar na área de trabalho irá ajudá-lo a encontrar o arquivo novamente nas etapas posteriores.

Agora você deve ter gravado em sua área de trabalho uma versão PNG, que usará como um padrão Fireworks personalizado e uma versão GIF que está pronta para a web.

11 Localize a pasta Configuration na pasta Fireworks em seu computador. Coloque a versão PNG do bloco dentro da pasta Patterns na pasta Configuration. Reinicie o Fireworks.

Dica: Ao invés de gravar seu padrão na pasta Configurations como fez na seção anterior, poderá simplesmente gravar o arquivo em sua área de trabalho ou em uma pasta de projeto e então apontá-lo na janela Pattern Options (Opções do Padrão). Selecione Other (Outro) nas opções instantâneas Pattern, ao invés de escolher uma na lista e navegue para o local de seu arquivo. Escolhendo Other e navegando para um arquivo, o efeito será o mesmo. Porém, o que você perde é a conveniência de ter seu bloco personalizado como uma das opções padrões no Fireworks na próxima vez em que trabalhar.

COMO SIMULAR A APARÊNCIA DA PÁGINA WEB FINAL

Agora que você exportou seu bloco como um GIF pronto para a web, a próxima etapa será de fato construir o layout de sua página web. Nesta seção, você iniciará um novo documento e preencherá a tela com seu novo padrão de bloco de fundo personalizado. Assim, quando construir o desenho de sua página web, será capaz de ver como seus desenhos ficarão quando adicionados no padrão lado a lado. Depois de construir um desenho da página web, o bloco de fundo irá ajudá-lo a selecionar a cor fosca para seus gráficos, para que, quando você exportar os elementos do desenho como GIFs transparentes, eles coincidirão com o bloco do fundo.

1. No Fireworks, crie um novo documento com 800x600 pixels, 72dpi, com um fundo transparente. Use a ferramenta Rectangle (Retângulo) para desenhar um retângulo. Com o Properties Inspector, dimensione o retângulo para ter exatamente 800x600 e posicione-o em X = 0, Y = 0 para que tenha o tamanho exato da tela.

2. No Properties Inspector, altere o preenchimento do retângulo de Solid (Sólido) para Pattern no menu instantâneo. Clique na mini-amostra do padrão para abrir a janela Pattern Options. Nela, selecione seu arquivo **mini_tile.png** na lista instantânea de opções. Clique duas vezes na camada e nomeie-a como **Tile**. Bloqueie a camada **Tile** e crie uma nova para os elementos de seu desenho.

   Agora o documento será preenchido com o padrão lado a lado uniforme. O efeito é igual a uma página HTML que usa um bloco de fundo. Agora você poderá desenhar sua página no Fireworks, sabendo que ficará como um bloco de fundo HTML.

3. Escolha File I Import (Importar) e navegue para localizar o arquivo **art_wine_logo.png** incluído na pasta **Project 4** no CD-ROM em anexo. Clique para colocar o logotipo em seu desenho e posicione-o no canto superior esquerdo do documento.

Crie um retângulo com o tamanho de seu documento e preencha-o com seu padrão personalizado.

Construa os elementos de desenho de sua página na parte superior do padrão de fundo simulado.

Projeto 4 - DESENHO DO BLOCO DE FUNDO | 55

4 No painel Optimize, selecione a definição GIF Adaptive (GIF Adaptativo) com 128 cores. Altere a transparência para Alpha Transparency (Transparência Alfa) no menu instantâneo. Para Matte (Fosco), clique na amostra de cor e então mova o cursor para seu documento. Tire uma amostra de uma cor cinza (como #CCCCCC) em seu bloco de fundo, como, por exemplo, a cor acinzentada na borda de uma das uvas.

Nota: Sempre que você usar blocos de fundo, será importante preparar seus gráficos como GIFs transparentes com uma cor fosca (cor da borda) que coincida com o valor da cor média de seu bloco. Assim que carregado em um navegador web, será impossível prever onde o padrão lado a lado ficará em relação às suas imagens. Portanto, você não poderá exportar seus gráficos sobrepostos previamente para o bloco.

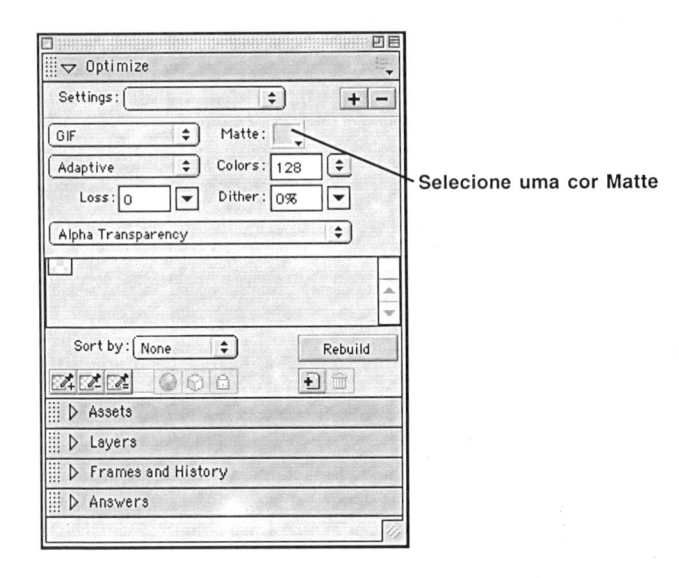

→ Selecione uma cor Matte

Selecione GIF Adaptive e 128 cores, ative Alpha Transparency e defina Matte para uma cor do bloco de fundo.

5 No painel Layers, desative a camada do bloco de fundo. Selecione a ferramenta Export Area (Exportar Área) no painel Tool (Ferramenta). (Está agrupada na ferramenta Crop.) Desenhe uma seleção em torno do desenho do cabeçalho e pressione a tecla Enter ou Return para exportar a região.

Na janela Export Preview (Visualização da Exportação), todas as suas definições da etapa anterior deverão ser refletidas – simplesmente clique em Export. Grave o arquivo como **masthead.gif**. Agora você tem o GIF do bloco de fundo e o GIF do cabeçalho que precisará para construir esta página web em um editor HTML como o Dreamweaver.

Desative a camada com o padrão lado a lado e use a ferramenta Export Area para exportar o logotipo.

COMO OTIMIZAR E EXPORTAR UM BLOCO EXAGERADO

Até então, este projeto analisou a construção e o uso de um pequeno bloco que se repete na página, criando um padrão uniforme. Porém, os blocos de fundo da página Web não precisam ter um certo tamanho. Na verdade, eles poderiam ter apenas 2x1.500 pixels, se você quisesse que os usuários vissem um padrão horizontal que se repete para baixo na página, mas não na horizontal (a menos que eles naveguem para fora da página para vê-lo, claro). Nesta seção final, você criará um único bloco grande com 1.500x1.500 pixels, que adicionará uma tremenda profundidade à sua página, sem levar muito tempo para ser carregado. O bloco é tão grande que os usuários não o verão se repetir, a menos que naveguem de propósito para vê-lo.

1. No Fireworks, crie um novo arquivo que tenha 1.500x1.500 pixels, 72dpi, com um fundo azul escuro (#000066).

2. Com a ferramenta Ellipse (Elipse), desenhe uma oval, preencha-a com branco, não use nenhuma pincelada. Com o Properties Inspector ou o painel Info (Informações) dimensione-a para que tenha 1.904 pixels de largura por 2.232 pixels de altura. Posicione-a em X= 112, Y = -164.

Dica: Ajudará reduzir para 25%, para que você possa ver o desenho inteiro.

Crie um documento grande e adicione uma oval.
Este desenho formará a base de seu bloco.

Projeto 4 - DESENHO DO BLOCO DE FUNDO | 57

3   Escolha File I Import e navegue para o arquivo **compass.png** incluído na pasta **Project 4** no CD-ROM em anexo. Clique uma vez para colocar a imagem em seu documento. Use o painel Info para posicioná-la em X = 201, Y = -71.

4   Abra o painel Optimize, selecione a palheta GIF Adaptive e forneça **6** para o número de cores. Defina a transparência para No Transparency (Sem Transparência).

Clique na aba Preview (Visualizar) na parte superior do documento para visualizar os resultados. Embora a imagem tenha 1.500x1.500 pixels, tem apenas 37KB, porque usa muito poucas cores. Clique de volta na aba Original.

Nota: Embora 37KB possa ainda ser uma imagem bem grande, se muitos outros gráficos não forem adicionados à página web, você poderá ainda obter um bom desempenho do carregamento. Sempre construa páginas que sejam bem executadas para as velocidades da conexão do público de destino.

*Importe e coloque o arquivo **compass.png**. O documento é mostrado em 25%.*

5   Escolha File I Export no menu. Na janela Export, escolha Images Only nas opções Save As. Nomeie o arquivo como **big_tile.gif** e grave-o em sua área de trabalho (onde será fácil de encontrar novamente).

6   Para usar seu bloco grande ou pequeno como o fundo para uma página HTML, abra o Dreamweaver e inicie uma nova página. Escolha Modify I Page Properties (Propriedades da Página). Clique o botão Browse (Navegar) ao lado do campo Background Image (Imagem do Segundo Plano). Localize um de seus blocos e clique em OK.

Agora a imagem servirá como o padrão de fundo para sua página web. Você poderá continuar a adicionar elementos como texto e tabelas à página como sempre.

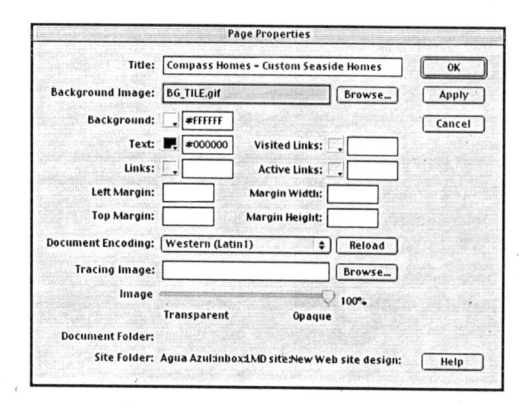

No Dreamweaver, você poderá especificar o bloco de fundo de uma página através da janela Page Properties.

Nota: Para incorporar um bloco em uma página web, se você não tiver o Dreamweaver, poderá abrir uma página HTML em um editor de texto e adicionar o atributo background à tag body. Por exemplo, expanda a tag <body> como a seguir: <body background="tile.gif">.

MODIFICAÇÕES

Ao invés de construir blocos de fundo – grandes ou pequenos – para a página web inteira, você poderá construí-los para as células individuais da tabela. Se usar uma estrutura da tabela como parte do layout de sua página web, cada célula na tabela será capaz de manter seu próprio bloco de fundo exclusivo. Usando os blocos da célula da tabela, você ganhará um controle infinito da aparência de sua página.

Nota: Para esta seção final, você precisará usar o Dreamweaver. Se não o tiver, poderá adicionar blocos de fundo às células de sua tabela expandindo a tag <td> como a seguir: <td background="bgtile.gif">

1. No Fireworks, abra **tablecell_tile.png** na pasta **Project 4** no CD-ROM em anexo. O arquivo contém os desenhos para um cabeçalho e logotipo simples.

   A parte do texto já foi exportada para você e está localizada na pasta **Project 4** no CD-ROM em anexo como **captain.gif**. Nesta seção, você exportará as listras horizontais como um bloco de fundo que poderá inserir em uma célula da tabela Dreamweaver.

2. Selecione o objeto de fatia superior que cobre as linhas horizontais. Pressione a tecla Control (Mac) ou clique com o botão direito do mouse (PC) na fatia e escolha Export Selected Slice (Exportar Fatia Selecionada) no menu Context (Contexto) instantâneo.

   Note que a fatia já foi otimizada no painel Optimize.

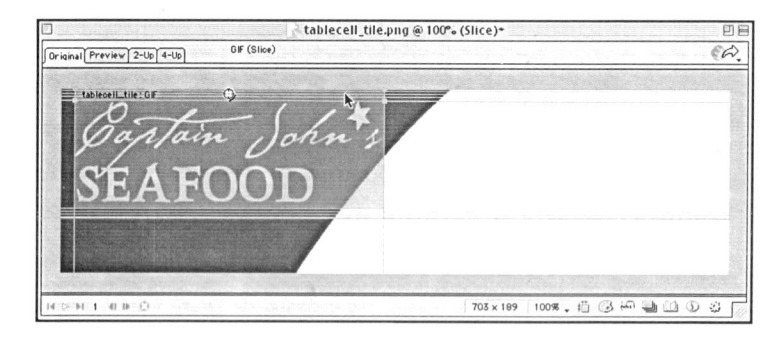

Construa seus desenhos web em uma camada Fireworks em cima do bloco de fundo. Use as fatias para exportar os elementos de seu desenho como linhas horizontais.

Nota: Se você clicar no objeto de fatia para a parte do texto e observar o painel Optimize, notará que a fatia está usando a opção Index Transparency (Indexar Transparência) e um azul escuro fosco que coincide com o bloco subjacente. Porém, antes de exportar essa fatia, tive que desativar a camada do bloco subjacente para que não fosse incluído no gráfico. Você irá preparar o gráfico da linha horizontal da mesma maneira.

Projeto 4 - DESENHO DO BLOCO DE FUNDO | 59

3   Na janela Export, escolha Images Only nas opções Save As. Ao lado de Slices, certifique-se de que a opção Selected Slice Only (Fatia Selecionada Apenas) esteja marcada. Nomeie o arquivo como **tablecell_tile.gif** e grave-o em sua área de trabalho (onde poderá encontrá-lo de novo com facilidade).

4   Inicialize o Dreamweaver e abra o arquivo **captain.htm** incluído na pasta **Project 4** no CD-ROM em anexo.

5   Clique dentro da célula superior acima do texto. No Properties Inspector, clique no ícone da pasta à direita do campo de texto Bg (Segundo Plano). Localize seu **tablecell_tile.gif** na área de trabalho e clique em OK.

Nota: Ao usar os blocos de fundo nas células da tabela, sempre verifique suas páginas nos diversos navegadores web para assegurar que estejam funcionando corretamente.

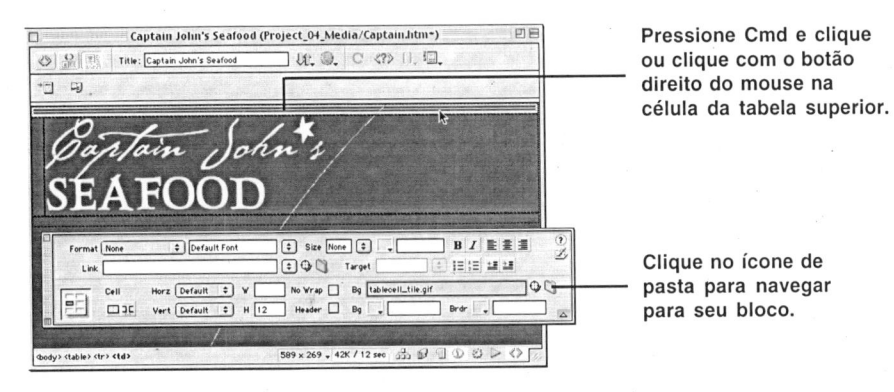

Pressione Cmd e clique ou clique com o botão direito do mouse na célula da tabela superior.

Clique no ícone de pasta para navegar para seu bloco.

Use o Properties Inspector para navegar para um arquivo de fundo para a célula da tabela selecionada.

6   Pressione Cmd e clique ou clique com o botão direito do mouse na célula inferior da tabela abaixo do texto. No Properties Inspector, clique no ícone de pasta e navegue para o arquivo **tablecell_tile.gif** para torná-lo o padrão de fundo para a célula inferior também.

7   Para visualizar seu trabalho, escolha File I Preview in Browser (Visualizar no Navegador) (ou pressione F12). Sua página será aberta em um navegador web.

Note que se você redimensionar a janela de seu navegador, as linhas horizontais sempre se estenderão completamente na página. E mais, como o bloco é um GIF transparente, terá boa aparência sobre as áreas azul e branca.

Esta página usa um bloco de fundo para a página inteira e um bloco diferente para preencher as duas células da tabela.

COMO CONSTRUIR UMA
INTERFACE DINÂMICA COM
ANIMAÇÕES DE ROLLOVER

VITRINE DO PRODUTO ANIMADO

Sou surpreendido continuamente pelo modo como poucas firmas de desenho e produção web descobriram o uso e os efeitos mágicos do Fireworks para construir interfaces gráficas. Sem escrever uma única linha de código ou ter que Atrocar de um programa para outro, você poderá construir botões rollover interativos que inicializam as animações – tudo em um único documento Fireworks.

"A sorte é uma questão de preparo que se encontra com a oportunidade."
–Oprah Winfrey

Projeto 5
Vitrine do produto animado
de Lisa Lopuck

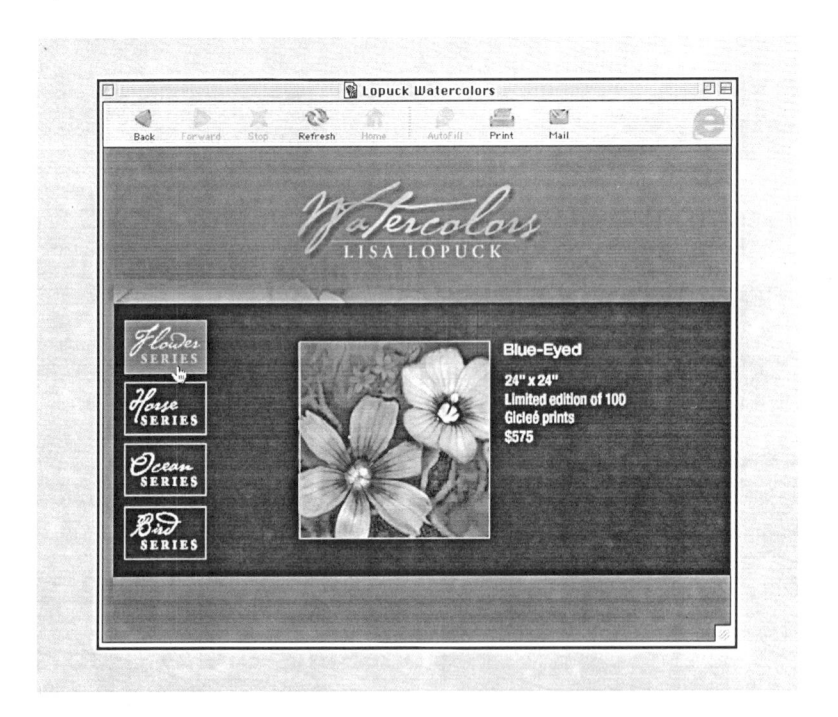

COMO INICIAR

Os documentos PNG do Fireworks são multidimensionais. Como o Photoshop, o Fireworks permite que você construa seus gráficos em uma série de camadas. Porém, o Fireworks vai uma etapa além do Photoshop, oferecendo uma linha do tempo na forma de quadros. No painel Frames (Quadros), você construirá os diferentes estados de seus botões de rollover e suas etapas da animação. Por exemplo, o estado normal do botão fica em Frame 1 e o estado de rollover fica em Frame 2. As etapas da animação podem usar qualquer quantidade de quadros e você não tem necessariamente que iniciar sua animação no primeiro quadro. Neste projeto, você irá construir um botão interativo e com diversos estados que inicializa uma vitrine do projeto animado.

COMO CONSTRUIR UM BOTÃO

Para criar um botão interativo que possa fazer com que uma animação apareça, você começará construindo alguns estados do botão diferentes, em uma série de quadros. Depois de construir os estados dos botões, irá fatiar a região com a ferramenta Slice (Fatiar), aplicará comportamentos nela e atribuirá uma ligação. Nesta primeira seção, irá preparar os quadros necessários para um botão com dois estados – um botão que tem um estado normal e um de rollover.

1. No Fireworks, abra o arquivo **watercolors.png** incluído na pasta **Project 5** no CD-ROM em anexo. O lado esquerdo da página contém uma linha vertical de botões, que você irá transformar em botões de rollover.

2. No painel Frames, pressione a tecla Option ou Alt e clique em Frame 1. Essa ação criará uma duplicata do primeiro quadro. Clique em Frame 2 para selecioná-lo.

3. Em Frame 2, pressione Shift e selecione todos os quatro contornos cinzas em volta dos botões. No Properties Inspector (Inspetor de Propriedades), mude a cor do preenchimento dos retângulos de None (Nenhuma) para cinza escuro #333333 e a cor da pincelada para branco.

Você acabou de criar os estados de rollover para os quatro botões. Os estados do rollover sempre ficam em Frame 2.

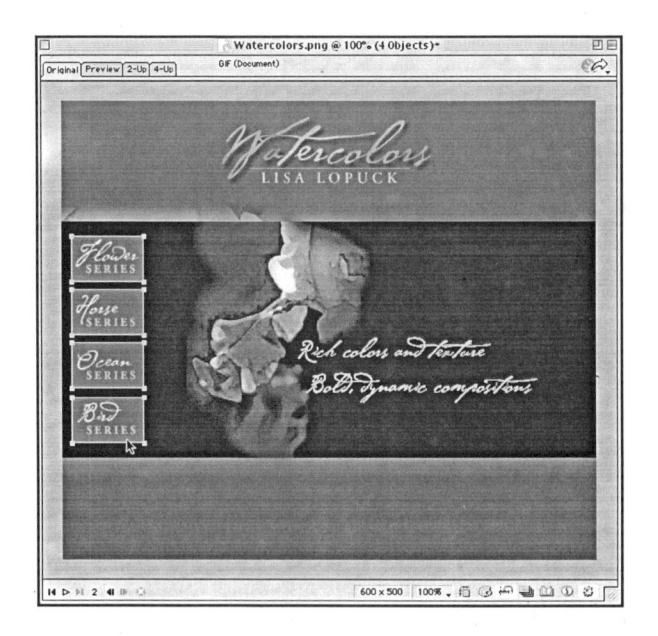

Selecione os quatro retângulos do botão, defina sua pincelada para branco e preencha-os com uma cor cinza escuro.

4   Selecione a ferramenta Slice e desenhe fatias sobre cada um dos quatro botões. Certifique-se de que tenha desenhado seus objetos de fatia a partir da borda esquerda do documento, e desenhe suas fatias para que todas se toquem, não deixando nenhuma lacuna entre elas. Certifique-se também de que suas bordas direitas estejam alinhadas.

Quando desenha uma fatia, está criando uma estrutura de tabela. Se você deixar lacunas entre suas fatias, o Fireworks criará fatias adicionais entre elas, criando uma tabela mais complexa do que o necessário.

5   Pressione Shift e selecione todos os quatro objetos de fatia. Abra o painel Optimize (Otimizar) e selecione o formato GIF, a paleta Adaptive (Adaptativa) e 16 cores. Cancele a seleção dos objetos de fatia.

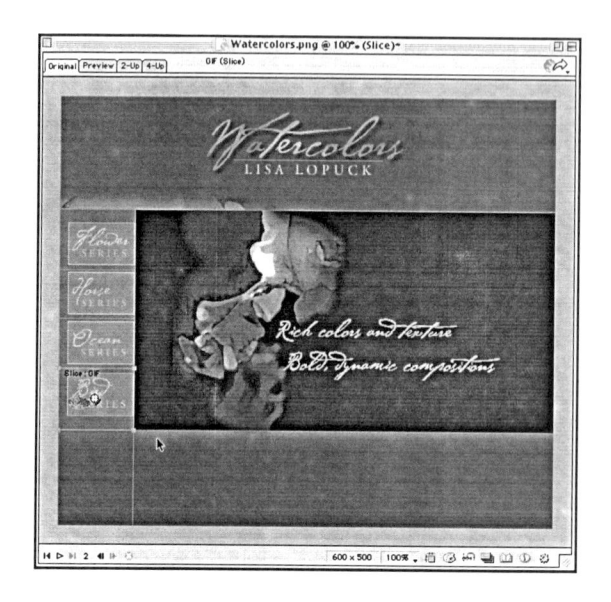

Desenhe quatro fatias para cobrir cada um dos botões. Certifique-se de que suas fatias se alinhem umas com as outras, borda com borda.

6   Selecione a fatia superior do botão Flower Series (Série de Flores). No Properties Inspector, forneça a ligação **flower.htm** e pressione a tecla Return ou Enter para fazer com que a ligação "se fixe". À esquerda inferior do Properties Inspector, renomeie a fatia como **Nav_1** e pressione a tecla Return ou Enter. Repita essa etapa para adicionar uma ligação e nomear os três botões restantes como a seguir:

Button 2: **horse.htm. Nav_2**

Button 3: **ocean.htm. Nav_3**

Button 4: **bird.htm. Nav_4**

7   Pressione Shift e selecione todos os quatro objetos de fatia e abra o painel Behavior (Comportamento). No menu Plus (+), selecione o comportamento Simple Rollover (Rollover Simples).

Esse comportamento exibirá o conteúdo de Frame 2 quando o usuário passar pelos botões. Grave seu arquivo como **watercolors_(seunome).png** em sua área de trabalho.

Projeto 5 - VITRINE DO PRODUTO ANIMADO | 65

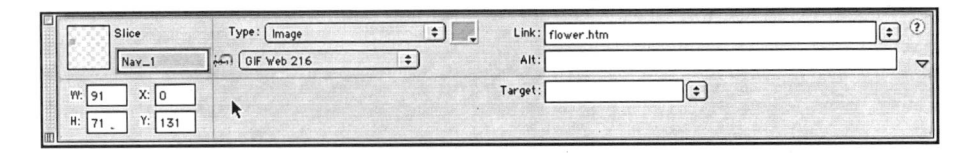

Selecione cada fatia e, no Properties Inspector, nomeie-a e adicione uma ligação.

COMO ANIMAR OS OBJETOS

O Fireworks é um programa de animação cheio de recursos, com ferramentas para gerar automaticamente quadros de animação, loop de controle e sincronização. Nesta seção, você construirá e exportará uma animação do produto que poderá exibir quando o usuário passar sobre o botão de navegação esquerdo superior. Embora este projeto o conduza na criação de uma animação de rollover de apenas um botão, você poderá usar estas mesmas técnicas para construir uma animação parecida para cada um dos botões – tudo em um documento Fireworks.

1. No Fireworks, abra o arquivo **watercolors2.png** incluído na pasta **Project 5** no CD-ROM em anexo, ou continue trabalhando com seu projeto. Selecione Frame 2 no painel Frames, clique na imagem da flor e apague-a.

2. Escolha File (Arquivo) | Import (Importar) e localize o arquivo **painting1.png** na pasta **Project 5**. Clique uma vez para colocar o arquivo **painting1.png** em seu documento. Com a pintura selecionada, escolha Modify (Modificar) | Group (Agrupar). No Properties Inspector, posicione o grupo em X = 200, Y = 170.

3. Com a pintura selecionada, escolha Modify | Animation (Animação) | Animate Selection (Animar Seleção). Na janela Animation, use as seguintes definições e clique em OK:

   Frames: **3**

   Movement (Movimento): **0**

   Opacity (Solidez): **20%** a **100%**

   Quando clicar em OK, uma caixa de diálogo perguntará se o Fireworks pode adicionar mais quadros. Clique em OK.

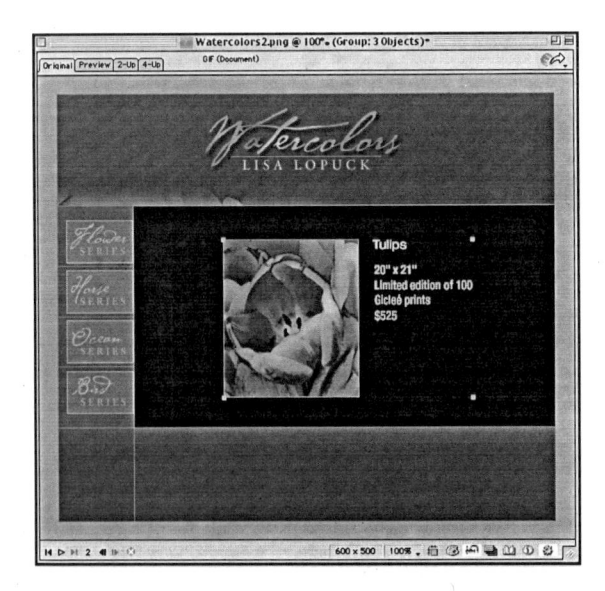

*Importe a arte para Frame 2 da interface **watercolors2.png**.*

4 Clique em Frame 4 no painel Frames e selecione-o. A direita do nome "Frame 4", você verá um número 7. Este número determina o retardo do quadro em centenas de um segundo. Clique duas vezes no número 7 e forneça **300** no campo de texto instantâneo. Pressione a tecla Enter ou Return.

Fornecer 300 fará com que o retardo do quadro seja de três segundos.

5 Com Frame 4 selecionado, clique no ícone New/Duplicate Frame (Quadro Novo/Duplicado) na parte inferior do painel Frames (à esquerda do ícone Trash ou Lixeira). Clique no novo Frame 5 para selecioná-lo. (Você terá que clicar duas vezes no retardo de seu quadro para redefini-lo de novo para 7.) Escolha File | Import. Navegue para **painting2.png** e clique uma vez para colocá-lo em seu documento.

6 Com a pintura selecionada, escolha Modify | Group. Use o Properties Inspector para posicioná-la em X = 200, Y = 170. Escolha Modify | Animation | Animate Selection. Use as mesmas definições utilizadas para a pintura anterior e clique em OK. O Fireworks perguntará se pode adicionar mais quadros; clique em OK. Clique duas vezes no número de retardo do quadro em Frame 7 e altere-o para **300**.

Nota: O Fireworks irá se comportar melhor se você usar os cursores para ajustar Movement para **0** na janela Animate Selection. Se você digitar um valor, algumas vezes o Fireworks irá ignorá-lo.

---

7 Clique no ícone New/Duplicate Frame para adicionar um novo quadro (redefina o retardo do quadro de volta para 7). Repita as etapas 3 até 6 para importar e animar **painting3.png** e **painting4.png**.

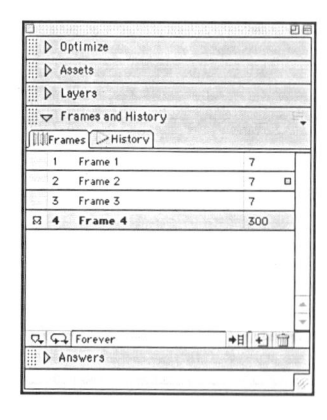

Clique duas vezes no número ao lado do nome do quadro para definir seu retardo.

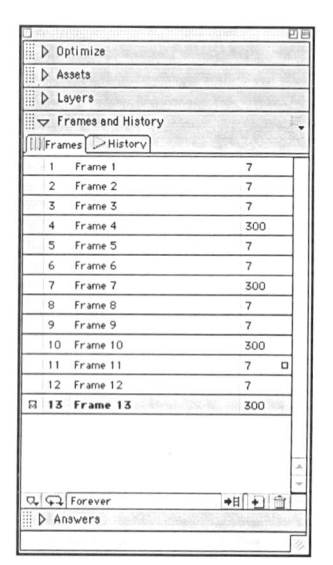

Depois de importar e animar todas as quatro pinturas, seu painel Frames deverá ficar assim.

COMO EXPORTAR AS ANIMAÇÕES GIF

Como você viu na seção anterior, o Fireworks permite que controle o retardo entre os quadros de sua animação. O Fireworks também permite que controle quais os quadros que você deseja incluir em uma animação, e se os quadros fazem um loop infinitamente ou se reproduzem uma ou mais vezes antes de parar. Nesta seção, você ajustará o painel Frames para exportar um GIF animado dos quadros selecionados.

1. Continue trabalhando com seu arquivo ou abra **watercolors3.png**. Selecione Frame 1. Frame 1 mostra a maior área possível que toda a arte ocupará. Desenhe uma fatia sobre a imagem. Clique nos Frames 4, 7, 10 e 13 para assegurar que sua fatia não excluirá sem querer nenhuma pintura.

2. Com a fatia selecionada, abra o painel Optimize e escolha o formato Animated GIF (GIF Animado), a paleta Adaptive e 256 cores.

3. No painel Frames, clique duas vezes no retardo (o número 7) de Frame 1. Na janela instantânea, desmarque a opção Include When Exporting (Incluir Ao Exportar). Um X vermelho aparecerá onde o número 7 estava, indicando que Frame 1 não será incluído na animação quando você exportar.

   Excluir os quadros é sua maneira de construir diversas animações em um documento Fireworks e então exportar apenas uma animação de cada vez. Você poderá especificar quais quadros excluir para cada objeto de fatia selecionado individualmente.

4. A partir de agora, a animação fará um loop (se reproduzirá) continuamente. Para mudar isso, para que a animação se reproduza apenas uma vez, clique e pressione no ícone de loop (o segundo ícone a partir da esquerda inferior). Selecione 1 na lista instantânea.

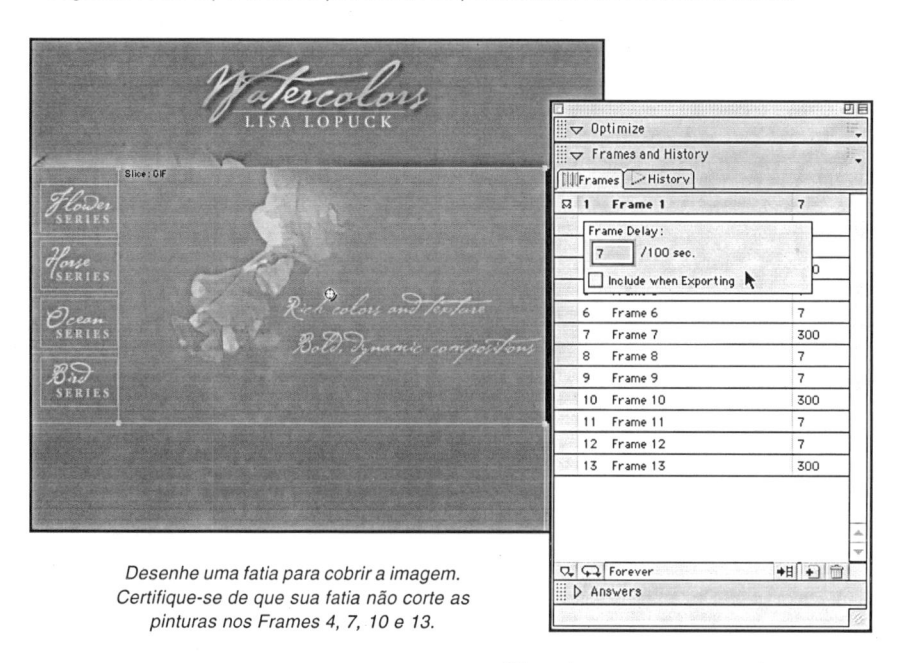

Desenhe uma fatia para cobrir a imagem. Certifique-se de que sua fatia não corte as pinturas nos Frames 4, 7, 10 e 13.

Clique duas vezes em um quadro para acessar os controles que permitem excluí-lo da animação.

68 | Fireworks MX: efeitos mágicos

5 Certifique-se de que a fatia central sobre a animação esteja selecionada e escolha File I Export (Exportar). Na janela Export, escolha Images Only (Imagens Apenas) nas opções Save As (Salvar Como). Para Slices (Fatias), escolha a opção Export Slices (Exportar Fatias). O mais importante, marque a opção Selected Slices Only (Fatias Selecionadas Apenas). Nomeie o arquivo como **flowers.gif**, navegue para uma pasta aonde irá encontrá-lo assim que o gravar e clique em Save.

6 Agora que exportou a animação, poderá adicionar um comportamento Swap Image (Trocar Imagem) ao botão Flowers Series mais superior. Selecione o botão Flowers Series superior. Clique no ícone de destino central da fatia e arraste-o para a fatia da pintura grande. Solte quando vir uma linha azul fina conectando as duas fatias. Depois de soltar, uma janela instantânea aparecerá perguntando qual imagem usar na troca.

7 Clique o botão More Options (Mais Opções) na janela Swap Image. Na janela que aparece, selecione a opção Image File (Arquivo de Imagem) e então clique no ícone Folder (Pasta) para navegar para sua animação **flowers.gif** gravada. Clique em OK.

Agora, quando o usuário passar sobre o botão Flowers Series, a animação que você acabou de exportar aparecerá na área fatiada central.

8 Agora que exportou a fatia central como uma animação, terá que excluir os quadros da animação antes de exportar a página. A maneira mais fácil de fazer isso é selecionar a fatia central e, no painel Optimize, alterar a definição de Animated GIF para o formato GIF simples antigo. E mais, clique duas vezes em Frame 1 e marque o quadro Include When Exporting.

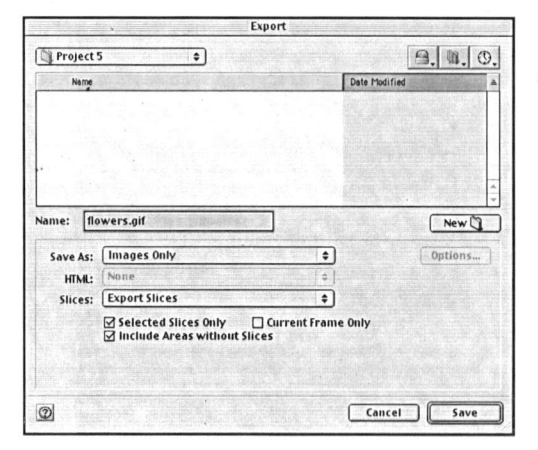

Você poderá exportar uma fatia selecionada em seu documento se marcar a opção Selected Slices Only.

Quando você configurar um comportamento Swap Image, poderá decidir trocar para uma imagem estática ou um arquivo GIF animado.

Projeto 5 - VITRINE DO PRODUTO ANIMADO | 69

9   Escolha File I Export no menu e na janela Export, escolha HTML and Images (HTML e Imagens) nas opções Save As. Certifique-se de que Export Slices esteja selecionada nas opções Slices e marque a opção Put Images in Subfolder (Colocar Imagens na Subpasta). Essa opção colocará de modo claro todos os gráficos fatiados em uma pasta. Nomeie o arquivo como **index.html** e clique em Save.

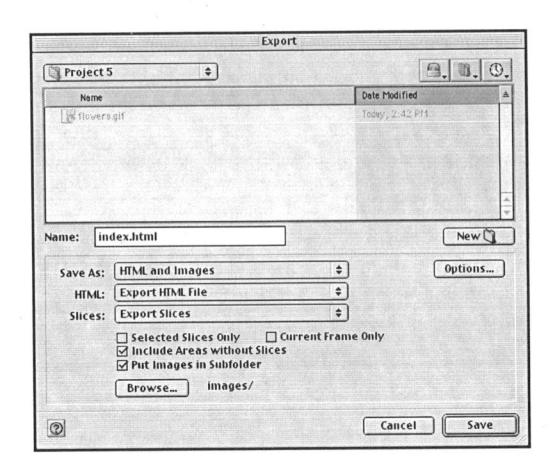

Exporte a página inteira como HTML and Images com a opção Export Slices ativada.

10 Localize seu arquivo **index.html** exportado e abra-o em um navegador para visualizar. Note que você pode também visualizar seu trabalho em um navegador diretamente a partir do Fireworks antes de exportar. Para tanto, escolha File I Preview in Browser (Visualizar no Navegador) e selecione seu navegador preferido.

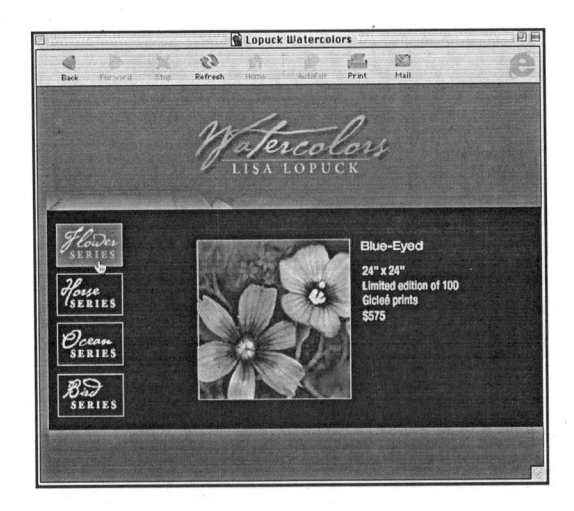

Ao passar sobre o botão Flower Series superior, você verá sua animação aparecer no centro.

MODIFICAÇÕES

Neste projeto, você explorou os efeitos de animação dinâmicos do Fireworks, através dos quais pode selecionar qualquer objeto – mapa de bits ou vetorial – e escolher Modify | Animation | Animate Selection. Esta técnica é uma maneira de criar uma animação instantânea, que você poderá mudar rapidamente ajustando seus parâmetros no Properties Inspector. Porém, outra maneira de animar os objetos no Fireworks é usar o recurso Tween (Entre). O recurso Tween obtém basicamente um estado inicial e um estado final e calcula um número de etapas intermediárias. Nesta última seção, você usará o recurso Tween do Fireworks para animar um efeito de pequena sombra que se move de um lado para outro de um objeto.

1. No Fireworks, inicie um novo documento com 400x400 pixels em um fundo branco.
2. Escolha File | Import e localize **painting1.png** na pasta **Project 5** no CD-ROM em anexo. Clique uma vez para colocar a pintura no documento.
3. Selecione a pintura e seu contorno e escolha Modify | Symbol (Símbolo) | Convert to Symbol (Converter em Símbolo). Na caixa de diálogo, nomeie o símbolo como **painting** e selecione a opção Graphic (Gráfico). Clique em OK.

   A pintura agora é tecnicamente uma "instância" do símbolo.

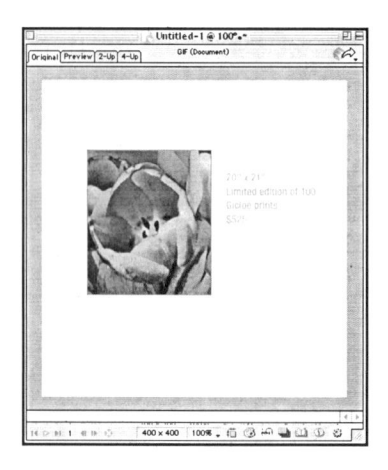

   Coloque o arquivo painting1.png em um novo documento com um fundo branco.

4. No Properties Inspector, clique no ícone do sinal de mais (+) e selecione a opção Shadow and Glow (Sombra e Brilho) | Drop Shadow (Pequena Sombra). Use as seguintes definições:

   Distance (Distância): **22**

   Angle (Ângulo): **320°**

   Deixe todas as outras definições em seus defaults e então clique fora da pequena janela para fechá-la.

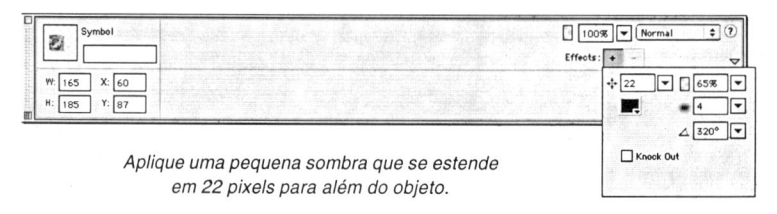

   Aplique uma pequena sombra que se estende em 22 pixels para além do objeto.

Projeto 5 - VITRINE DO PRODUTO ANIMADO | 71

5   Copie a instância da pintura e cole. Ela será colada no lugar. Com a cópia selecionada, escolha Drop Shadow Effect (Efeito de Pequena Sombra) de novo no Properties Inspector para fazer alguns ajustes. Faça com que a distância tenha **22** pixels e defina o ângulo para **225°**. Clique fora da pequena janela para fechá-la.

6   Selecione ambas as instâncias. (Você poderá fazer isso arrastando seu cursor sobre a pintura ou pressionando Shift e selecionando ambas as instâncias no painel Layers ou Camadas.) Escolha Modify I Symbol I Tween Instances (Instâncias Intermediárias). Na caixa de diálogo, forneça **10** quadros e marque a opção Distribute to Frames (Distribuir nos Quadros). Clique em OK.

Você acabou de criar uma animação intermediária. A primeira instância do símbolo irá se tornar Frame 1 e a instância copiada irá se tornar o último quadro. O Fireworks adicionou 8 quadros entre o ponto inicial e o final, para um total de 10 quadros.

7   Para visualizar sua animação, clique o botão Play (Reproduzir) à esquerda inferior da janela do documento.

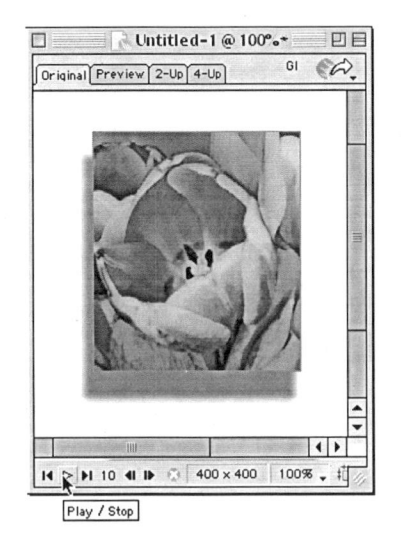

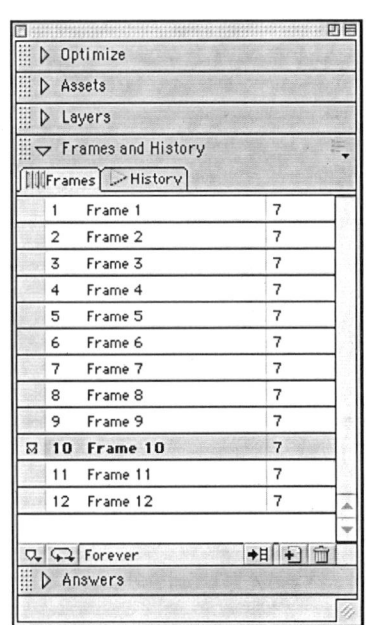

Depois de construir uma animação, você poderá visualizá-la no documento clicando o botão Play.

COMO USAR ROLLOVERS
PARA EXPANDIR DE MODO
MÁGICO A INTERFACE
DE SUA PÁGINA

DESENHO
DINÂMICO
DA INTERFACE

*"Não há nenhuma beleza
absoluta que não tenha alguma
singularidade proporcionalmente."*

–Francis Bacon

Um site interativo manterá seus observadores entretidos e pode fornecer clareza e incentivo para as escolhas navegacionais. Nas páginas web, onde o espaço é sempre um problema, os rollovers remotos (geralmente chamados de rollovers separados ou de troca) poderão ser usados para inicializar um novo conteúdo em um local reutilizável. Quando esse conteúdo for animado, seu site poderá realmente se destacar!

Projeto 6
Desenho dinâmico da interface
de Donna Casey

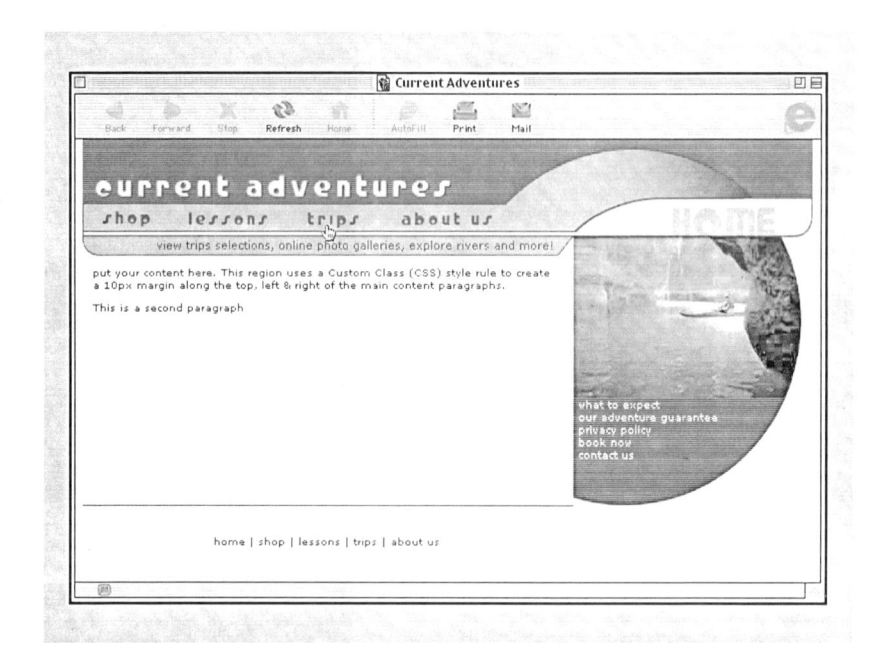

COMO INICIAR

Usando símbolos de animação simples e fotos mascaradas, você criará um sistema de navegação que usa pontos ativos para inicializar rollovers remotos em duas áreas diferentes do layout da página. Para ajudá-lo a se concentrar nos elementos interativos, o layout da página foi configurado e organizado previamente.

Você estará trabalhando com o arquivo **ca_start.png** na pasta **Project 6** no CD-ROM em anexo. Antes de começar, instale as fontes (Crystal Radio Kit) encontradas na pasta **Fonts** (Fontes). São apenas algumas das muitas fontes gratuitas encontradas em **www.larabiefonts.com**.

Projeto 6 - DESENHO DINÂMICO DA INTERFACE | 75

COMO CONSTRUIR O SÍMBOLO GRÁFICO DA FICHA

Antes de iniciar este projeto, veja o arquivo terminado (**ca_final.png**) no CD-ROM em anexo, para ter uma idéia daquilo que construirá. Use um navegador para abrir o **site_final.htm** na pasta **Finished_site** dentro da pasta **Project 6**. Mova seu mouse sobre as quatro opções da seção para ver os efeitos do rollover remoto.

Cada ponto ativo inicializa um elemento de ficha animado, que fornece informações extras sobre cada seção do site. Nesta parte do projeto, você construirá a forma da ficha no layout da página e irá convertê-la em um símbolo gráfico. O painel Library (Biblioteca) de **ca_start.png** contém um elemento de ficha de amostra (**submenu_sample**) que poderá ser usado se você quiser pular a construção da forma da ficha:

1 Abra **ca_start.png** na pasta **Project 6**. No painel Layers (Camadas), selecione a camada **menu animations** para torná-la ativa. Você poderá bloquear e ocultar todas as camadas, para ter espaço suficiente para trabalhar.

   Usar as camadas para organizar seus elementos e controlar seu posicionamento poderá ser fundamental para o sucesso de seu layout. Neste caso, todos os elementos de ficha animados serão colocados na camada **menu animations**. Os elementos nas camadas acima ficam em cima das animações da ficha para fornecer profundidade ao desenho.

2 Use a ferramenta Rounded Rectangle (Retângulo Arredondado) (clique e pressione na ferramenta Rectangle para exibir a ferramenta Rounded Rectangle) para desenhar uma caixa que tenha 490x40. Use o Properties Inspector (Inspetor de Propriedades) para posicionar o elemento em exatamente 0,73. Pressione Enter para mover o retângulo para as coordenadas do local. Esse retângulo se tornará finalmente um de seus botões da ficha depois de fazer modificações nele.

Nota: O Fireworks agora usa o Properties Inspector para fornecer as definições primeiramente encontradas apenas no painel Info (Informações). Porém, essas definições podem também ser encontradas no painel Info no menu Window (Janela).

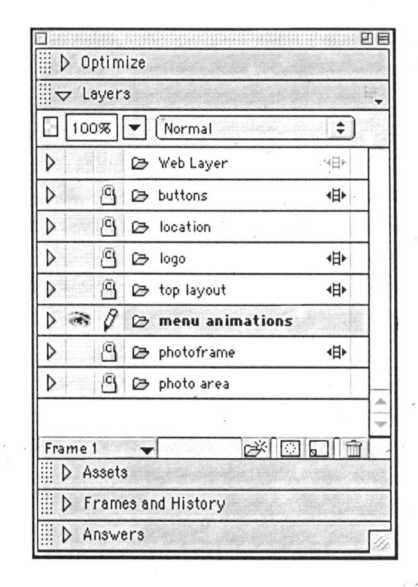

As camadas ajudam a controlar quais elementos irão se sobrepor em suas animações de rollover.

Fireworks MX: efeitos mágicos

3. No Properties Inspector, forneça ao retângulo uma pincelada azul com um pixel (#003366) em sua borda. Defina Fill (Preenchimento) para verde (#99FF66).

4. Com Rectangle ainda selecionada, use o Properties Inspector para definir a propriedade Rectangle Roundness (Arredondamento do Retângulo) para 80%. Escolha Modify (Modificar) I Ungroup (Desagrupar).

   Os retângulos são agrupados por default, para tornar os cantos editáveis. Se você desagrupar, não poderá mais ajustar o raio do canto. Porém, o desagrupamento permite editar os pontos de âncora do retângulo.

Nota: Usar a ferramenta Scale (Dimensionar) para alterar a largura ou a altura de seu retângulo poderá afetar de modo contrário o raio do canto. E mais, seu retângulo tem duas vezes a altura necessária, porque você irá cortá-lo e usar apenas a metade inferior.

---

5. Desbloqueie e ative a visibilidade da camada **photo area** se a desativou. Troque para a ferramenta Knife (Faca). Vê os pontos de âncora para o caminho do retângulo? Com a tecla Shift pressionada para limitar seu corte, arraste na horizontal a ferramenta Knife completamente no retângulo arredondado diretamente no nível superior da fotografia.

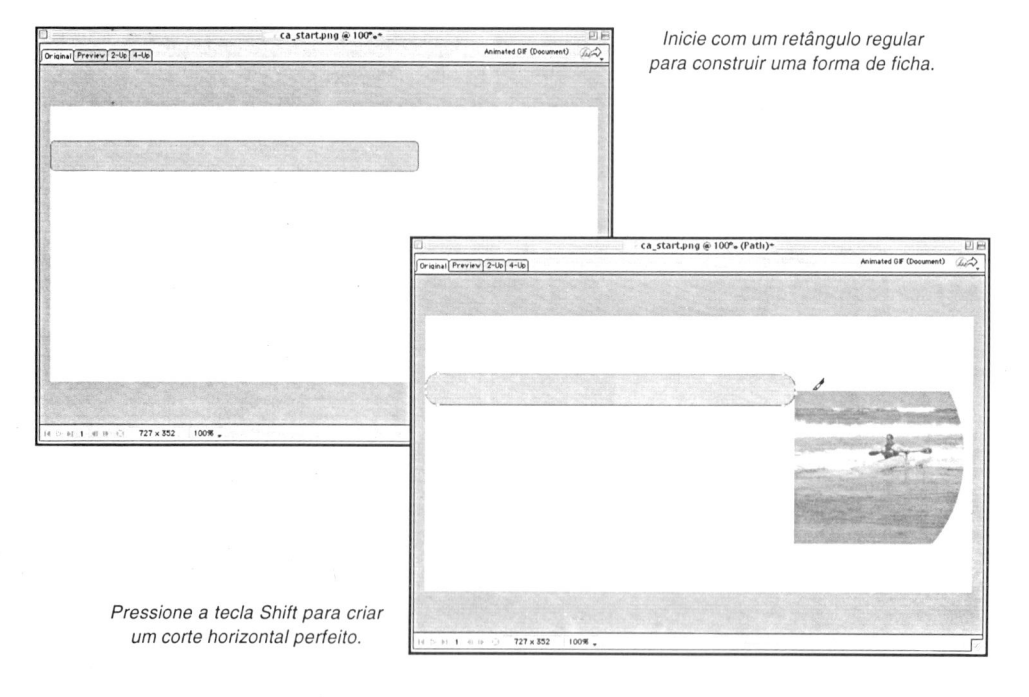

Inicie com um retângulo regular para construir uma forma de ficha.

Pressione a tecla Shift para criar um corte horizontal perfeito.

6. Troque para a ferramenta Subselection (Subseleção), pressione Shift e clique na metade inferior do retângulo para cancelar sua seleção. Use a tecla Delete para se livrar da metade superior que ainda está selecionada.

Projeto 6 - DESENHO DINÂMICO DA INTERFACE | **77**

7   Para transformar a metade restante em um caminho completo, selecione a ferramenta Pen (Caneta) e clique uma vez no ponto superior esquerdo. Então clique no caminho superior direito. Quando você apagou a parte superior, ficou com um caminho aberto da metade do retângulo. Portanto, a pincelada não continuou na linha superior.

Nota: Você poderá usar a tecla Command (Mac) ou Control (PC) para trocar temporariamente de sua ferramenta atual para uma ferramenta de seleção. Dependendo de sua ferramenta ativa, isto mudará para a ferramenta Selection (Seleção) ou Subselection.

---

8   Com a ferramenta Subselection, altere o canto direito para ser reto, ao invés de curvo. Clique no ponto inferior direito para exibir suas alças de Bézier. Clique na alça e arraste-a de volta para o ponto.

9   Quando terminado, selecione o elemento da ficha e escolha Modify I Symbol (Símbolo) I Convert to Symbol (Converter em Símbolo). Selecione Graphic Symbol (Símbolo Gráfico) e nomeie-o como **tab_default**.
    No painel Layers, nomeie a instância de seu novo símbolo segundo suas coordenadas x,y 0,73. Depois de criar um símbolo, o próprio símbolo residirá no painel Library. O que você verá em seu documento é uma *instância* ou cópia do símbolo.

10 Escolha File I Save As (Salvar Como) e grave o arquivo como **myca.png**.

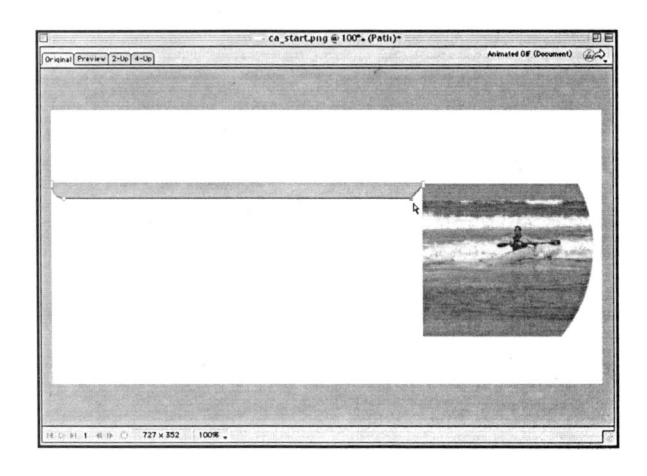

Use a ferramenta Subselection para tornar reto o caminho curvo.

COMO CRIAR AS ANIMAÇÕES MOUSEOUT

Agora que você construiu a forma básica da ficha, a próxima etapa será animá-la usando o recurso Tween (Entre) do Fireworks. O *intermediário* é o processo de construir automaticamente uma animação, com base em um ponto inicial e um ponto final que você define. Ao aplicar o intermediário, você criará o estágio MouseOut de suas fichas animadas (o que a ficha faz quando o usuário sai dela). No estágio MouseOut, a ficha será animada para cima, para que fique oculta sob a barra de navegação principal.

1. Continue a trabalhar com seu arquivo gravado ou abra **ca_1.png** na pasta **Project 6**. Abra o painel Library e selecione o gráfico tab_default. Nas opções do painel Library, escolha Duplicate (Duplicar) e então clique duas vezes no novo símbolo para abrir a janela Symbol Properties (Propriedades do Símbolo). Mude seu tipo para Animation Symbol (Símbolo da Animação). Mude seu nome para **shoptab_up**.

2. Ainda na janela Symbol Properties, clique o botão Edit (Editar) para abrir a janela Symbol Editor (Editor de Símbolos). Selecione a ferramenta Text (Texto). Antes de começar a digitar, ajuste suas definições no Properties Inspector para o seguinte: texto alinhado à direita, 12 pontos, azul escuro (#003366). Clique na área direita do meio da ficha para começar a digitar.

3. Digite **Shop for gear, from rafts and kayaks to the very lastest in accessories!** E posicione o texto logo acima do ponto de âncora inferior direito da ficha.

Nota: Os símbolos têm seu próprio conjunto exclusivo de camadas e quadros separado do documento principal.

4. Selecione o novo texto e o elemento da ficha, escolha Modify | Group (Agrupar) e então escolha Modify | Symbol | Convert to Symbol. Aceite as definições defaults e nomeie o Graphic Symbol como **shoptab**.

O símbolo agora será criado na Library. Qualquer ocorrência de um símbolo em outro símbolo (como é o caso aqui) ou na tela será chamada de instância.

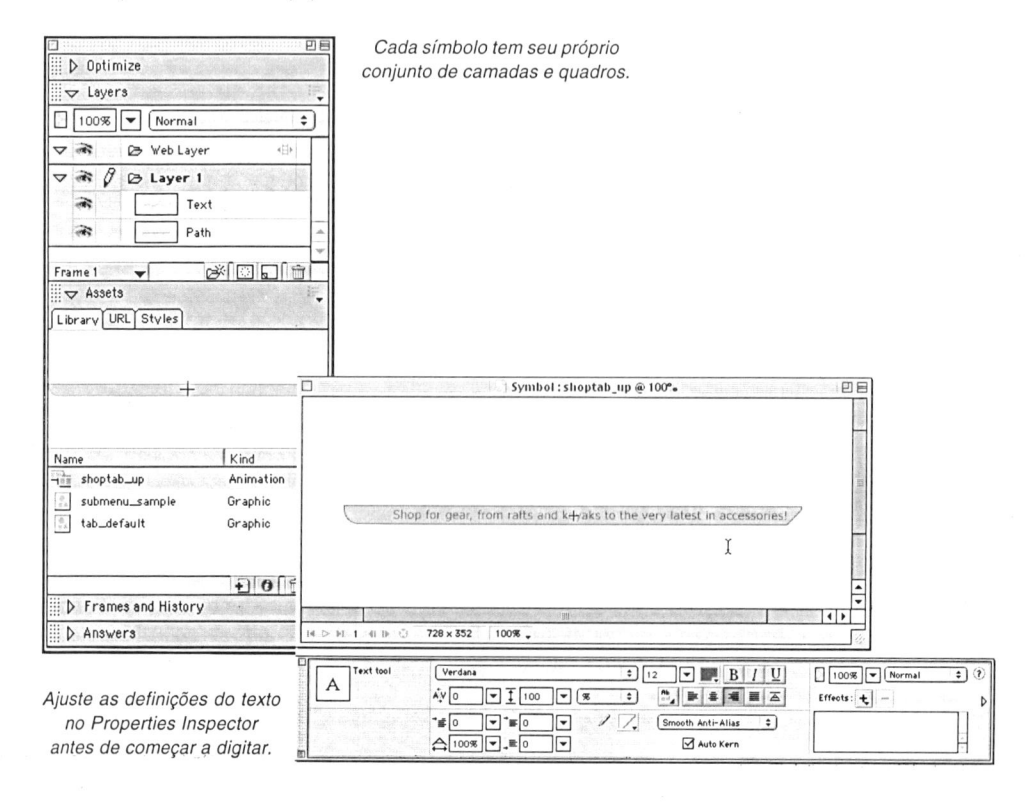

Cada símbolo tem seu próprio conjunto de camadas e quadros.

Ajuste as definições do texto no Properties Inspector antes de começar a digitar.

Projeto 6 - DESENHO DINÂMICO DA INTERFACE | **79**

5   Na janela Symbol Editor, crie uma duplicata da instância shoptab (ficha de compras) escolhendo Edit I Copy (Copiar) I Paste (Colar). Posicione a duplicata exatamente a 20 pixels acima do original, pressionando a tecla Shift e pressionando a seta para cima em seu teclado duas vezes.

Com as duas cópias ou instâncias de um símbolo, você poderá pedir ao Fireworks para criar uma animação instantânea, adicionando várias etapas entre as duas. A primeira instância estabelece o ponto inicial e a segunda marca o ponto final. O "intermediário" é o processo de calcular as etapas entre os pontos inicial e final.

Dica: Você poderá usar a tecla Shift com a seta Page Up para mover um elemento em 10 pixels de cada vez.

---

6   Pressione Shift e selecione ambas as instâncias do símbolo shoptab e escolha Modify I Symbol I Tween Instances (Instâncias Intermediárias). Forneça **2** etapas e marque a opção Distribute to Frames (Distribuir nos Quadros). Clique em OK.

O número de etapas que você escolhe é igual ao número de etapas que serão adicionadas *entre* as instâncias inicial e final. A opção Distribute to Frames adicionará quadros suficientes ao seu arquivo para colocar cada instância em um quadro separado. A instância original existirá no primeiro quadro. A instância copiada será colocada no último. As instâncias com etapa serão adicionadas aos quadros intermediários.

7   Feche a janela Symbol Editor para retornar para seu documento. No painel Library, arraste uma instância da animação shoptab_up para a tela. Coloque-a na camada **menu animations**. Clique em OK para adicionar os quadros necessários para a animação quando a caixa de diálogo aparecer.

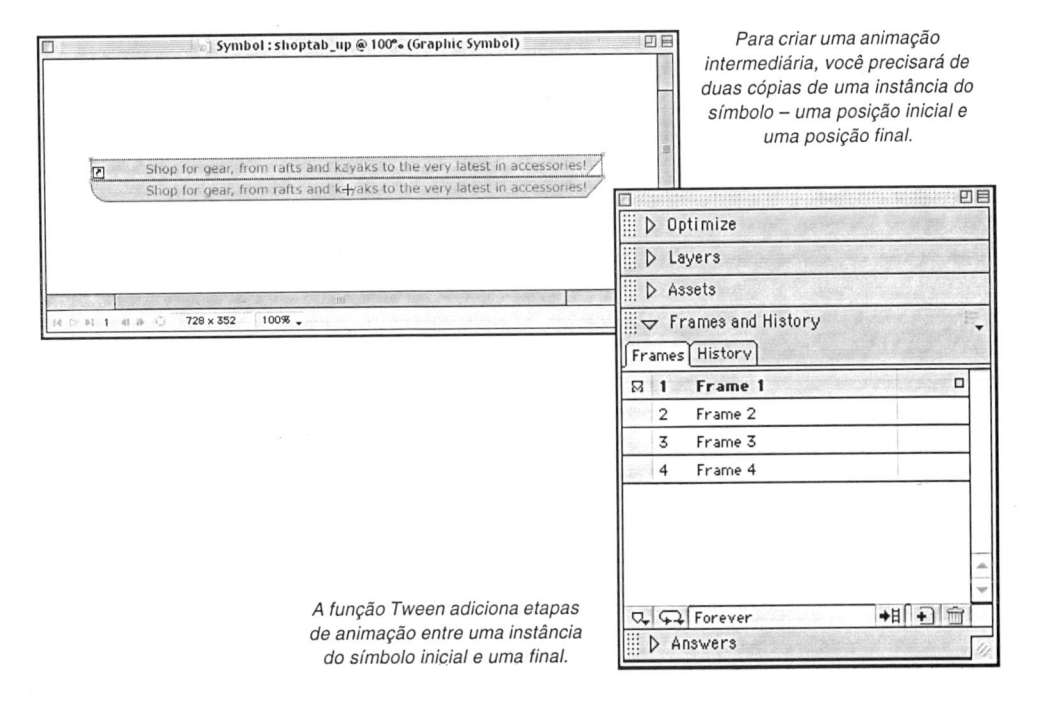

Para criar uma animação intermediária, você precisará de duas cópias de uma instância do símbolo – uma posição inicial e uma posição final.

A função Tween adiciona etapas de animação entre uma instância do símbolo inicial e uma final.

8 Em Frame 1, use o Properties Inspector para posicionar a animação em 0,73. Grave seu arquivo.

Você poderá mover a animação a partir de qualquer quadro em seu documento, e todos os quadros serão reposicionados devidamente. Percorra a animação usando os controles na parte inferior da janela do documento para ver a ficha deslizar sob a estrutura do site. Essa animação será a ação MouseOut quando o usuário sair de um dos botões de navegação.

9 Para criar as animações restantes para os botões Lessons (Lições), Trips (Viagens) e About Us (Sobre Nós), selecione o símbolo shoptab_up no painel Library e escolha Duplicate no menu suspenso Options (Opções). Nomeie a duplicata como **lessonstab_up**.

10 Clique duas vezes no símbolo lessontab_up para editá-lo. No painel Frames, ative Onion Skinning (Papel Fino) no menu suspenso inferior esquerdo. Escolha Select (Selecionar) | Select All (Selecionar Tudo) para selecionar todos os quadros e então escolha Modify | Symbol | Break Apart (Separar). O comando Break Apart permite que você edite o texto do símbolo. Desative Onion Skining no painel Frames.

11 Escolha Edit | Find and Replace (Localizar e Substituir). Selecione as definições Search Document (Pesquisar Documento) e Find Text (Localizar Texto). No campo Find, forneça o texto do símbolo shoptab_up. No campo Change To (Alterar Para), forneça **Learn to paddle! We offer whitewater, sea & surf kayaking, and guide school**. Pressione o botão Replace All (Substituir Tudo). Feche a janela Symbol Editor.

No painel Library, crie outra duplicata do símbolo shoptab_up. Renomeie-a como **tripstab_up** e clique-a duas vezes para editá-la. Repita as etapas 10 e 11 para transformá-la na ficha Trips. Quando terminado, grave seu arquivo.

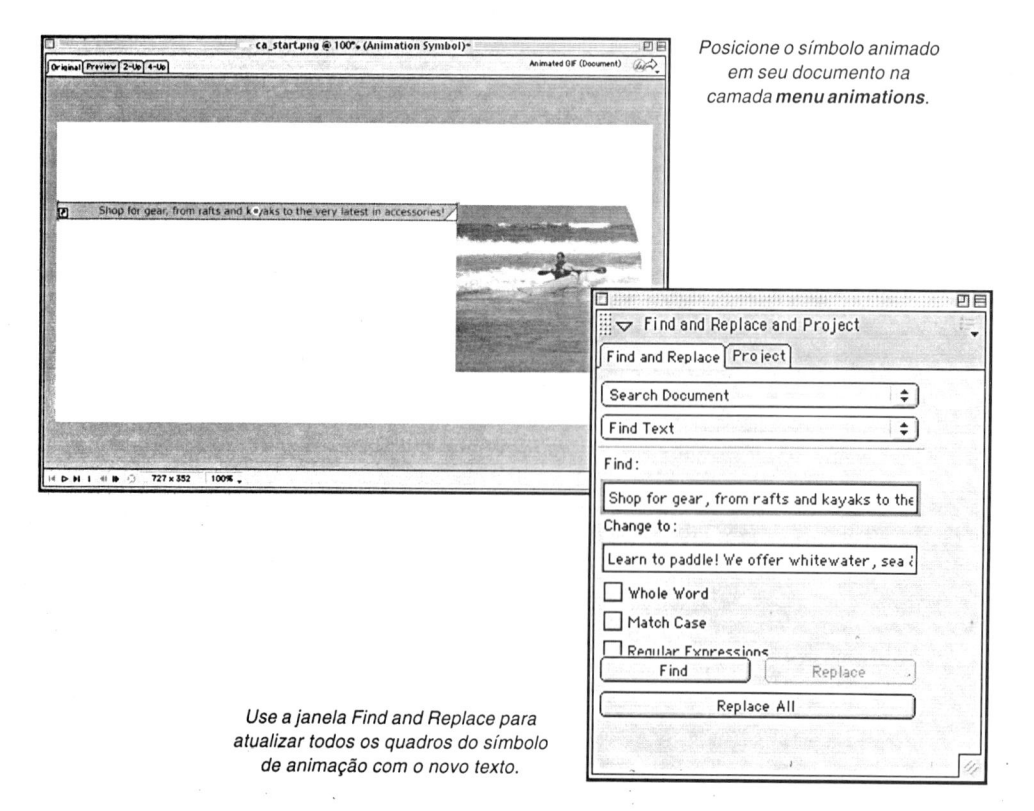

*Posicione o símbolo animado em seu documento na camada **menu animations**.*

Use a janela Find and Replace para atualizar todos os quadros do símbolo de animação com o novo texto.

COMO CONSTRUIR OS ESTADOS MOUSEOVER

Nesta seção, você construirá os estados MouseOver (como ficam as fichas quando o usuário passa sobre elas). Usando uma duplicada de cada animação da ficha já criada, você usará um comando Fireworks predefinido muito legal que inverte o movimento para cima da animação.

1. Continue trabalhando com seu arquivo gravado ou abra **ca_2.png** na pasta **Project 6**. Destaque a animação shoptab_up no painel Library. Nas opções do painel, escolha Duplicate e clique duas vezes no novo símbolo para abrir Properties (Propriedades) e nomeie-o como **shoptab_down**.
2. Clique o botão Edit para abrir a janela Symbol Editor. Escolha Commands (Comandos) I Document (Documento) I Reverse Frames (Inverter Quadros). Na janela Reverse Frames, escolha as opções All Frames (Todos os Quadros) e clique em OK. Fecha a janela Symbol Editor.
3. Repita as etapas 1 e 2 para completar as três animações da ficha MouseOver restantes.

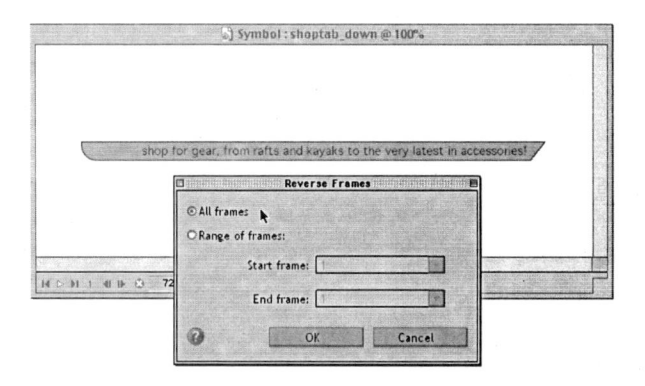

Selecione All Frames na caixa de diálogo Reverse Frames.

4. Arraste uma cópia de cada animação MouseOver para o espaço de trabalho para Frame 1 da camada **menu_animations**. Posicione cada uma das novas animações da ficha MouseOver em 0,73 usando os campos de coordenada no Properties Inspector. Grave seu arquivo.

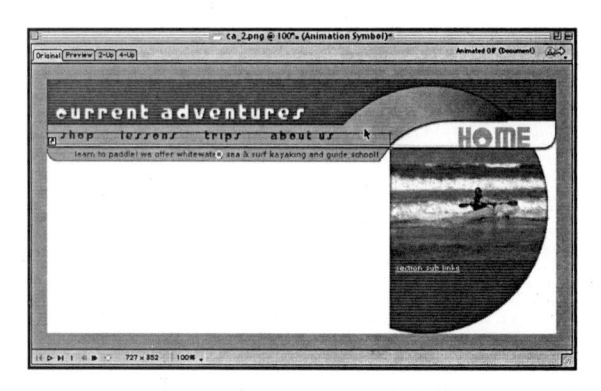

Arraste cada um dos símbolos da animação MouseOver para o documento principal.

COMO EXPORTAR AS ANIMAÇÕES
PARA CRIAR ARQUIVOS EXTERNOS

Quando você criar rollovers remotos no Fireworks, uma imagem estática geralmente aparecerá em algum lugar na página quando o usuário passar sobre um botão. Porém, ao invés de exibir uma imagem estática você poderá mostrar uma animação. Para usar as animações que construiu até então neste projeto, como rollovers de troca, terá primeiro que exportá-las como GIFs animados.

1. Continue com seu arquivo gravado ou abra **ca_3.png** na pasta **Project 6**. Ative a visibilidade da camada **Web**. Selecione a fatia identificada como tab_default (cobrindo a área da animação da ficha). A fatia será otimizada como um Animated GIF (GIF Animado), usando 16 cores sem nenhum pontilhamento.

2. No painel Layers, desative o ícone Eye (Olho) do gráfico da ficha default para ocultá-lo e torne apenas uma das animações da ficha visível. Pressione Ctrl e clique (Mac) ou clique com o botão direito do mouse (PC) na fatia tab_default para abrir um menu contextual. Escolha Export Selected Slice (Exportar Fatia Selecionada) no menu.

3. Na caixa de diálogo Export, navegue para sua área de trabalho e crie uma nova pasta para conter a página. Nomeie a pasta como **Site**. Dentro da nova pasta **Site**, crie outra pasta e nomeie-a como **animations**.

   As Export Settings (Definições da Exportação) deverão ser Images Only (Imagens Apenas), Selected Slices Only (Fatias Selecionadas Apenas). Como você deseja exportar todos os quadros de sua animação, desmarque a opção Current Frame Only (Quadro Atual Apenas). Nomeie o arquivo de acordo com a animação.

4. No painel Layers, desative a animação atual e ative uma diferente. Novamente, na fatia selecionada, clique com o botão direito do mouse ou pressione Ctrl, clique e selecione Export Selected Slice no menu contextual. Na janela Export Settings, escolha Images Only, Selected Slices Only e desative a opção Current Frame Only. Nomeie e grave o arquivo.

5. Repita esta operação para as animações restantes. Você deverá acabar com quatro animações para baixo e quatro para cima.

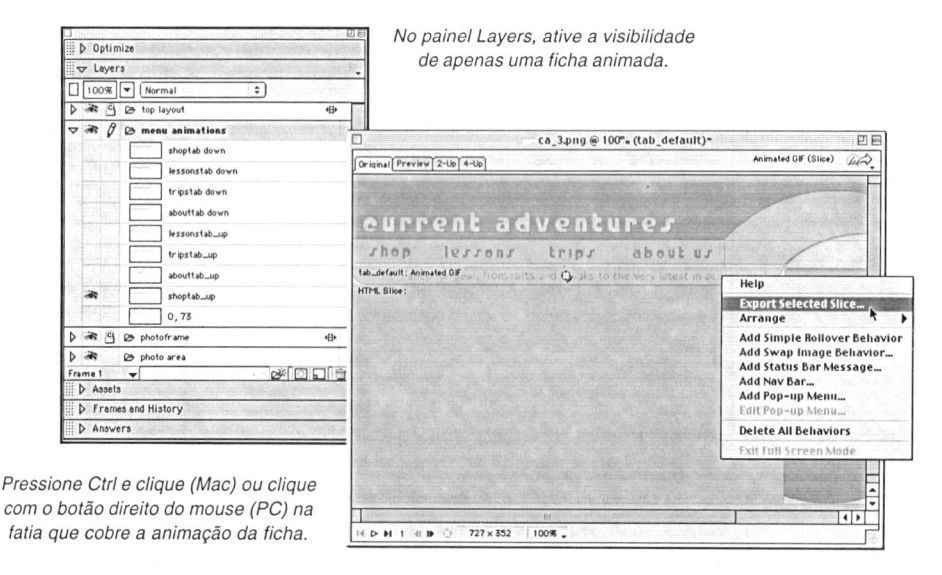

No painel Layers, ative a visibilidade de apenas uma ficha animada.

Pressione Ctrl e clique (Mac) ou clique com o botão direito do mouse (PC) na fatia que cobre a animação da ficha.

Projeto 6 - DESENHO DINÂMICO DA INTERFACE | 83

COMO ADICIONAR OS COMPORTAMENTOS DA IMAGEM DE TROCA

Para construir um rollover remoto funcional no Fireworks, você terá que anexar o comportamento Swap Image (Trocar Imagem) a um ponto ativo ou objeto de fatia. Nesta seção, você irá anexar os comportamentos Swap Image aos pontos ativos que não só inicializarão a animação da ficha, mas também trocarão a fotografia na área do círculo.

1. Abra o **ca_4.png** na pasta **Project 6**. Certifique-se de que a visibilidade da camada **Web** esteja ativada. Selecione o primeiro ponto ativo sobre o botão Shop (Comprar). Clique e arraste o ícone em forma de destino no ponto ativo para a fatia tab_default.

2. Quando a caixa de diálogo Swap Image abrir, clique o botão More Options (Mais Opções) e então clique no ícone Folder (Pasta) para navegar para um arquivo externo. Navegue para sua pasta **Site/Animations** (Site/Animações) e selecione a animação **shoptab_down.gif**. Desative as opções Preload Images (Pré-carregar Imagens) e Restore Image OnMouseOut (Restaurar Imagem OnMouseOut).

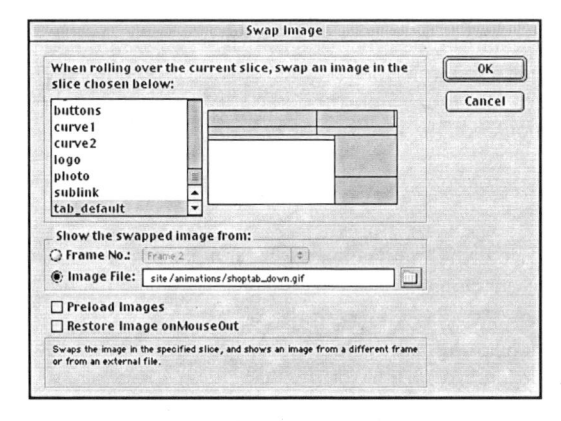

Escolha um arquivo GIF animado gravado como a fonte Swap Image.

3. Clique e arraste o ícone Target (Destino) central, a partir do mesmo ponto ativo, mas desta vez arraste para a fatia da foto.

4. Na caixa de diálogo Swap Image, novamente desative as funções Preload e Restore e então selecione o quadro com a foto correta. Neste caso, a foto desejada está em Frame 2.

   Repita essas etapas para configurar os comportamentos remotos do rollover para os botões restantes. Eles estão completados para você no arquivo **ca_5.png**, embora você possa precisar atualizar os caminhos para os arquivos GIF animados em cada um dos comportamentos de troca (dependendo de onde colocou sua pasta de animação).

5. Abra o **ca_5.png**. Este arquivo já foi preparado para a exportação. Escolha File I Export. Na janela Export, nomeie o arquivo como **interface.htm**, escolha a opção HTML and Images e certifique-se de que Export Slices (Exportar Fatias) esteja selecionada no menu suspenso. Marque a opção Put Images in Subfolder (Colocar Imagens na Subpasta)

Nota: Quando você usar a animação para um rollover, deverá sempre desativar a opção Preload Images. O carregamento prévio armazena em cache a imagem, antes da página ser apresentada para o usuário para a exibição, resultando em um quadro inicial imprevisível. Se você usar o pré-carregamento, deverá tentar manter seus arquivos de rollover o menor possível, para que eles não levem muito tempo para aparecerem quando o usuário passar o mouse sobre os elementos interativos.

Usar qualquer instância da função Restore Image onMouseOut significaria que todos os efeitos de rollover retornariam para sua imagem original onMouseOut. Isso seria bom para a foto, mas não é o pretendido para o elemento da ficha. Ao contrário, você desejará inicializar o estado tab_up onMouseOut. Infelizmente, o Fireworks não permitirá que você separe os comportamentos para MouseOver e MouseOut. Ele supõem que apenas um comportamento Swap Image é aplicado por fatia de destino. É uma desvantagem menor, que significa que você terá que completar sua página no Dreamweaver, mas não se preocupe – é realmente fácil!

6 Abra o arquivo resultante em um navegador para visualizar seu trabalho. A maioria da funcionalidade do rollover remoto estará lá, mas você precisará ir para o Dreamweaver para fazer ajustes finais. Lembre-se que se seus rollovers não funcionarem, é porque os caminhos para os arquivos GIF animados usados em **ca_5.png** poderão ser diferentes da estrutura do caminho configurada em seu computador.

Modificações

Para terminar seu desenho, é necessário ir para o Dreamweaver. Por exemplo, as fichas se animam atualmente em MouseOver, mas não se animam de volta em MouseOut. Este comportamento é facilmente corrigido no Dreamweaver.

1 Abra o arquivo **interface.htm** fornecido na pasta **Project 6**. Este arquivo é igual ao exportado, mas é atualizado com um bloco de fundo e um título da página.

2 Selecione o ponto ativo sobre a parte da compra da imagem do botão. Abra o painel Behaviors (Comportamentos) e certifique-se de que Show Events (Exibir Eventos) esteja definida para 4.0 and Later Browsers (Navegadores 4.0 e Posteriores). (Você fará isso clicando no ícone do sinal de mais (+) e selecionando Show Events I 4.0 and Later Browsers.)

3 Escolha o comportamento Swap Image na lista suspensa Events no ícone com sinal de mais (+). Quando a caixa de diálogo for aberta, selecione tab_default na lista de imagens e então clique o botão Browse (Percorrer) para localizar a animação **shoptab_up.gif** na pasta **Animations**. Desmarque as opções Preload e Restore e clique em OK para manter suas definições.

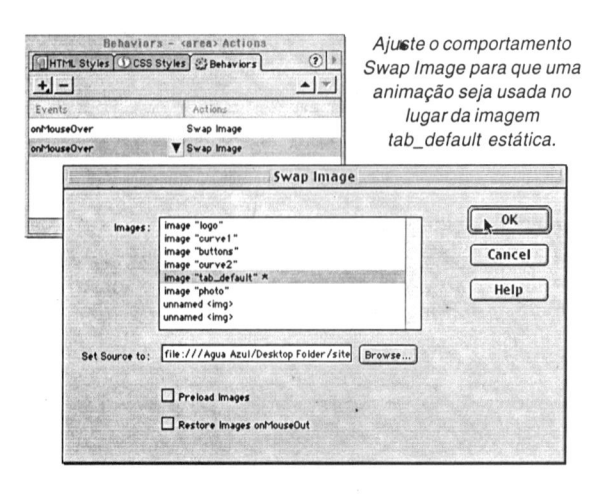

*Aju*s*te o comportamento Swap Image para que uma animação seja usada no lugar da imagem tab_default estática.*

Projeto 6 - DESENHO DINÂMICO DA INTERFACE | 85

4   Altere o segundo evento onMouseOver para onMouseOut no painel Behaviors. (Você fará isso clicando na seta para baixo à esquerda do texto Swap Image e selecionando onMouseOut na lista suspensa.)

5   Repita este processo para cada ponto ativo restante. A cada vez, você irá selecionar a imagem tab_default, mas escolherá a animação correta para o ponto ativo selecionado. Estará usando apenas as versões levantadas das animações. Lembre-se de desmarcar as opções Preload e Restore sempre.

6   Selecione o ponto ativo da compra. No painel Behaviors, clique duas vezes na listagem onMouseOut Swap Image. Ajuste o comportamento onMouseOut para redefinir a foto central de volta para a imagem **photo.jpg** original quando o mouse sair.

Destaque a imagem da foto na lista e clique o botão Browse. Localize a imagem **photo.jpg** no diretório Images e clique em OK. Repita essas etapas para os pontos ativos restantes.

7   Grave seu arquivo e visualize-o em seu navegador.

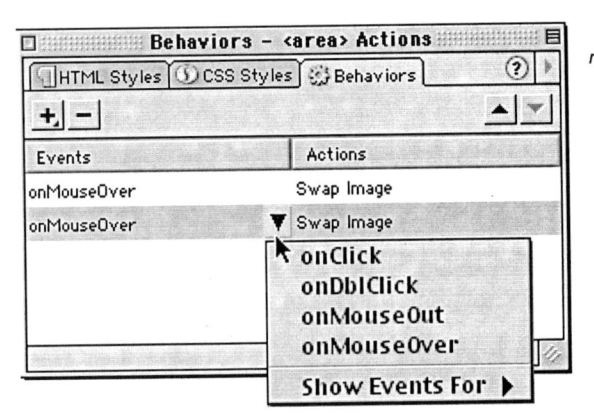

Mude o evento do mouse de onMouseOver para onMouseOut no painel Behaviors.

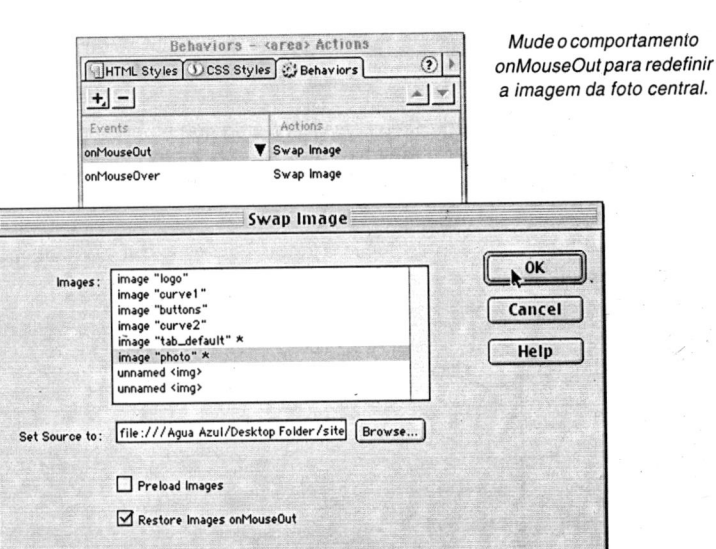

Mude o comportamento onMouseOut para redefinir a imagem da foto central.

COMO CONSTRUIR BOTÕES ÓTIMOS E ARTE PARA OS FILMES FLASH

BOTÕES EXTRAVAGANTES

Você prefere desenhar no Fireworks, mas deseja criar botões personalizados e animações no Flash? Deseja economizar tempo, minimizar a frustração e aumentar a criatividade? Então aproveite a facilidade de criar uma arte vetorial no Fireworks e combiná-la com a capacidade de animação vetorial superior do Flash, através da criação de um botão de logotipo animado interativo.

"Amar o que você faz e sentir que isso importa – como algo poderia ser mais divertido?"

**–Katharine Graham
(Primeira editora do Washington Post)**

Projeto 7
Botões extravagantes
de Abigail Rudner

COMO INICIAR

Percebendo a capacidade que você possui ao criar arte com o Fireworks, é hora de esquentar um pouco e fazer com que as coisas se movam. Neste projeto, você irá explorar as complexidades das técnicas de integração do Fireworks e do Flash. Irei guiá-lo na criação de um botão de logotipo animado interativo e tocarei em alguns métodos poderosos e eficientes para criar arte e símbolos, e para exportar, importar e modificar os botões e a animação entre o Fireworks e o Flash.

Você precisará do Flash para este tutorial. Poderá carregar um teste de 30 dias do Flash no site Web da Macromedia em **www.macromedia.com/software/flash**.

Este tutorial supõe um conhecimento básico do Flash, inclusive uma compreensão dos controles básicos e de como trabalhar com quadros, camadas e símbolos. Você também deve compreender como gravar os arquivos e deve saber a diferença entre os formatos de arquivos FLA e SWF.

COMO DESENHAR UM BOTÃO E ARTE DE QUADROS DO FILME NO FIREWORKS

Neste projeto, você aprenderá a criar a arte do botão com ferramentas de ilustração vetorial e a personalizar a arte com as opções Effects (Efeitos) no Properties Inspector (Inspetor de Propriedades).

1 Comece criando um novo arquivo com 70x70 pixels. Como você irá desenhar uma forma complexa atrás, podendo querer que o fundo apareça, defina a cor de sua tela para transparente.

Projeto 7 - BOTÕES EXTRAVAGANTES | 89

2   Selecione Frame 1 (Quadro 1) e desenhe um círculo vermelho com 24x24 pixels sem nenhuma pincelada, usando a ferramenta Circle (Círculo) nas ferramentas Vector Shape (Forma Vetorial). Você poderá usar a paleta Info (Informações), enquanto desenha para medir quando arrastar. Coloque seu círculo no meio da tela e preencha-o com vermelho #FF0000 sem nenhuma pincelada.

Esse círculo se tornará um botão no Flash.

3   No Properties Inspector, clique no botão Effects I Bevel and Emboss (Chanfro e Relevo) I Inner Bevel (Chanfro Interno) e aplique o efeito Inner Bevel com as seguintes definições:

Edge type (Tipo de borda): Smooth (Suave)

Width (Largura): 19

Contrast (Contraste): 75

Angle (Ângulo): 135

Button Preset (Predefinição do Botão): Raised (Elevado)

Como o círculo se tornará um botão, o efeito Inner Bevel fornecerá uma dimensão para ajudar a parecer clicável.

4   Duplique o quadro duas vezes escolhendo Duplicate (Duplicar) no menu Options (Opções) do painel Frames.

Não importa onde na pilha você coloca os quadros, porque eles serão idênticos inicialmente. Agora você terá três quadros totais, cada um com o botão em círculo.

5   Nomeie cada um de seus quadros como a seguir: Frame 1 = **Up** (Elevado), Frame 2 = **Over** (Sobre), Frame 3 = **Down** (Abaixado).

Com a arte em Frame 1 completa, você poderá agora criar Star Blob (Bolha Estrelar). A Star Blob será o efeito de rollover para seu botão.

Desenhe um círculo vermelho no centro da tela.

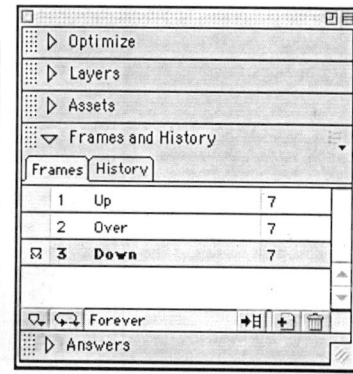

Os três quadros idênticos denominados Up, Over e Down.

6   Selecione Frame 2 (o quadro Over) e desenhe um pequeno círculo medindo aproximadamente 8x8 pixels, diretamente acima do círculo central.

7   Escolha Clone (Clonar) no menu Window (Janela) para copiar e colar instantaneamente uma duplicata do novo círculo, exatamente em cima do primeiro círculo.

8   Selecione a ferramenta Scale (Dimensionar). Note o ponto preto no centro da seleção. Clique e arraste para reposicioná-la no ponto central do círculo original. Agora você poderá girá-la a partir desta nova origem central. Clique e arraste um dos centros para girar a forma em 72 graus. Você poderá abrir o painel Info no menu Window para observar o retorno no grau de rotação enquanto arrasta.

9   Continue a clonar e a girar os pequenos círculos em 72 graus, até ter um total de cinco pontos.

Nota: A forma Star Blob tem cinco raios, que são girados em torno do círculo central. Como 360 dividido por 5 é igual a 72, você irá girar cada novo círculo em torno do ponto central a 72 graus.

10 Selecione todos os seis círculos que compõem a forma Star Blob. Escolha Modify (Modificar) I Combine Paths (Combinar Caminhos) I Union (União).

Agora você tem uma forma, ao invés de seis, e o objeto herda os efeitos do círculo central original. Frame 2 agora está completo.

Um pequeno círculo com aproximadamente 8x8 pixels diretamente acima do círculo central.

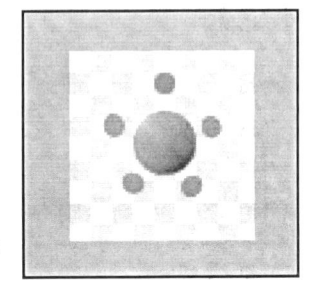

Clone e gire o pequeno círculo cinco vezes.

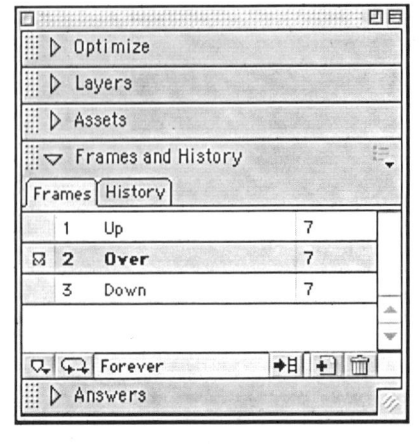

A Star Blob terminada em Frame 2 com os efeitos herdados.

COMO CRIAR O "SALTADOR"

Na próxima série de etapas, você criará a forma saltadora para Frame 3.

1. Selecione Frame 3. Desenhe um pequeno círculo com aproximadamente 12x12 pixels e um pequeno retângulo vertical com aproximadamente 5 pixels de largura por 20 pixels de altura. Coloque ambos os objetos diretamente acima do círculo central com uma configuração em forma de braço.
2. Certifique-se de que ambas as partes do braço estejam selecionadas (mas não o círculo central). Escolha Modify | Combine Paths | Union.

   Agora você tem uma forma de braço, ao invés de duas partes do braço.
3. Selecione Clone no menu Modify para copiar e colar instantaneamente a forma no lugar em Frame 3.
4. Selecione a ferramenta Scale. Reposicione-a no ponto central do primeiro círculo e gire-a em cerca de 72 graus. Continue até que tenha criado todos os cinco raios do saltador.
5. Amplie as pontas dos raios do braço e use a ferramenta Subselection (Subseleção) para selecionar os pontos da ponta. Tente ajustá-los e movê-los manualmente, ou use as teclas com seta em seu teclado para que alguns círculos da ponta sejam maiores que outros.

   Altere os círculos fazendo com que alguns braços pareçam mais curtos e outros mais longos, dando ao saltador um pouco mais de personalidade. É um pouquinho sutil, mas no final fará uma grande diferença.

O círculo e o retângulo colocados diretamente acima do centro.

Todos os raios girados em uma posição de estrela.

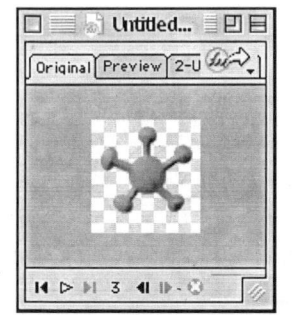

Os raios inalterados à esquerda, comparados com os alterados com mais personalidade à direita.

6   Selecione todos os braços no círculo central e escolha Modify I Combine Paths I Union para mesclar as partes. O objeto herdará os efeitos do círculo central original e a forma saltadora e os quadros do botão estarão completos. Grave seu arquivo como **jackbutton_fr03.png**.

Nota: Como uma alternativa para o método de produção de arte descrito até então, você pode criar um novo símbolo de botão no Fireworks e construir os estados de seu botão com as ferramentas de desenho diretamente dentro da janela Symbol Editor (Editor de Símbolos) do Fireworks. Quando seus gráficos ficarem completos, mantenha o Symbol Editor aberto e exporte-o como um arquivo SWF usando as mesmas etapas.

COMO EXPORTAR OS QUADROS DO BOTÃO A PARTIR DO FIREWORKS

Agora que a arte para os três estados do botão está completa, você irá fornecer o que chamo de "zona de integração". Nesta seção, irá exportar os quadros do botão criados no Fireworks como um arquivo SWF Flash. Uma vez importados para o Flash, você poderá fazer qualquer ajuste desejado nessa arte. É realmente algo legal no Fireworks. Usar o Fireworks para criar o gráfico e o Flash para criar a interatividade permitirá que você otimize tarefas específicas na aplicação que se adapta melhor a cada tarefa.

1   Escolha File (Arquivo) I Export Preview (Visualização da Exportação). Na janela que aparece, escolha PNG 32 nas opções Format (Formato).

Nota: Esta definição é muito importante, porque irá assegurar que sua saída conterá transparência e manterá sua aparência com chanfro!

2   Na janela Export Preview, clique o botão Export (Exportar). A caixa de diálogo Export aparecerá. Escolha Macromedia Flash SWF nas opções Save As (Salvar Como).

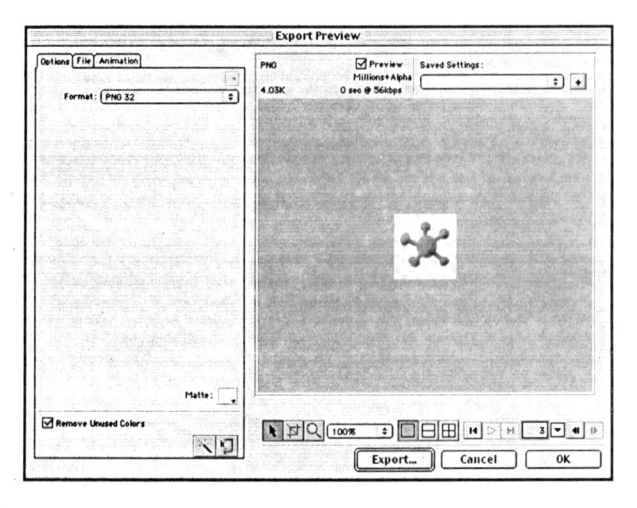

A janela Export Preview com o formato PNG 32 selecionado.

3 Clique o botão Options e certifique-se de que o botão de rádio Maintain Appearance (Manter Aparência) esteja selecionado. Defina JPEG Quality (Qualidade JPEG) para 100, Frames para All (Todos) e Frame Rate (Proporção entre os Quadros) para 20. Clique em OK.

Grave seu arquivo como **button_frames.swf**. Para verificar seu trabalho, também poderá exibir o arquivo **button_frames.swf** na pasta **Project 7** no CD-ROM em anexo.

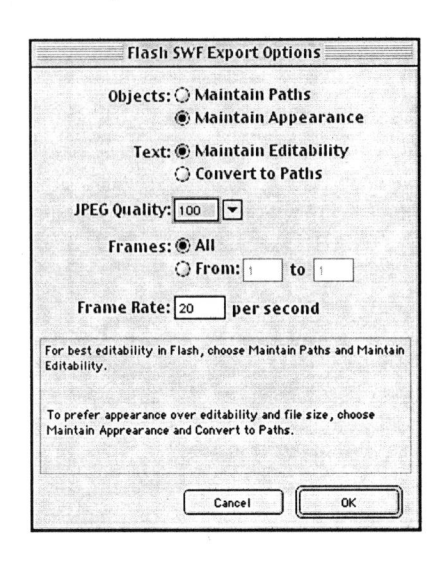

Na janela Export, clique o botão Options para acessar esta janela de definições para seu filme SWF.

COMO IMPORTAR OS QUADROS DO BOTÃO FIREWORKS PARA O FLASH

Nesta seção do projeto, você irá importar o botão SWF do Fireworks para o Flash e irá transformá-lo em um símbolo do botão Flash. Este símbolo então será incorporado em um filme Flash.

1 Inicialize o Flash MX se ele já não estiver aberto. Escolha Modify I Movie (Filme) e atribua uma Frame Rate com **20** fps, Width com **300** pixels e Height com **200** pixels.

Para este exercício, mantive Background Color (Cor do Segundo Plano) definida para branco e Ruler Units (Unidades da Régua) definida para Pixels.

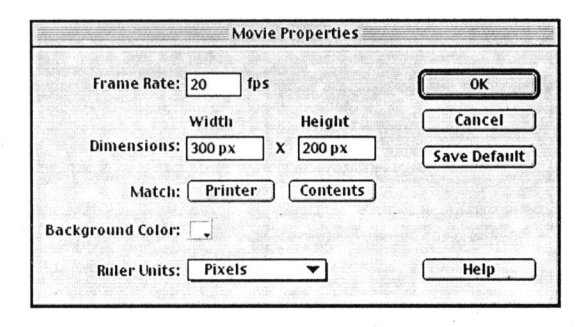

*Na janela Movie Properties, atribua uma Frame Rate com **20** fps, Width com **300** pixels e Height com **200** pixels.*

2. Escolha Insert (Inserir) | New Symbol (Novo Símbolo). Nomeie seu símbolo como **Jack Button** e clique para selecionar a opção Button Behavior (Comportamento do Botão). Clique em OK.

A janela Button Symbol Editor (Editor de Símbolos do Botão) será aberta automaticamente.

3. Na janela Button Editor, escolha File | Import (Importar).

No Macintosh, navegue para seu arquivo **button_frames.swf** na pasta **SWFs**, selecione-o no painel esquerdo e clique o botão Add (Adicionar) para movê-lo para o painel direito. Clique o botão Import.

No Windows, escolha File | Import, navegue para a pasta **SWFs** e selecione **button_frames.swf**.

O Flash importará seu botão Fireworks e colocará cada quadro (ou estado do botão) no devido quadro Up, Over e Down. Porém, o que o Flash não faz é adicionar um estado Hit (Clicar), que define a área clicável do botão. Você terá que adicionar um quadro-chave nesse estado para fazer com que o botão funcione. Para tanto, clique na célula vazia do quadro Hit e escolha Insert | Keyframe (Quadro-Chave).

4. Agora você terá que reposicionar os três estados do botão na marca central na janela Symbol Editor. Clique para selecionar o gráfico do botão redondo no estado Up. Quando arrastar, notará o quadro delimitador retangular, que contém um círculo que marca o ponto central do objeto. Coloque o ponto central circular do objeto em cima das cruzes, que marcam o centro da janela de edição do símbolo.

Repita esta etapa para centralizar os estados Over, Down e Hit do botão. Agora seu botão está completo.

5. Clique no link Scene 1 (Cena 1) à esquerda superior da janela do documento para retornar para a cena do filme principal.

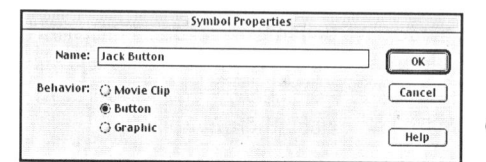

*Crie um novo símbolo do botão chamado **Jack Button**.*

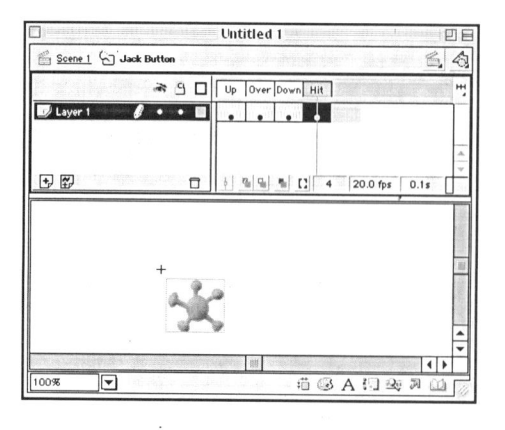

Importe seus quadros do botão Fireworks para o novo símbolo do botão Flash.

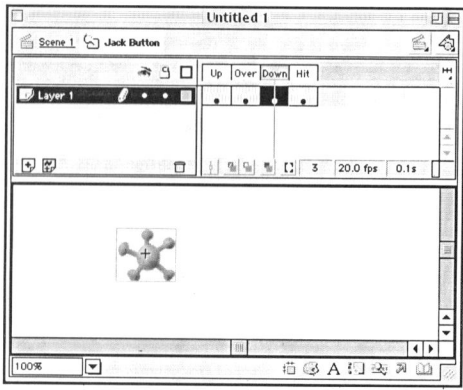

Centralize cada um de seus estados do botão nas cruzes.

Projeto 7 - BOTÕES EXTRAVAGANTES | 95

6   Agora que você está de volta à área do filme principal, escolha Library (Biblioteca) no menu Window. No painel Library, verá os três arquivos de mapa de bits que entraram quando você importou o arquivo SWF do Fireworks, junto com o novo símbolo Jack Button criado.

Clique e arraste Jack Button de Library para a janela do documento (ou a *cena*, como algumas vezes é chamado no Flash).

7   Grave seu arquivo como **jackmovie01.fla**. Pressione F12 para visualizar seu arquivo em um navegador. No navegador, quando seu mouse passar sobre o botão, ele deverá mudar para Star Blob. Clique para vê-lo se mover.

Nota: Visualizar em um navegador não mostrará um resultado tão claro quanto você obterá a partir de seu filme exportado final.

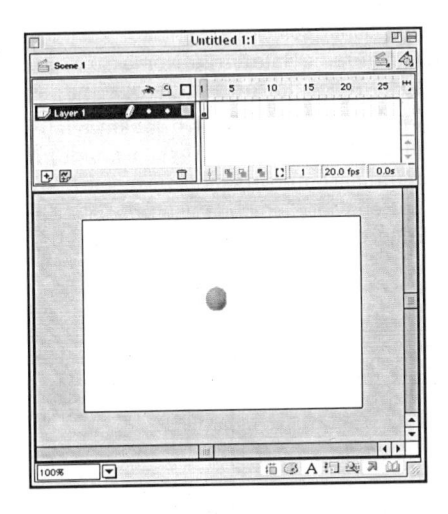

Arraste o símbolo Jack Button do painel Library para a cena do filme principal.

COMO CRIAR QUADROS DE CLIPE DO FILME NO FIREWORKS

Atualmente, o estado Down de seu botão Flash contém uma única imagem estática – a parte central criada. Para dar vida ao desenho, você poderia substituir a imagem estática no estado Down por uma animação ou clipe de filme. Poderá criar os quadros da animação necessários para o clipe do filme no Fireworks e então importar os quadros para o Flash.

1   Volte para o Fireworks e abra o **jack_movie_frames.png** na pasta **Project 7** no CD-ROM em anexo. No painel Frames, pressione Option e clique (ou Alt e clique) em Frame 1 para criar uma duplicata em Frame 2.

Para este projeto, você criará um total de cinco quadros duplicados e mudará a rotação do objeto saltador em cada quadro. Este tipo de animação é chamado de animação *quadro a quadro*, porque você altera cada quadro manualmente.

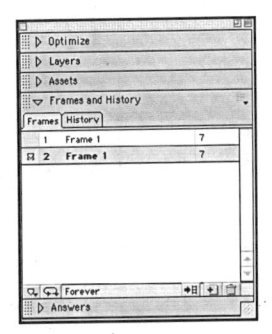

Duplique Frame 1 e use a ferramenta Transform para fazer alterações em Frame 2.

2   Selecione o objeto saltador em Frame 2 e escolha Modify I Transform (Transformar) I Numeric Transform (Transformação Numérica). Na caixa de diálogo Transform, selecione Rotate (Girar) na lista suspensa e forneça **72** no campo. Deixe o quadro Scale Attribute (Dimensionar Atributo) marcado e clique em OK.

3   Agora duplique Frame 2 para criar Frame 3. Selecione e gire o saltador de Frame 3 em 72 graus. Continue este procedimento até que tenha um total de cinco quadros que tenham sido girados cada um. Grave seu arquivo como **jack_movie.png**.

4   Escolha File I Export Preview. Use a mesma definição PNG com 32 bits utilizada anteriormente, e clique o botão Export. Na janela Export, escolha Macromedia Flash SWF nas opções Save As. Clique o botão Options e selecione Maintain Appearance, **100%** de JPEG Quality, All Frames (Todos os Quadros) e Frame Rate em **20**. Nomeie o arquivo como **movie_frames.swf** e clique em Save. Você poderá encontrar o mesmo arquivo na pasta **Project 7** do CD-ROM em anexo.

5   Retorne para o Flash com seu arquivo **jackmovie01.fla** aberto. Abra o painel Library escolhendo Window I Library (se já não estiver aberto). No painel Library, clique no ícone do sinal de mais (+) para criar um novo símbolo. Nomeie o novo símbolo como **Jumpin** e selecione a opção Movie Clip Behavior (Comportamento do Clipe do Filme). Clique em OK. A janela Movie Symbol Editor (Editor de Símbolos do Filme) será aberta automaticamente.

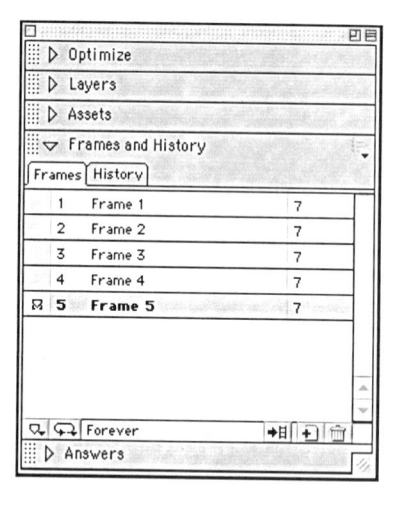

Crie os cinco quadros duplicados e gire o objeto saltador em cada quadro em 72 graus.

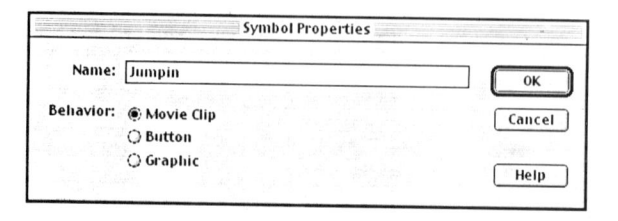

Crie um novo símbolo do clipe do filme chamado Jumpin.

Projeto 7 - BOTÕES EXTRAVAGANTES | 97

6 Escolha File I Import. Na janela Import, localize seu arquivo **movie_frames.swf** ou use aquele na pasta **SWFs** na pasta **Project 7** no CD-ROM em anexo.

Em um Mac, selecione o arquivo no painel esquerdo e então clique o botão Add para movê-lo para o painel direito. Clique o botão Import. Todos os cinco quadros de seu filme Fireworks aparecerão na janela Timeline (Linha do tempo).

No Windows, navegue e selecione **movie_frames.swf**.

Para sair do editor de clipes do filme, clique no link Scene 1 no canto superior esquerdo do documento. Note que o painel Library inclui agora os gráficos importados para o clipe do filme.

Nota: Para centralizar a animação no documento, você terá que selecionar cada quadro na linha do tempo e arrastar o gráfico para as cruzes centrais.

7 No painel Library, clique duas vezes o botão Jack para abrir a janela Button Symbol Editor. Clique no estado Down do botão e apague o objeto Jack. Arraste o clipe do filme Jumpin do painel Library para o centro do estado Down do botão. Você acabou de substituir a imagem do estado Down estática por uma animada!

Clique no link Scene 1 para retornar para a janela principal.

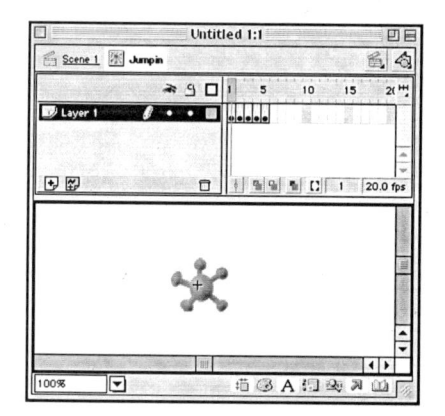

Importe sua animação Fireworks para o novo clipe do filme Flash.

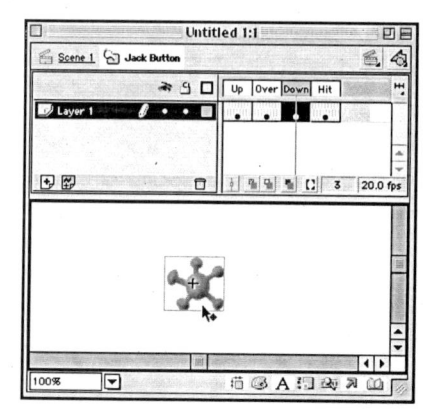

Substitua a imagem estática no estado Down por seu novo clipe do filme animado.

8   Pressione F12 para visualizar seu arquivo no navegador. No navegador, quando você mover o mouse sobre o botão, ele deverá mudar para Star Blob. Clique-o e seu saltador irá girar.

Visualize seu botão Flash completo em um navegador. Clique o botão para ver a animação.

MODIFICAÇÕES

Outra maneira de mover os arquivos do Fireworks para o Flash é simplesmente copiar e colar – nenhuma exportação, gravação, nada. Se você usar a função de copiar normal no Fireworks, no Flash irá colar uma versão do mapa de bits de seus objetos, preservando sua aparência. Se escolher a função Copy Path Outlines (Copiar Contornos do Caminho) do Fireworks no menu Window, preservará o status vetorial de seus elementos depois deles serem colados no Flash.

1   No Fireworks, abra o arquivo **jumping_jack_logo.png** na pasta **Project 7** no CD-ROM em anexo. Selecione todo o conteúdo da camada **gradient text** e escolha Edit (Editar) l Copy (Copiar). (Todas as outras camadas foram bloqueadas, portanto, você poderá escolher Edit l Select All (Selecionar Tudo).)

Nota: Ray Larabie, cujo site está em www.larabiefonts.com, construiu a fonte que usei para o arquivo jumpin_jack_logo.png. Ele cria faces de tipo lindas, que distribui generosamente na comunidade World Wide Web. Ele também vende alguns desenhos do tipo e aceita doações on-line. Verifique seu trabalho maravilhoso.

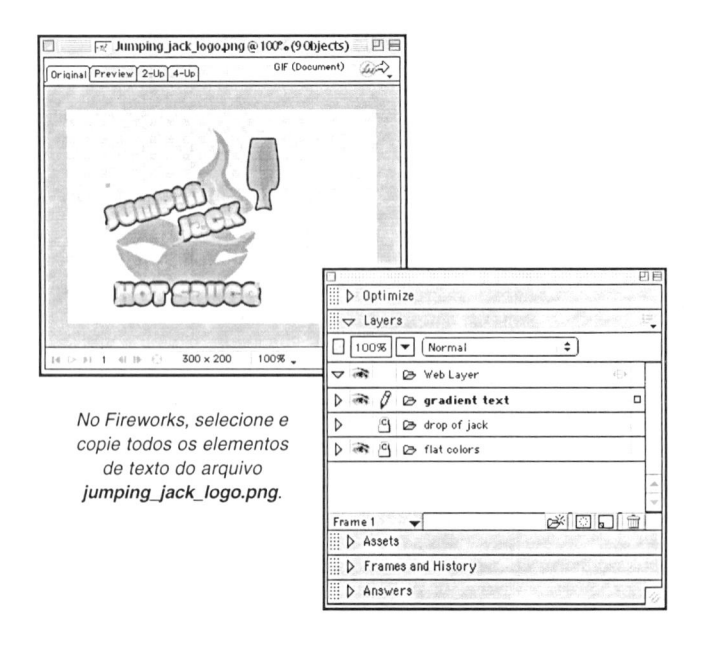

No Fireworks, selecione e copie todos os elementos de texto do arquivo jumping_jack_logo.png.

Projeto 7 - BOTÕES EXTRAVAGANTES | 99

2   Vá para o Flash e abra **jackmovie02.fla** na pasta **Project 7** no CD-ROM em anexo. Renomeie Layer 1 com o botão como **jack, clicando duas vezes no nome da camada. Crie uma nova camada clicando no ícone do sinal de mais (+) à direita inferior e nomeie-a como text.** Vá para a nova camada **text** abaixo da camada **jack**. Com a nova camada selecionada, escolha Edit I Paste (Colar).

O texto aparecerá na tela com toda sua graduação gloriosa.

3   Crie outra camada nova e nomeie-a como **flat colors**. Certifique-se de que seja a camada mais inferior no filme.

4   Volte para o Fireworks. Desbloqueie a camada **flat colors** e bloqueie a camada **gradient text**. Escolha Edit I Select All para selecionar todos os elementos da camada **flat colors**. Escolha I Copy Path Outlines.

5   Vá para o Flash, certifique-se de que a camada **flat colors** esteja selecionada e cole! O status vetorial será mantido no Flash e você irá economizar no tamanho do arquivo.

6   Grave seu arquivo como **jackmovie_final** e teste-o no navegador usando a tecla F12. Quando clicar no saltador, ele dançará na ponta da língua.

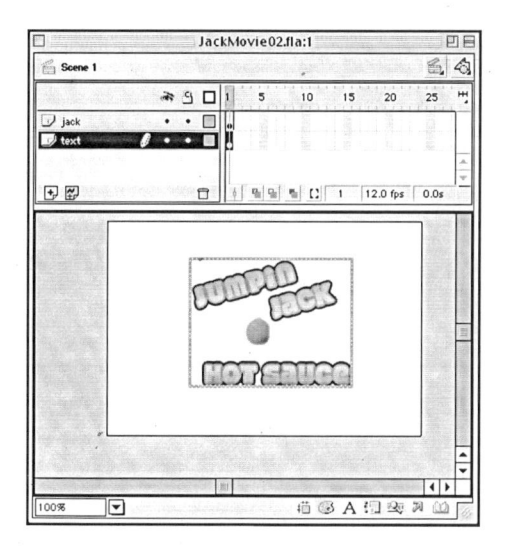

*Cole os elementos
do Fireworks diretamente no Flash.*

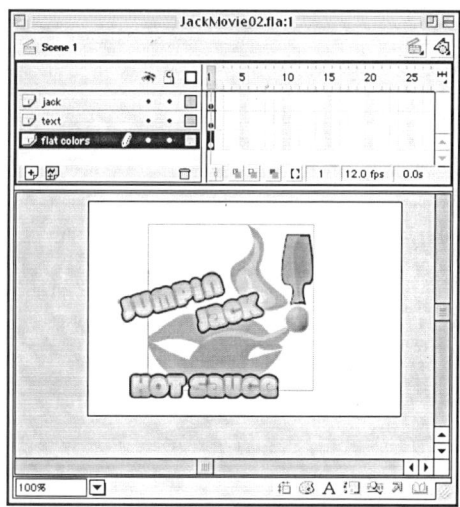

*Se você usar a função Copy
Path Outlines do Fireworks, sua arte
permanecerá como vetores no Flash.*

GERENCIAMENTO DOS LINKS EM GRANDE ESCALA

"Nossas personalidades determinam nossos destinos."

–Lisa Lopuck

COMO MANTER A CONSISTÊNCIA DO LINK

Ao trabalhar com uma equipe de pessoas em um único projeto do site web, quanto mais recursos você puder compartilhar, mais poderá aperfeiçoar o processo de produção e reduzir os esforços duplicados. Na construção web, simplesmente vale a pena ser organizado. O Fireworks oferece vários recursos de colaboração do fluxo de trabalho, como o painel URL e o Find and Replace, que permitem gerenciar muitos links em diversas páginas, para ajudar uma equipe de construção a assegurar a consistência em um projeto do site web.

Projeto 8
Gerenciamento dos links em grande escala
de Lisa Lopuck

COMO INICIAR

Para este projeto, a suposição é que você está trabalhando em um site web médio a grande, que tem talvez 50 links ou mais. Quando diversas pessoas estão trabalhando em um site deste tamanho, é importante que todos usem o mesmo conjunto de links ao construir sua parte do site. A pasta **Project 8** no CD-ROM em anexo contém uma "lista-mestre" de links que você usará para completar algumas páginas para Lopuck.com. Obrigada por sua ajuda!

Projeto 8 - GERENCIAMENTO DOS LINKS EM GRANDE ESCALA | 103

COMO USAR O PAINEL URL

O painel URL, localizado no menu Window (Janela), permite que você importe um arquivo HTML (que tem links) para usar como uma lista de links. O painel URL lê o arquivo HTML e extrai todas os links HREF encontrados – listando-os de modo conveniente no painel. Então você poderá aplicar esses links em qualquer ponto ativo ou objeto de fatia em seu documento Fireworks. Quando trabalhar, poderá achar necessário adicionar links à lista. O painel URL permite adicionar, subtrair e modificar os links na lista e então exportar a lista final para outra pessoa na equipe usar.

1 No Fireworks, abra **lopuck_home.png** na pasta **Project 8** no CD-ROM em anexo. Quando solicitado, prossiga e mude qualquer fonte que esteja faltando em seu sistema. Esta home page tem vários pontos ativos, links de texto e fatias que precisam ter links aplicados.

2 No menu Window, abra o painel URL. Escolha New URL Library (Nova Biblioteca de URLs) na ficha suspensa de opções (no canto superior direito). Nomeie a nova biblioteca como **Lopuck.com** (segundo o nome da empresa) e clique em OK. No painel URL, escolha sua biblioteca recentemente formada na lista suspensa – ela poderá não estar selecionada automaticamente na lista.

Agora que você tem uma nova biblioteca de URLs, poderá começar a adicionar links para este projeto. Lembre-se que as bibliotecas de URLs são armazenadas na pasta Configurations (Configurações) do Fireworks, não com o documento.

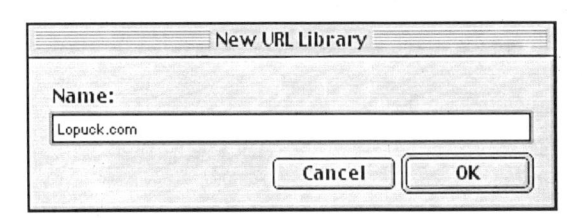

Nomeie sua nova biblioteca de links segundo o projeto no qual está trabalhando.

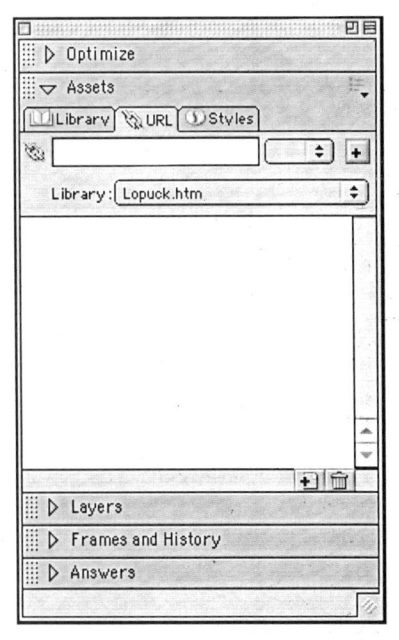

Depois de criar uma nova biblioteca de URLs, ela aparecerá no menu suspenso.

104 | Fireworks MX: efeitos mágicos

3. No painel URL, escolha Import URLs (Importar URLs) na ficha suspensa de opções. Localize **lopuck_links.htm** na pasta **Project 8** no CD-ROM em anexo e clique em OK. Uma lista de 20 ou mais links será carregada no painel URL.

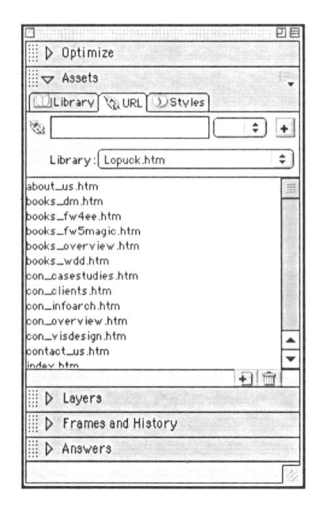

Você pode carregar qualquer documento HTML no painel URL. Apenas os links serão exibidos.

4. Ative a visibilidade da camada **Web** no painel Layers (Camadas). Selecione a fatia superior esquerda que cobre o logotipo Lopuck.com. O logotipo servirá como um link rápido redundante para a home page. No painel URL, selecione **index.htm** na lista.

É tudo! Você acabou de aplicar o link **index.htm** no logotipo. Aplique o link **index.htm** na fatia da ficha Home da mesma maneira.

5. Aplique links nas fichas de navegação restantes de alto nível:
   - Para Consulting Services (Serviços de Consultoria), use **con_overview.htm**.
   - Para Books (Livros), use **books_overview.htm**.
   - Para Training (Treinamento), use **train_overview.htm**.
   - Para Seminars & Articles (Seminários e Artigos), use **semart_overview.htm**.
   - Para About Us (Sobre Nós), use **about_us.htm**.

Selecione a fatia Contact Us (Entre em Contato) no canto superior direito e aplique **contact_us.htm**.

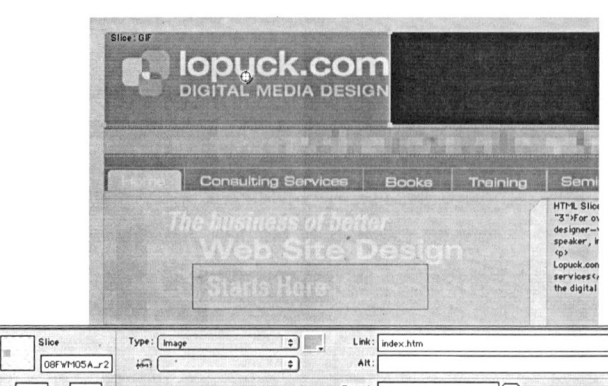

Para aplicar um link, selecione um ponto ativo ou objeto de fatia e clique em um link no painel URL.

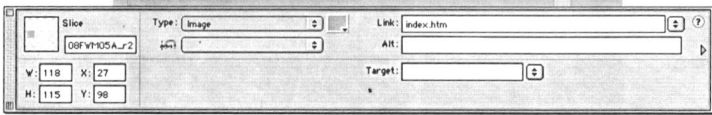

Projeto 8 - GERENCIAMENTO DOS LINKS EM GRANDE ESCALA | **105**

6   Selecione a ficha Consulting Services. Observe que esta ficha tem um menu instantâneo associado. Clique duas vezes na imagem contornada do menu instantâneo para acessar a janela Editor.

7   No Pop-Up Menu Editor (Editor de Menus Instantâneos), clique dentro do campo Link (Ligação) ao lado de "Web site design overview" (Visão geral da construção do site Web). Selecione **con_overview.htm** no menu suspenso no campo Link. Note como todas os links ativados do painel URL estão localizados de modo conveniente na janela Pop-Up Menu Editor. Clique em Done (Terminado) depois de aplicar o link; você não precisará se preocupar em preencher os links restantes.

8   Clique para selecionar o objeto da fatia superior sobre a seção "Web design issues" (Problemas da construção Web) da página. Esta fatia é uma fatia de texto, significando que exportará o texto HTML dinâmico, em oposição a um gráfico de mapa de bits. No Properties Inspector (Inspetor de Propriedades), clique o botão HTML Edit (Editar HTML). O HREF para "Debunking the Web-Safe Color Palette" (Apontar Paleta de Cores Seguras da Web) está vazio atualmente, e não há nenhum link no painel URL para esse determinado artigo.

9   Na janela HTML Edit Slice (Fatia de Edição da HTML) instantânea, substitua a cerquilha (#) no link por **articles/dec2001.htm**. Selecione e copie o link para que você possa adicioná-lo ao painel URL na próxima etapa. Clique em OK.

Agora, quando exportar esta página, a região fatiada editada será exportada como código HTML, ao invés de um gráfico, e incluirá seu novo link.

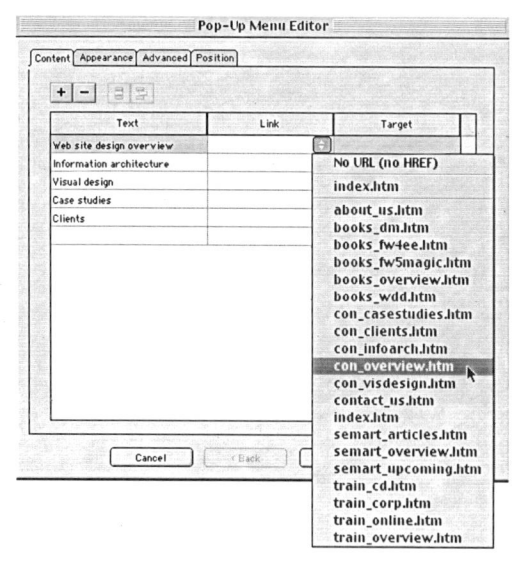

Todos os seus links importados do painel URL aparecerão na janela Pop-Up Menu Editor.

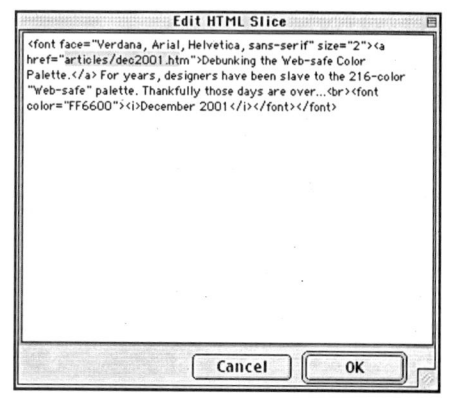

Você pode editar o código HTML de uma fatia de texto.

10 No painel URL, cole o link no campo do link e clique no ícone do sinal de mais (+) para adicioná-la à sua lista de links.

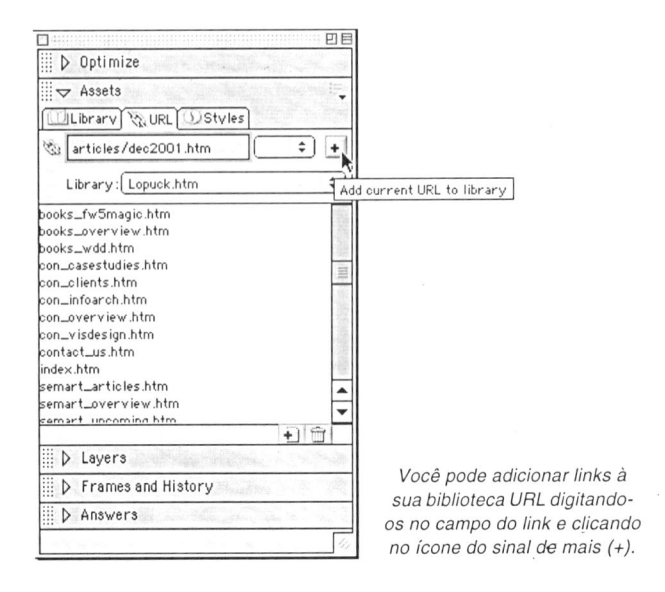

Você pode adicionar links à sua biblioteca URL digitando-os no campo do link e clicando no ícone do sinal de mais (+).

Como atualizar e exportar as bibliotecas de links

Até então neste projeto, você importou e aplicou links em vários elementos interativos. Porém, onde o painel URL realmente fica útil é para as alterações em grandes documentos. A home page Lopuck.com apresenta muitos links redundantes. Por exemplo, o logotipo e a ficha Home compartilham o mesmo link. Se você precisar mudar o link **index.htm** ou **index1.htm**, poderá fazer isso uma vez no painel URL. Todos os objetos que se referirem a esse link serão atualizados automaticamente.

1 Abra **lopuck_home2.png** no Fireworks. Certifique-se de que nada esteja selecionado no documento. No painel URL, selecione **index.htm**. Escolha Edit URL na ficha suspensa de opções. Altere **index.htm** para informar **index1.htm**. Marque a opção Change All Occurrences in Document (Alterar Todas as Ocorrências no Documento) e clique em OK.

Agora, se você selecionar a fatia do logotipo e a fatia da ficha home, verá que foram atualizadas de acordo.

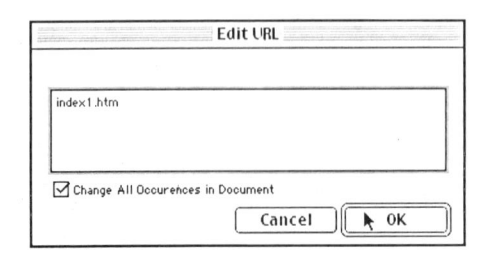

O painel URL permite atualizar instantaneamente todas as ocorrências de um link em seu documento.

2 Selecione o ponto ativo que cobre o botão Starts Here (Iniciar Aqui). Atualmente, este botão liga-se a mais uma visão geral da empresa. No Properties Inspector, altere o link para **lopuck_overview.htm** e pressione a tecla Enter ou Return. No painel URL, escolha a opção Add Used URLs to Library (Adicionar URLs Usados à Biblioteca) na ficha suspensa de opções.

Dica: Se você adicionou links exclusivos ao seu documento ou está trabalhando com um documento que já tem links que não fazem parte da biblioteca, a opção Add Used URLs to Library será uma maneira rápida de aumentar sua lista de links.

---

3 Para exportar sua lista atualizada de links, escolha Export URLs (Exportar URLs) na ficha suspensa de opções. Nomeie o conjunto como **lopuck.com2.htm** e clique em Save (Salvar).

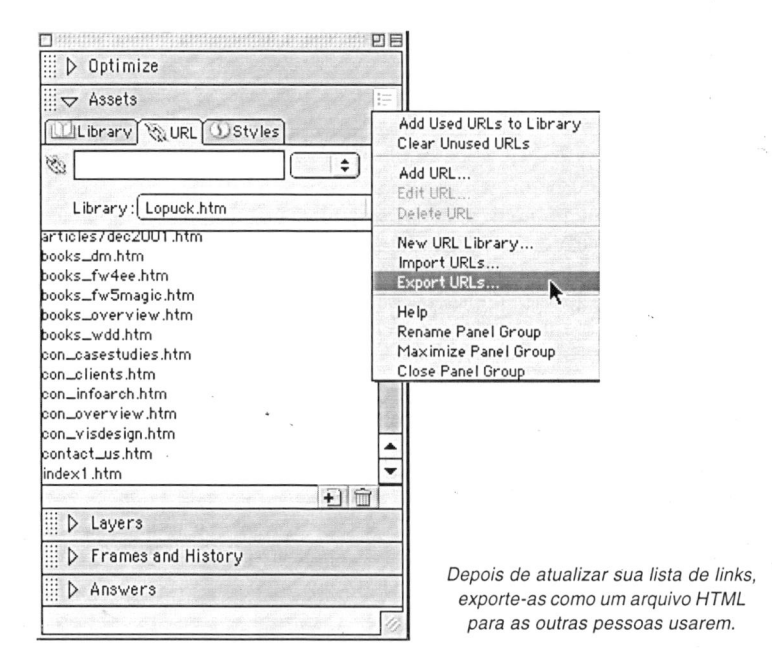

Depois de atualizar sua lista de links, exporte-as como um arquivo HTML para as outras pessoas usarem.

MODIFICAÇÕES

Infelizmente, o painel URL é capaz de atualizar o uso do link apenas em um único documento. Se você tiver vários documentos para um site que usam o mesmo conjunto de links, atualizar os links em todos os documentos poderá trazer problemas. A melhor maneira de atualizar os links em diversos documentos é usar os recursos Project Log (Registro de Projetos) e Find and Replace (Localizar e Substituir). O Project Log permite que você tenha como destino um conjunto específico de arquivos de projeto (que não estão necessariamente na mesma pasta), para que a função Find and Replace possa executar várias tarefas automáticas no conjunto.

1   No Fireworks, abra o Project Log no menu Window. Clique no menu suspenso Options (Opções) para adicionar alguns arquivos ao Project Log para o processamento. Localize e importe **lopuck_sub1.png** e **lopuck_sub2.png** na pasta **Project 8** no CD-ROM em anexo. Clique o botão Done para fechar o Project Log.

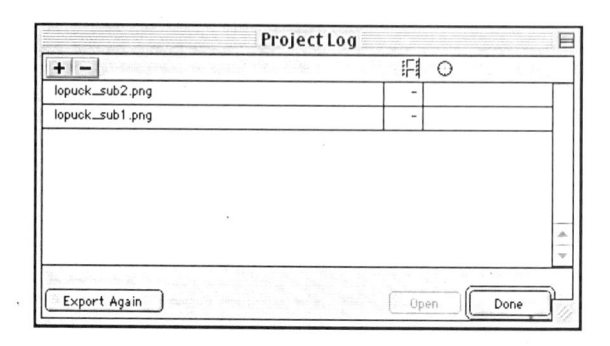

Use o Project Log para controlar o progresso das alterações feitas em diversos arquivos.

2   Inicie um novo documento com qualquer tamanho. Você precisará apenas deste novo documento para acessar a janela Find and Replace. Abra o painel Find and Replace no menu Window. Na lista suspensa superior, escolha Search Project Log (Pesquisar Registro de Projetos). Na segunda lista suspensa, escolha Find URL (Localizar URL). No campo Find, forneça **index.htm** – o antigo link home. No campo Change To (Alterar Para), forneça **index1.htm**. Clique em Replace All (Substituir Tudo).

Depois de alguns minutos se movimentando, abrindo os arquivos **lopuck_sub1.png** e **lopuck_sub2.png**, o Fireworks informará que quatro alterações foram feitas.

Você pode definir a função Find and Replace para agir nos arquivos no Project Log.

Projeto 8 - GERENCIAMENTO DOS LINKS EM GRANDE ESCALA | **109**

3   Abra o Project Log novamente no menu Window. Na coluna direita, você verá o timbre da data e da hora de sua ação Find and Replace. Para verificar se as alterações ocorreram, selecione **lopuck_sub1.png** e clique o botão Open (Abrir). Selecione a fatia sobre o logotipo e certifique-se de que agora informa **index1.htm** no Properties Inspector.

Nota: Para visualizar a página inteira em um navegador, pressione F12.

Nota: Muitas links deste site web estão incorporados nas fatias de texto. O recurso URL Find and Replace do Fireworks não funcionará nas fatias de texto, mas depois de exportar a página e abri-la no Dreamweaver, você poderá usar o Find and Replace do Dreamweaver para atualizar os links.

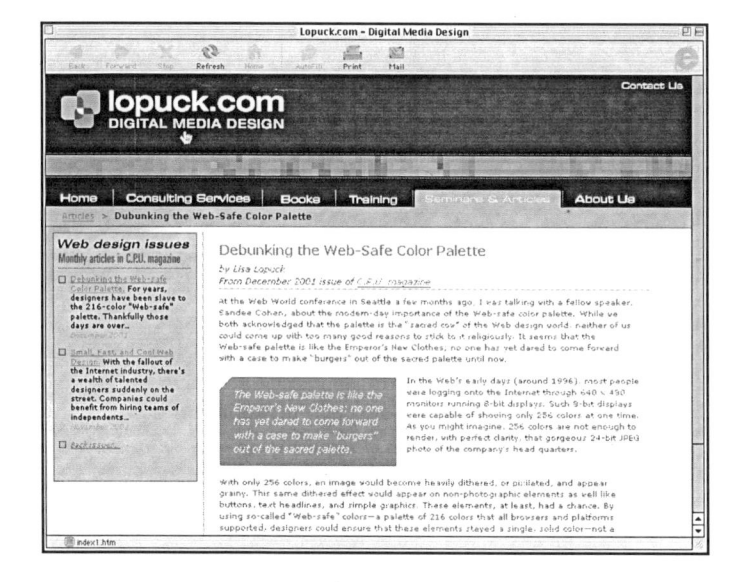

Abra a subpágina e teste os links para verificar se foram alteradas.

A BARRA DE NAVEGAÇÃO DEFINITIVA

"Quando você está angustiado, seja firme e insista."
–Franklin D. Roosevelt

COMO CONSTRUIR UMA BARRA DE NAVEGAÇÃO WEB

A navegação do site web é um fator importante ao determinar a qualidade da experiência de um usuário. Portanto, vale a pena reservar um tempo para planejar um sistema de navegação atraente visualmente e fácil de usar, que seja atualizado facilmente quando o site se expande e se desenvolve. Os símbolos do botão Fireworks não só facilitam a construção de um ótimo sistema de navegação, mas também fornecem a flexibilidade necessária para atualizar seu site sem problemas.

Projeto 9
A barra de navegação definitiva
de Joyce J. Evans

COMO INICIAR

Neste projeto, você criará um sistema de navegação completo com apenas dois símbolos do botão. (Os símbolos são elementos de arte reutilizáveis no Fireworks.) Embora você vá trabalhar com dois símbolos, o Fireworks permite que faça as alterações de texto e do link necessárias em cada cópia dos símbolos – permitindo que construa um sistema de navegação exclusivo e com diversos botões. A outra vantagem de trabalhar com símbolos é que se você fizer uma alteração gráfica, mudará instantaneamente todas as suas cópias ou instâncias. E mais, se construir seus símbolos com ferramentas vetoriais, seu sistema de navegação será completamente dimensionável, sem comprometer a qualidade da imagem. As ilustrações finais de todos os arquivos-fonte necessários para completar o projeto poderão ser encontrados na pasta **Project 9** no CD-ROM em anexo. Os arquivos do projeto que foram gravados depois de cada seção do projeto, também estão localizados na pasta, para que possa pular quando quiser.

COMO CRIAR OS GRÁFICOS DO BOTÃO

Qualquer objeto – de mapa de bits ou vetorial – pode ser usado como um botão. Nesta primeira seção, você usará ferramentas vetoriais para criar uma ilustração de fundo para o símbolo do botão, para que permaneça totalmente editável.

1. No Fireworks, inicie um novo arquivo com 250x75 pixels com um fundo transparente e uma resolução de 72dpi. Selecione a ferramenta Rectangle (Retângulo) e desenhe um retângulo. No Properties Inspector (Inspetor de Propriedades), mude o tamanho do retângulo para 180x42, defina Stroke (Pincelada) para None (Nenhuma), Fill (Preenchimento) para Pattern (Padrão) e selecione o padrão Wood (Madeira). Grave o arquivo como **mybutton.png**.

Projeto 9 - A BARRA DE NAVEGAÇÃO DEFINITIVA | 113

2   No Properties Inspector, clique no ícone do sinal de mais (+) para acessar a lista Effects (Efeitos) e escolha Adjust Color (Ajustar Cor) I Hue and Saturation (Matiz e Saturação). Use as seguintes definições:

Hue: **-13**

Saturation: **-55**

Lightness (Claridade): **-25**

O padrão de madeira agora é mais escuro. Na próxima etapa, você começará a tornar áspera a madeira, para fazer com que pareça mais velha e mais desgastada (como lenho).

3   Selecione a ferramenta Reshape Area (Redimensionar Área) (localizada sob a ferramenta Freeform ou Forma livre) no Properties Inspector, forneça a opção Size (Tamanho) definida para **10** e Strength (Intensidade) para **80%**. Amplie em cerca de 200%, para que possa ver as bordas que irá alterar. Comece empurrando todas as quatro bordas para torná-las dentadas. Você poderá precisar desagrupar a imagem antes de começar a trabalhar.

4   Quando as bordas parecerem boas, selecione o botão, clique no ícone do sinal de mais (+) para acessar a lista Effects e escolha Shadow and Glow (Sombra e Brilho) I Drop Shadow (Pequena Sombra). Use a opção Distance (Distância) definida para 5 e Softness (Suavidade) para 3. Deixe as definições Angle (Ângulo) e Opacity (Solidez) com seus defaults.

A definição Distance determina a distância na qual a sombra ficará do objeto. Você também pode ajustar o ângulo da sombra se quiser, assim como a solidez.

5   Em seguida, adicione alguns parafusos à madeira. Desenhe um pequeno círculo com a ferramenta Ellipse (Elipse). No Properties Inspector, faça com que o círculo tenha 13x13 pixels e escolha um preenchimento Radial. Clique na caixa de cor Fill (Preencher) para editar a graduação. Defina a primeira caixa de cor para branco e a caixa à direita para um cinza escuro.

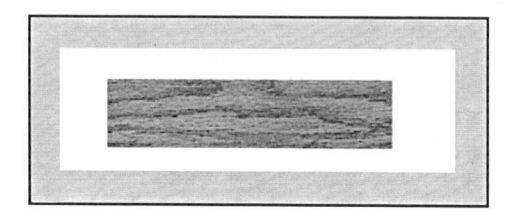

Aplique um preenchimento padrão de madeira na forma do botão.

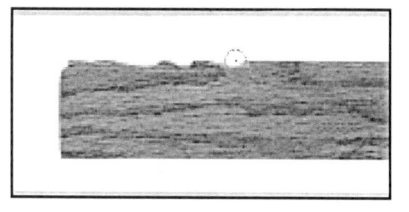

Use a ferramenta Reshape Area para tornar ásperas as bordas do botão.

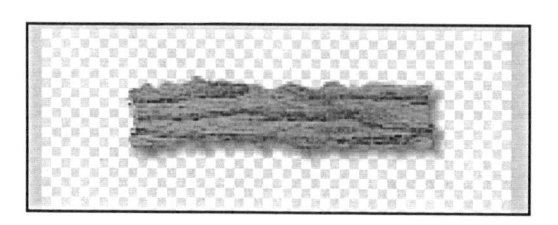

O efeito de pequena sombra acrescenta uma aparência de mapa de bits à forma do botão vetorial.

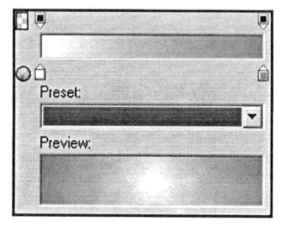

Aplique um preenchimento com graduação radial na forma de parafuso do círculo.

6. Com a ferramenta Pointer (Ponteiro), selecione o parafuso. Mova a alça da graduação redonda para a direita para reposicionar o foco branco para que se pareça com um brilho de luz vindo da direita.

7. Para inserir o parafuso, clique no ícone do sinal de mais (+) para acessar a lista Effects no Properties Inspector e escolha Bevel and Emboss (Chanfro e Relevo) | Inset Emboss (Inserir Relevo). Use a opção Width (Largura) definida para 1, Softness para 1 e Angle com 135.

8. Para adicionar as linhas do parafuso, use a ferramenta Text (Texto) para digitar um X. (Usei Arial, 12 pontos.) Feche a janela Text. No Properties Inspector, clique no ícone do sinal de mais (+) para acessar a lista Effects e escolha Bevel and Emboss | Inset Emboss com Width definida para 1 e Softness para 1. Agrupe o círculo e o X. Copie este primeiro parafuso e coloque um à direita e outro à esquerda, próximo à parte superior da ripa de madeira. Grave seu arquivo.

Nota: Uma cópia deste botão está gravada como **button.png** na pasta **Project 9** no CD-ROM em anexo.

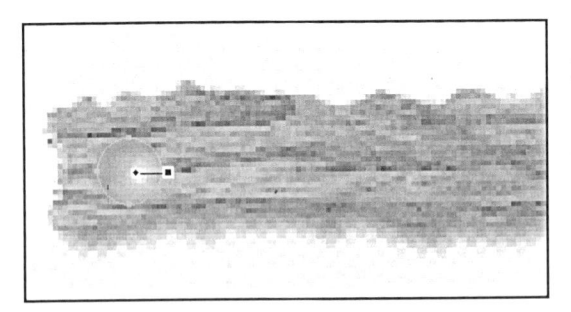

Use as alças da graduação para posicionar o foco branco à direita superior do parafuso.

Use a ferramenta Text para adicionar um X ao parafuso.

COMO CRIAR OS SÍMBOLOS DO BOTÃO COM TEXTO

Criar símbolos do botão no Fireworks pode, de fato, agilizar seu fluxo de trabalho. Um símbolo do botão permite definir todos os estados do botão (Up, Over, Down e Over While Down) necessários para criar um elemento de rollover interativo. Você pode criar um botão e então colocar quantas instâncias quiser do mesmo botão em seu documento. Então poderá modificar as instâncias individuais do botão quando precisar ou poderá alterar todas as instâncias de uma só vez, atualizando o símbolo original.

1. Inicie um novo documento com 200x75 pixels com uma tela branca.

Projeto 9 - A BARRA DE NAVEGAÇÃO DEFINITIVA | 115

2. Escolha Edit (Editar) I Insert (Inserir) I New Button (Novo Botão) no menu. Abra seu arquivo **mybutton.png** ou **button.png** gravado incluído na pasta **Project 9** no CD-ROM em anexo. Escolha Select (Selecionar) I Select All (Selecionar Tudo) e agrupe o botão com seus parafusos. Copie o botão e então cole-o no estado Up (Elevado) de sua janela Button Editor (Editor de Botões). Com o botão selecionado, abra Window (Janela) I painel Align (Alinhar), selecione a opção To Canvas (Na Tela) e clique em Align Center Vertical and Center Horizontal (Alinhar Centro Vertical e Centro Horizontal) (os dois ícones centrais da parte Align do painel Align).

3. Selecione a ferramenta Text e clique o botão para adicionar uma etiqueta de texto. Digite **Home** e então selecione o texto com a ferramenta Pointer. No Properties Inspector, selecione a opção No Anti-Alias (Sem Suavizar Aparência) e defina a fonte para Georgia, a cor para #6FA365 (uma tonalidade de verde), o tamanho para 18 e o alinhamento para o centro. Clique no ícone Stroke Color Swatch (Amostra da Cor da Pincelada) e escolha preto.

   O alinhamento central centraliza apenas o texto em sua própria caixa de texto, não no botão. Você poderá posicionar o texto olhando ou usando o painel Align. Acho que eu ainda o ajusto apenas um pouco. Alinhando o texto ao centro, quando você fizer alterações em cada instância do botão, o texto sempre será centralizado.

4. Clique na aba Over (Sobre) e clique o botão Copy Up Graphic (Copiar Gráfico Elevado) para colocar uma cópia de seu gráfico no estado Over. Selecione o texto, altere a cor para #D0BAAA e remova a pincelada.

Nota: No Fireworks 4, se você adicionasse o texto agora, sempre que mudasse o texto em uma instância do símbolo, um novo símbolo seria gerado na Library (Biblioteca). Isso significa que se você quisesse editar algo como a cor do botão, teria que editar todo símbolo separadamente. No Fireworks MX, você pode mudar o texto de cada instância, sem que o Fireworks gere diversos símbolos.

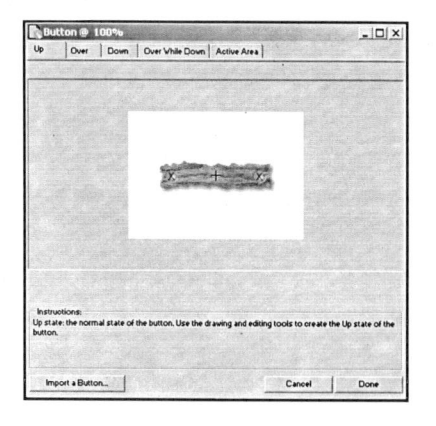

Cole a ilustração de seu botão no estado Up da janela Button Editor.

A definição do alinhamento ao centro assegura que seu texto será centralizado em todas as instâncias do símbolo do botão.

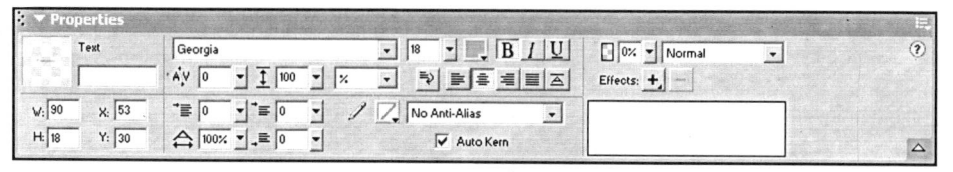

Nota: O texto neste botão é relativamente grande e fácil de ler, independentemente das definições para suavizar aparência. Porém, se você usar um texto pequeno, obterá resultados mais nítidos não usando a suavização da aparência.

5 Clique na aba Down (Abaixado) e clique o botão Copy Over Graphic (Copiar Gráfico Sobre). Selecione o gráfico do segundo plano e, no Properties Inspector, clique no ícone do sinal de mais (+) para acessar a lista Effects. Escolha Bevel and Emboss I Inset Emboss e use uma definição 2 para Width e Softness. Clique em Done (Terminado) para fechar a janela Button Editor e gravar o documento como **home.png**.

Quando um usuário clicar seu botão, o estado Down será o que ele verá. Por causa do efeito Inset Emboss aplicado, o botão parecerá pressionado.

6 Crie outro símbolo do botão (escolhendo Edit I Insert I New Button) e repita essas etapas, mas inverta as cores do texto. Crie o texto do botão "Products" (Produtos) com uma cor do estado Up #DOBAAA e uma pincelada preta. No estado Over, altere a cor do texto para um verde brilhante sem pincelada.

Um símbolo separado é necessário por causa das novas cores. Se você editar o símbolo, todas as instâncias com o texto castanho amarelado mudarão.

Nota: Uma maneira mais rápida de criar o segundo símbolo é adicionar texto ao arquivo **home.png** e regravá-lo com um novo nome.

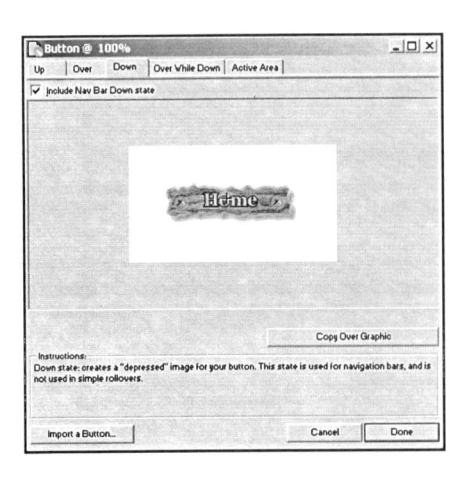

Aplique um efeito de chanfro ao gráfico do estado Down.

Ambos os botões devem ter três estados diferentes: Up, Over e Down.

COMO MONTAR UMA BARRA DE NAVEGAÇÃO

Se você fosse construir uma barra de navegação em seu documento para adicionar diversas instâncias de um símbolo do botão e então alterasse cada instância de seu espaço de trabalho, o Fireworks transformaria cada instância alterada em um novo símbolo. (Você veria seu painel Library preenchido com um novo símbolo sempre que fizesse uma alteração em uma instância.) Nesta próxima seção, você irá construir uma barra de navegação totalmente editável, e com diversos botões como um símbolo do botão. Na verdade, estará incorporando diversos símbolos em um único símbolo novo.

Projeto 9 - A BARRA DE NAVEGAÇÃO DEFINITIVA | **117**

1. Abra o arquivo **tree.png** na pasta **Project 9** no CD-ROM em anexo.
2. Escolha Edit I Insert I New Symbol no menu e selecione a opção Graphic (Gráfico). Arraste a palmeira do documento para a janela Symbol Editor (Editor de Símbolos).
3. Abra o painel Library no menu Window e escolha Import Symbols (Importar Símbolos) no menu instantâneo Library Options (Opções da Biblioteca). Navegue para a pasta **Project 9** e importe o arquivo **homebutton.png**. Na janela Symbol Import, selecione o símbolo e importe-o. Repita este processo para importar o símbolo no arquivo **productsbutton.png**.
4. No painel Layers (Camadas), clique duas vezes em Layer 1 (com a palmeira) e marque a opção Share Across Frames (Compartilhar Nos Quadros). Clique fora da minijanela instantânea para fechá-la.

   Compartilhar a camada colocará o gráfico da árvore em cada quadro para os diferentes estados do botão.
5. No painel Layers, adicione uma nova camada. (Ela será chamada de Layer 2.) Clique em Layer 2 para selecioná-la. Arraste os dois botões importados do painel Library para a janela Symbol Editor, colocando-os em Layer 2.

Nota: No Fireworks MX, por default, o painel Library está na área de grupo do painel na categoria Assets (Componentes). Tudo que você fizer em um símbolo aparecerá no painel Library. Na etapa 5, você arrastará uma instância (cópia) de cada símbolo para o Symbol Editor, que irá incorporar um símbolo do botão em seu símbolo gráfico.

---

6. Selecione o botão Products e, no Properties Inspector, altere a largura do botão para **120**. Pressione Enter ou Return. Selecione o botão Home na janela Symbol Editor e escolha Modify I Transform (Transformar) I Free Transform (Transformação Livre). Gire cerca de 45 graus. Clique duas vezes para aceitar a transformação.

   A largura está sendo diminuída em um botão para adicionar uma aparência mais rústica e descuidada ao desenho. A rotação adiciona uma aparência casual.

Arraste a ilustração da palmeira para a janela Symbol Editor.

Você pode incorporar os símbolos do botão dentro dos símbolos gráficos.

7 Coloque o botão Home na parte superior do tronco da árvore, sobrepondo um pouco as folhas. Coloque o botão Products logo abaixo do botão Home.
8 No Properties Inspector, altere o link do botão Home para informar **index.html**. (Pressione a tecla Return ou Enter depois de fornecer o novo link.) Selecione o botão Products e adicione o link **products.html**.

Nota: Quando estiver adicionando os links para os botões, será uma boa idéia adquirir o hábito de adicionar o texto Alt (alternativo) também. O texto Alt é o que um usuário verá quando o mouse passar sobre uma imagem.

9 Arraste outra instância do botão Home para o Symbol Editor e coloque-a abaixo do botão Products. No Properties Inspector, altere o nome de "Home" para "Services" e o link para **services.html**.
10 Arraste outra instância do botão Products para a janela Symbol Editor. Coloque-a abaixo do botão Services. No Properties Inspector, altere o texto para "About Us" e seu link para **aboutus.html**. Escolha Modify I Transform I Free Transform e gire ligeiramente o botão About Us. Arraste uma instância do botão Home para o Symbol Editor. Altere o nome para "Contact Us", o link para **contactus.html** e sua largura para **120**. Posicione este último link na parte inferior do tronco da árvore.

Use o Properties Inspector para mudar o texto e os links dos símbolos do botão.

A barra de navegação completa deve ter cinco botões nomeados, ligados e colocados em uma linha horizontal.

Projeto 9 - A BARRA DE NAVEGAÇÃO DEFINITIVA | **119**

11 Feche a janela Symbol Editor e grave o documento como **mynavigationsymbol.png**. Uma cópia deste símbolo de navegação está gravada como **navigationsymbol.png** na pasta **Project 9** no CD-ROM.em anexo.

Agora que você construiu e gravou seu símbolo de navegação, poderá importá-lo para qualquer documento e *voilà* – uma barra de navegação instantânea.

MODIFICAÇÕES

Quando você usa símbolos no Fireworks, fazer modificações é moleza. Qualquer alteração feita no símbolo original irá alterar todas as instâncias deste símbolo. Neste projeto, você construiu um símbolo com uma barra de navegação a partir de apenas dois símbolos do botão. Portanto, para alterar a barra de navegação terá que mudar um ou ambos os símbolos do botão.

1 Abra o **navigationsymbol.png**.

2 Abra o painel Library e clique duas vezes no símbolo do botão Home para editá-lo. (Você terá que clicar na imagem do botão Home, não em seu nome, para editá-lo.)

3 No Button Editor, selecione o botão e escolha Modify I Ungroup (Desagrupar). Agora selecione e apague os dois parafusos. Selecione o gráfico do botão de madeira, abra o painel Styles (Estilos) (categoria Assets da área do grupo do painel) e clique em Style 16 no canto inferior esquerdo da janela. Clique em Done para fechar a janela Button Editor.

Quando você alterar a textura da madeira para uma grade verde e tiver removido os parafusos, todas as instâncias do símbolo do botão Home serão alteradas ao mesmo tempo. Todos os botões com o texto verde usavam o símbolo do botão Home.

Quando você fizer uma alteração em um símbolo, suas alterações se repetirão em todas as suas instâncias.

4 Clique duas vezes o botão Products e desagrupe a ilustração. Novamente, apague os parafusos e selecione o gráfico do botão de maneira subjacente. No painel Styles, escolha Style 29. Clique em Done para fechar a janela Button Editor.

É tudo! Você atualizou instantaneamente a aparência de seu símbolo da barra de navegação.

Alterando os símbolos do botão incorporados no símbolo da navegação, você irá alterar instantaneamente sua aparência.

MENUS INSTANTÂNEOS PERFEITOS

"A parte principal da surpresa é unir a velocidade com o segredo."
—Von Clausewitz

COMO CONSTRUIR MENUS DE NAVEGAÇÃO INSTANTÂNEOS

Esqueça os acessórios! Você pode construir janelas instantâneas no Fireworks sem escrever uma linha de código Java ou JavaScript. Os menus instantâneos são usados para esconder os links que, do contrário, consumiriam o estado real valioso da tela. Quando um usuário passa sobre o link de alto nível, uma janela bem organizada, contendo links de segundo nível aparece, apenas para desaparecer novamente quando o mouse se move para uma nova área. A célula do menu e as cores de texto podem ser selecionadas na paleta segura da web do Fireworks e você poderá ainda usar os estilos Fireworks para dar aos botões de seu link algum talento extra.

Projeto 10
Menus instantâneos perfeitos
de Anne-Marie Yerks

COMO INICIAR

Embora os menus instantâneos sejam chamados de instantâneos, você pode designar qualquer área dentro do documento para a colocação da janela. Portanto, seus menus podem aparecer abaixo de um link (como um menu suspenso) ou ao lado de um link. Para construir um menu instantâneo, você criará um ponto ativo ou objeto de fatia e então atribuirá o comportamento Insert Pop-Up Window (Inserir Janela Instantânea) no painel Behavior (Comportamento).

Neste projeto, você usará o arquivo **menu.png** na pasta **Project 10** no CD-ROM em anexo para criar uma barra de navegação instantânea para o site Potters Guild. Este menu instantâneo será localizado abaixo da imagem de banner do site e fornecerá navegação para as páginas de nível inferior.

Depois de criar os pontos ativos para os botões de navegação, você usará a janela Insert Pop-Up Menu (Inserir Menu Instantâneo) para especificar as opções para os links, para definir a célula de fundo e as cores do texto. Depois de criar o instantâneo, exibirá os resultados dentro de uma janela do navegador.

Projeto 10 - MENUS INSTANTÂNEOS PERFEITOS | 123

COMO CRIAR UMA BARRA DE NAVEGAÇÃO COM MENUS INSTANTÂNEOS

Agora você está pronto para entrar no mundo dos instantâneos. Simplesmente execute as seguintes etapas para criar uma barra de navegação com menus instantâneos usando os arquivos fornecidos no CD-ROM em anexo. Depois de completar este exercício, poderá aplicar essa mesma técnica em seus próprios arquivos.

1   Abra o arquivo **menu.png** na pasta **Project 10** no CD-ROM em anexo. Grave esse arquivo em seu disco rígido, em uma pasta reservada para os exercícios no livro.

   Este arquivo contém um desenho de home page para o site web Potters Guild. Nas etapas a seguir, você criará um menu instantâneo para cada um dos links de texto na barra de navegação. Quando esses links forem clicados na versão final, uma janela instantânea contendo mais links aparecerá sob elas.

2   Pressione Shift e selecione todos os seis links de texto dentro da barra de navegação e escolha Edit (Editar) I Insert (Inserir) I Hotspot (Ponto Ativo). Escolha Multiple (Diversos) na caixa de diálogo que aparecer. As áreas do link serão destacadas para indicar uma série de pontos ativos. Cancele a seleção dos pontos ativos clicando longe deles dentro da tela.

   Cada ponto ativo é uma área marcada pelas coordenadas do local X e Y no código HTML. Quando você usar o Fireworks para criar um ponto ativo, ele irá documentar automaticamente as coordenadas quando você exportar a página HTML. Assim, não terá que identificar as coordenadas por si mesmo. Agora que você criou um conjunto de pontos ativos, poderá atribuir o comportamento do menu instantâneo a cada um deles.

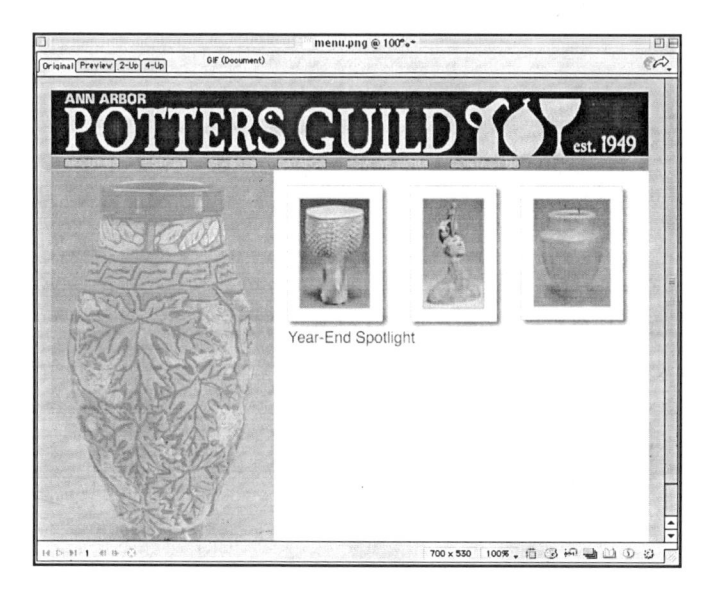

Os pontos ativos serão marcados com uma cor de destaque.

3   Agora é hora de adicionar o primeiro conjunto de itens do menu instantâneo. Selecione o primeiro ponto ativo, About Us (Sobre Nós). Abra o painel Behaviors, escolhendo Window (Janela) | Behaviors. Clique no ícone do sinal de mais (+) no canto superior esquerdo do painel Behaviors para abrir a lista de comportamentos. Selecione Set Pop-Up Menu (Definir Menu Instantâneo). O Pop-Up Menu Editor (Editor de Menus Instantâneos) aparecerá. Esta janela permite que você controle todos os aspectos de seu menu instantâneo.

Nota: Você também pode aplicar o comportamento do menu instantâneo aos objetos de fatia.

4   No campo identificado como Text (Texto), forneça o nome do primeiro link que deseja que apareça no menu About Us. Para este exemplo, digite **Members**. Pressione a tecla Tab para mover seu cursor para o campo Link (Ligação). Agora forneça o nome da opção que deve ser ligada; neste caso, **members.html**. Como você não está usando quadros e não deseja que o link apareça dentro de uma nova janela, deixe em branco o campo Target (Destino).

A lista de links que você constrói na janela Pop-Up Menu Editor aparecerá nesta ordem exata quando o usuário passar sobre o menu About Us. Portanto, Members estará na parte superior do menu.

5   Quando você adicionar um item de menu como fez na etapa 4, uma linha em branco aparecerá sob a primeira linha. A nova linha em branco é onde você insere os dados para o próximo item no menu suspenso. Clique dentro do campo Text da nova linha para digitar o próximo link. Adicione **Founders** como seu segundo item neste exemplo. No campo Link, digite **founders.html**. Clique na linha em branco sob Founders para adicionar o próximo item.

Os ícones do sinal de mais (+) e de menos (-) no canto superior esquerdo do painel Behaviors permitem atribuir o comportamento do menu instantâneo a um ponto ativo ou fatia selecionada.

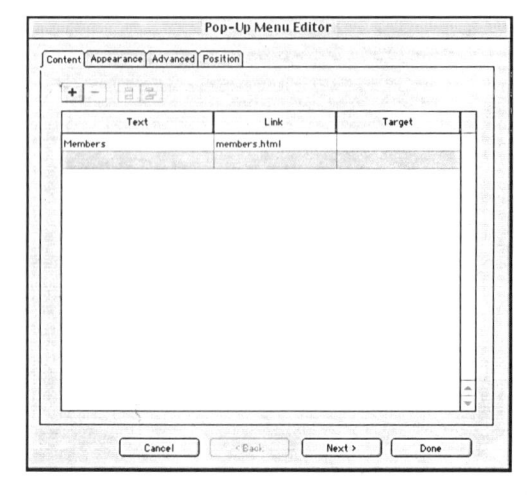

Uma nova linha aparecerá sob a linha na qual está adicionando dados atualmente. Clique dentro da nova linha para adicionar outro item de menu.

6 Adicione mais dois itens de menu ao instantâneo About Us: **Teachers** e **Photo**. Crie seus links **teachers.html** e **photos.html**. Quando tiver adicionado todos os quatro itens de menu, clique no menu Next (Próximo) para prosseguir.

Nota: Use o ícone de seta que aponta para cima/para baixo que aparece quando você digita no campo Link para fornecer os URLs que já digitou. Também poderá usá-lo para especificar No URL (Nenhum URL).

---

7 Nesta próxima tela, você irá estabelecer a aparência do menu instantâneo. Poderá escolher cores específicas, fontes e tamanhos para seus itens de menu e para o fundo no qual eles aparecem. Em muitos casos, desejará ajustar as definições nesta área para que seu menu instantâneo cumprimente a construção de sua página. A primeira opção na aba Appearance (Aparência) permite especificar se você deseja criar seus itens de menu com a HTML ou com imagens. Para este exercício, clique o botão de rádio para a opção Image (Imagem).

A definição Image irá gerar gráficos para os estados Up (Elevado) e Over (Sobre) das opções do menu instantâneo. Isso criará uma aparência mais elegante, mesmo que possa levar mais tempo para o carregamento. A opção HTML usará células da tabela coloridas, não gráficos, para os estados Up e Over e será carregada muito rapidamente.

Antes de prosseguir, certifique-se de que o menu suspenso à direita das opções Cells (Células) esteja definido para Vertical Menu (Menu Vertical), indicando que o menu instantâneo está formatado na vertical, ao invés de horizontal.

8 Em seguida, defina a opção Font (Fonte) para Verdana, Arial, Helvetica, sans-serif (sem serifa) e defina Size (Tamanho) para 12. Não selecione as opções negrito ou itálico. O alinhamento do texto deve ser definido para texto alinhado à esquerda.

Essa fonte e tamanho coincidem com o que foi usado para os links de alto nível do menu.

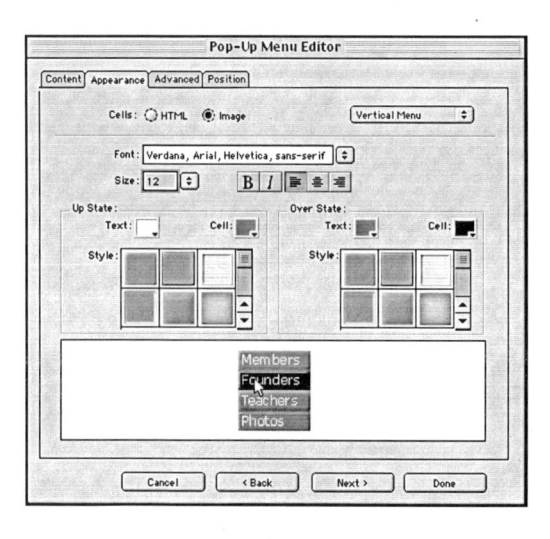

Estabeleça a aparência do menu na aba Appearance da janela Pop-Up Menu Editor.

9   A próxima etapa é selecionar as cores para o texto e o segundo plano de seus itens de menu. Você precisará selecionar as cores para os estados Up e Over. O estado Up é como o item de menu ficará quando não estiver selecionado com o mouse do usuário. O estado Over é como o item ficará quando o mouse está passando sobre ele.

Na seção Up State (Estado Elevado), clique no fragmento de cor do texto e selecione branco (#FFFFFF) na paleta de cores. Em seguida, clique no fragmento de cor Cell do Up State. Com a paleta aberta, você poderá mover seu cursor (que agora é um conta-gotas) sobre seu documento e clicar para obter uma amostra de cor dourada (#666633) da barra de navegação.

Note que uma visualização de sua opção de cor aparecerá na área na parte inferior da janela. Isto ajudará a visualizar como ficaria o menu instantâneo e ajudará a criar esquemas de cores sem conflitos.

10 Na seção Over State (Estado Sobre), defina a cor do texto para dourado (#666633) e a cor Cell para preto (#000000).

11 Escolha um estilo gráfico para os estados Up e Over clicando em uma das pequenas exibições de amostra. Um estilo plano com chanfro ou com relevo é recomendado, porque a qualidade dimensional adicionada ajudará a tornar cada link clicável. Clique em Next para ir para a aba Advanced (Avançado).

12 Na aba Advanced, você terá a oportunidade de controlar o modo como seus itens de menus são espaçados. As definições aqui são muito parecidas com as tags HTML usadas para formatar as tabelas e as células da tabela. Para este exercício, precisará apenas fazer duas alterações na formatação da célula. Primeiro, mudará Cell Width (Largura da Célula) para 75 pixels e então mudará Cell Height (Altura da Célula) para 20 pixels. Para tanto, clique dentro do campo Cell Width e forneça **75**. Então vá para o menu suspenso e escolha Pixels. Faça o mesmo com Cell Height. Deixe as outras definições como estão. Você será capaz de ajustá-las sozinho, depois de ter completado este exercício.

Basicamente, você está arredondando a altura e a largura das células para dar ao texto um pouco mais de espaço. Se fosse deixar as células com a definição default, elas apareceriam simplesmente dentro do menu com seu tamanho default.

Nota: A definição Menu Delay (Retardo do Menu) pode ser usada para criar Help Tips (Dicas de Ajuda) para dar aos usuários informações extras sobre os objetos na tela. Para tanto, use uma definição de retardo com três ou quatro segundos, ao invés do default do Fireworks.

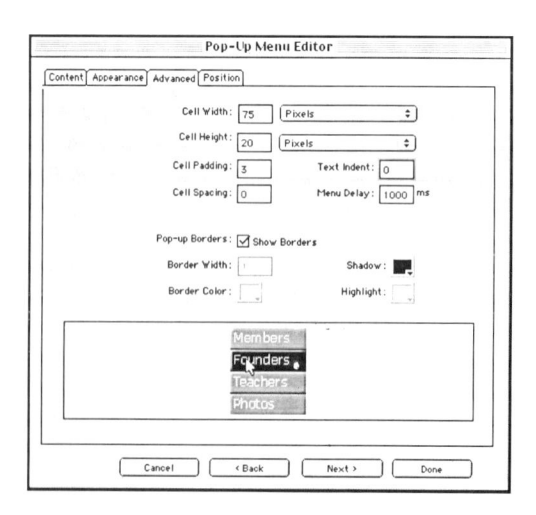

A aba Advanced permite formatar o espaçamento dos itens do menu instantâneo.

Projeto 10 - MENUS INSTANTÂNEOS PERFEITOS | **127**

13 Usando as definições da aba Position (Posição), você pode indicar onde na tela gostaria de colocar seu menu instantâneo. Uma série de quatro ícones fornece regras gerais, mas você poderá ajustar o posicionamento digitando uma coordenada específica dentro das áreas do campo de texto. Para este exercício, clique no primeiro ícone para que o menu apareça à direita do ponto ativo. Como você não está trabalhando com um submenu, simplesmente deixe essa seção da caixa de diálogo como está.

14 Agora você terminou as definições necessárias para esse instantâneo. Clique em Done (Terminado) para sair do Pop-Up Menu Editor.

De volta ao documento, uma pilha de caixas contornadas é anexada ao primeiro ponto ativo, indicando o local do menu instantâneo. Você poderá clicar e arrastar o contorno para mover sua posição se desejar. Uma linha em forma de laço mostra o contorno do menu anexado ao ponto ativo. Para fazer alterações no conteúdo do instantâneo, simplesmente clique duas vezes em seu contorno.

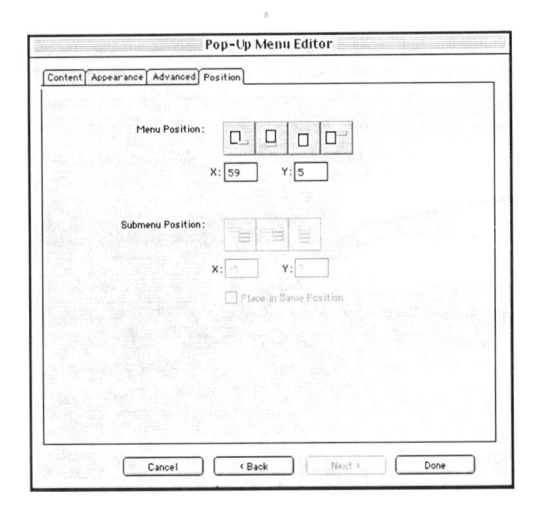

A aba Position é usada para determinar a colocação do menu instantâneo em relação ao seu ponto ativo ou fatia correspondente.

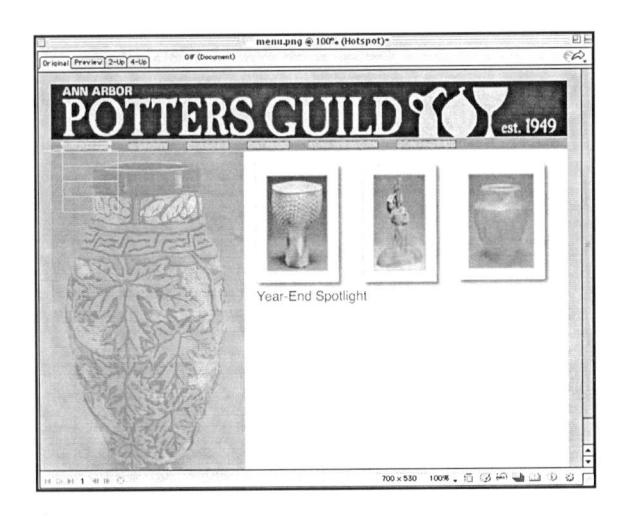

Clique e arraste o contorno do menu instantâneo para mudar sua posição. Clique duas vezes no contorno para fazer alterações na listagem de itens do menu.

Nota: Você não pode exibir seus menus instantâneos dentro da visualização Fireworks. Use a opção File (Arquivo) | Preview in Browser (Visualizar no Navegador).

15 Agora que completou o menu instantâneo para a seção About Us da barra de navegação, poderá repetir as mesmas etapas para adicionar menus instantâneos aos pontos ativos restantes. A Tabela 10.1 contém os dados dos quais precisará para programar os instantâneos. Se você não quiser construir um instantâneo para os pontos ativos restantes, poderá abrir e examinar a versão terminada na pasta **Project 10**. O arquivo completo é chamado de **menu_done.png**.

Linkk da barra de navegação	Itens do menu instantâneo	Páginas HTML
History (Histórico)	Memories (Memórias)	memories.html
	Collections (Coleções)	collections.html
	Exhibits (Exibições)	exhibits.html
	Chronology (Cronologia)	chronology.html
	Anniversary (Aniversário)	anniversary.html
Classes	Registration (Registro)	registration.html
	Topics (Tópicos)	topics.html
	Resources (Recursos)	resources.html
	Photos (Fotos)	photos.html
Catalog (Catálogo)	By Member (Pelo Membro)	member.php
	By Year (Pelo Ano)	year.php
	By Keyword (Pela Palavra-Chave)	keyword.php
How We Work (Como Trabalhamos)	Point System (Sistema de Pontos)	points.html
	Membership (Sócio)	membership.html
	Glazes (Vidrado)	glazes.html
	Kilns (Fornos)	kilns.html
Contact Us (Entre em Contato)	None (Nenhum)	None

16 A etapa final é ver como o menu instantâneo se comportará dentro de seu navegador web. Escolha File I Preview in Browser e selecione seu navegador pelo nome. Quando o arquivo for aberto dentro do navegador, passe sobre os botões para testar os menus instantâneos.

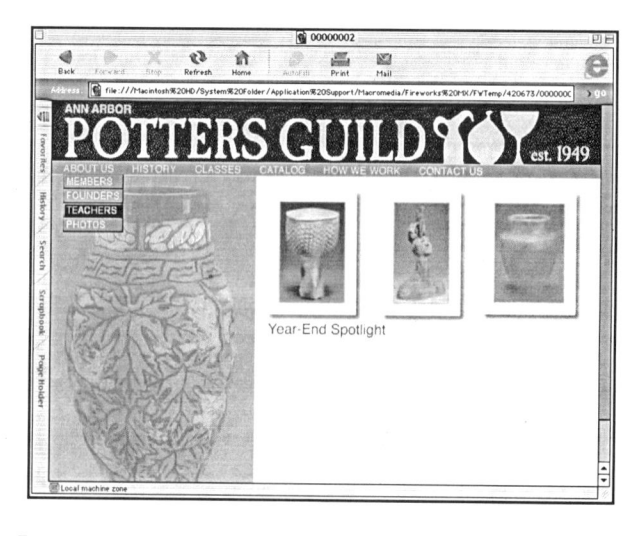

Escolha File I Preview in Browser para ver seu menu instantâneo em ação.

COMO EXPORTAR OS MENUS INSTANTÂNEOS

Na seção anterior, você criou menus instantâneos usando pontos ativos, ao invés de fatias da imagem. Portanto, o processo de exportação envolverá o uso de um único arquivo de imagem (o desenho da página) com as áreas do ponto ativo referidas dentro do código HTML exportado. A exportação dos instantâneos desta maneira é um pouco mais fácil do que seria se você tivesse usado as fatias da imagem. É porque você tem menos arquivos para lidar.

1. Usando o arquivo criado na seção anterior (ou a versão terminada **menu_done.png**), escolha File I Export (Exportar). Na caixa de diálogo Export, escolha a pasta na qual gostaria de gravar a imagem do desenho da página e o arquivo HTML. No campo Name (Nome), digite um nome de arquivo com uma extensão .html ou .htm. Na lista suspensa Save As (Salvar Como), escolha HTML and Images (HTML e Imagens). Na lista suspensa HTML, escolha Export HTML File (Exportar Arquivo HTML). Clique em Save para gravar os arquivos e saia da caixa de diálogo.

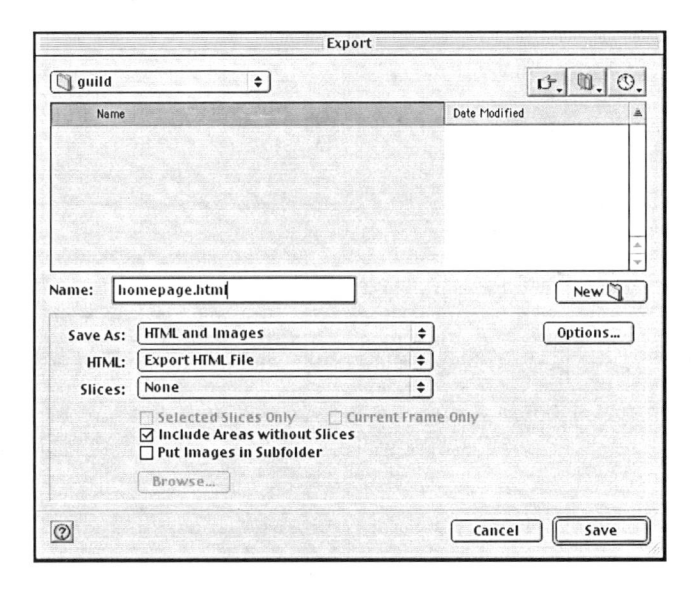

As definições para a exportação de seu menu instantâneo podem ser estabelecidas na caixa de diálogo Export.

2   Agora você verá o conjunto de arquivos que o Fireworks acabou de criar. Escolha File I Open (Abrir) e localize a pasta que contém seus arquivos HTML e de gráficos exportados. Mude a definição de All Readable Files (Todos os Arquivos Legíveis) para All Files (Todos os Arquivos). Você deverá ver um único arquivo HTML, um conjunto de arquivos GIF para os botões do menu instantâneo e um único arquivo de imagem, que é o desenho da página.

Nesta lista, você também deverá ver um arquivo com uma extensão .js. É o JavaScript usado para seus menus instantâneos. Você não está contente de não ter que escrever isso sozinho? Lembre-se que os arquivos HTML e JS têm sempre que estar na mesma pasta (a menos que você atualize o local do caminho do arquivo JS no código HTML). Clique em Cancel (Cancelar) quando tiver terminado de examinar esse conjunto de arquivos. Não se esqueça de transferir esse arquivo junto com o resto de seu servidor web quando publicar sua página.

3   Como você agora criou um arquivo HTML e um arquivo JS, deverá ser capaz de exibir os resultados independentemente do Fireworks. Abra seu navegador web. Escolha File I Open e navegue para o arquivo HTML criado na etapa 2. Verifique para assegurar que seus menus instantâneos estejam funcionando. Se estiverem, você criou com sucesso uma página que contém instantâneos. Parabéns!

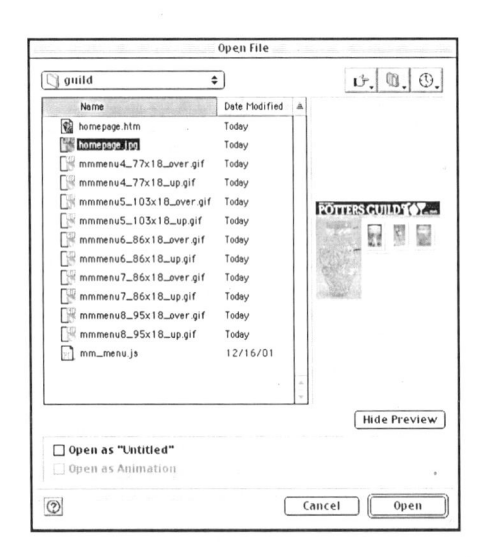

O conjunto de arquivos criados pela exportação inclui os arquivos de imagem, um arquivo HTML e um arquivo JS (JavaScript).

MODIFICAÇÕES

Por default, o Fireworks usa a subrotina de eventos onMouseOver nos menus instantâneos. Isto significa que o menu aparecerá quando o usuário ou o mouse passar sobre o ponto ativo ou fatia da imagem à qual o menu está atribuído. Porém, você poderá mudar a subrotina de eventos para que o menu apareça quando o ponto ativo ou a fatia for clicada.

1   Selecione o ponto ativo ou a fatia e abra o painel Behaviors (Window I Behaviors). No painel, clique na ação Show Popup Menu (Exibir Menu Instantâneo) para que ela seja destacada.

Projeto 10 - MENUS INSTANTÂNEOS PERFEITOS | 131

2   Clique na seta que aponta para baixo, localizada entre os painéis Events (Eventos) e Actions (Ações). No menu contextual, escolha onClick. Esta ação fará com que o usuário tenha que clicar o botão para ver o menu instantâneo.

Nota: Você também pode definir a subrotina de eventos para que o menu apareça como onMouseOut (quando o mouse se afasta da área designada) ou como onLoad (quando a página é carregada no navegador).

Altere a subrotina de eventos clicando na seta que aponta para baixo, localizada entre os painéis Events e Actions.

MODIFICAÇÃO DE BÔNUS: COMO USAR INSTANTÂNEOS, AO INVÉS DE ROLLOVERS DE TROCA

Seus menus instantâneos não têm que conter diversos itens. Você poderá usá-lo para um único item e poderá colocá-lo em qualquer lugar na tela. Por exemplo, poderá usar um menu instantâneo para exibir o nome do artista quando o usuário passar o mouse sobre uma imagem na home page Potters Guild. Quando o link for clicado, a página com holofote será aberta em uma nova janela. Embora esse tipo de interação também possa ser conseguida com o comportamento Swap Image (Trocar Imagem), não há nenhuma razão para um menu instantâneo HTML não poder ser usado. Usando um menu instantâneo, você poderá cortar seu uso de gráficos e, portanto, aumentar o desempenho de carregamento de sua página. Os instantâneos também tornam mais eficiente o uso do espaço, porque são desenhados em cima de sua interface (usando camadas de folhas de estilo em cascata). As seguintes etapas mostrarão como fazer isso.

1   Abra o arquivo **menu.png** no CD-ROM em anexo. Selecione a primeira imagem com pequena exibição na página (o vaso vermelho com textura) e escolha Edit | Insert | Hotspot. No painel Behavior, clique no ícone do sinal de mais (+) e escolha Set Pop-Up Menu na lista.

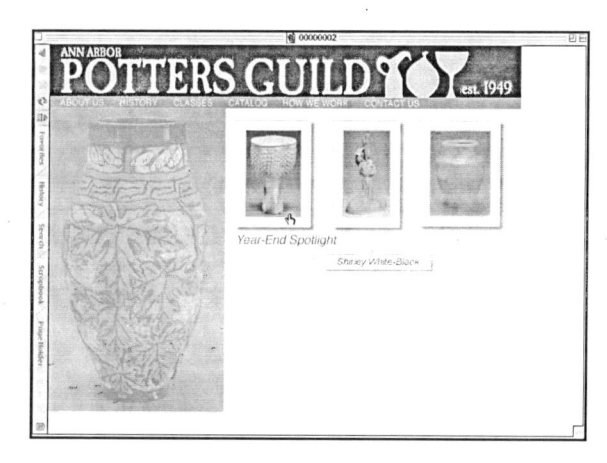

Mover o mouse sobre cada imagem exibirá o nome do artista sob o subcabeçalho "Spotlight".

Fireworks MX: efeitos mágicos

2   No Pop-Up Menu Editor, adicione o nome **Shirley White-Black** como a artista no campo Text. Forneça **spotlight.html** no campo Link e clique o botão Next.

3   Na aba Appearance, clique o botão de rádio HTML para indicar que você deseja que o instantâneo use a HTML ao invés de imagens. Defina o menu suspenso para a opção Vertical Menu. Defina suas opções Font e Size. Na seção inferior, defina seus esquemas de cores do texto e do segundo plano. Quando chegar a algo com o qual esteja satisfeito, clique o botão Done.

    Embora o rollover tenha um link, você está usando-o para finalidades de informação apenas – para exibir o nome do artista. Como os usuários não irão clicar o rollover, ele não precisa ter uma aparência clicável (adicionando um efeito de relevo). Você poderá escolher qualquer desenho desejado.

4   Em seu documento, clique no ponto ativo para selecioná-lo. Note o contorno azul abaixo, que indica o menu instantâneo. Clique e arraste o contorno do menu e posicione-o abaixo do texto "Year-End Spotlight".

    O contorno azul indica onde o instantâneo aparecerá depois da página ser publicada.

5   Escolha File I Preview in Browser para ver os resultados ou abra o arquivo **menu_done.png** (no CD-ROM em anexo) dentro de seu navegador web para ver como as três pequenas exibições ficam quando programadas com instantâneos.

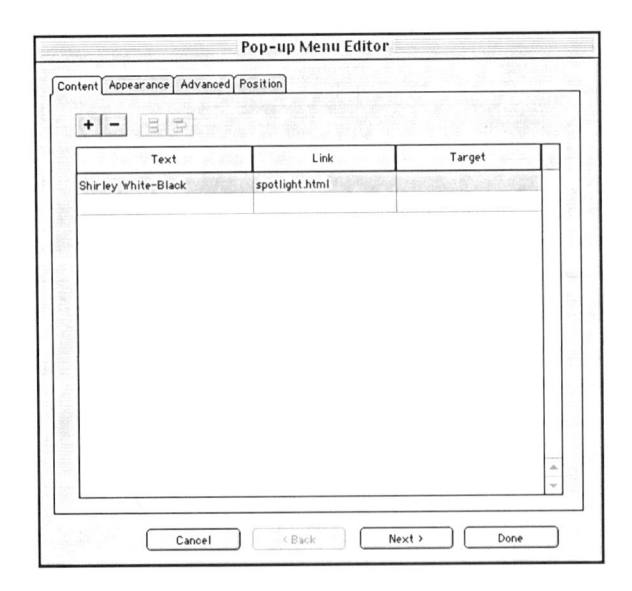

Forneça o nome do artista no campo Text e spotlight.html no campo Link.

PARA O DREAMWEAVER E DE VOLTA

COMO TRABALHAR DE MODO INTELIGENTE ENTRE O DREAMWEAVER E O FIREWORKS

O que nunca pára de me surpreender é que mesmo que o Dreamweaver e o Fireworks tenham várias ferramentas integradas e recursos designados para reduzir drasticamente o tempo do desenvolvimento, as pessoas raramente os usam. Compreendendo como usar os recursos de ida e volta desses dois produtos, você poderá aperfeiçoar muito o fluxo de trabalho de sua construção web.

"Há um espaço vazio interno, esperando para ser preenchido com respostas."
–Steven Grosvenor

Projeto 11
Para o Dreamweaver e de volta
Steven Grosvenor

COMO INICIAR

A interface que você vê nesta página foi criada totalmente no Fireworks e no Dreamweaver. Não só você pode criar interfaces web claras no Fireworks, como também pode "ir e voltar" com os gráficos e o código HTML criados entre o Dreamweaver e o Fireworks. Este projeto irá conduzi-lo nas etapas e nas armadilhas em potencial de exportação de suas criações Fireworks para vários formatos diferentes para serem usados em seu ambiente de autoria e voltar para o Fireworks para a edição. Todos os gráficos e arquivos-fonte HTML necessários para completar este projeto podem ser encontrados na pasta **Project 11** no CD-ROM em anexo.

Você aprenderá a fatiar os gráficos, anexando comportamentos estendidos e URL e trabalhando de modo inteligente para exportar os gráficos criados no Fireworks para o Dreamweaver. Também verá como fazer alterações HTML e importar essas alterações de volta para o Fireworks para ter uma experiência de ida e volta completa.

Como fatiar a interface e atribuir comportamentos

Fatiando a interface e anexando comportamentos, URLs e mapas de imagem no Fireworks, você poderá de fato remover grande parte do código requerido para obter a funcionalidade da interface no ambiente de autoria HTML. Usando o Fireworks como seu ambiente de layout original, você poderá manter um controle perfeito do pixel sobre como o desenho ficará no ambiente de autoria e posteriormente no ambiente de distribuição dinâmico.

Nota: A alteração extensiva do código produzido pelo Fireworks MX – por exemplo, adicionando a validação do formulário no Dreamweaver MX – não será mantida no ambiente de ida e volta, e será sobregravada quando os itens exportados forem importados de volta para o Fireworks.

---

1 Abra o arquivo **webinterface.png** na pasta **Project 11** no CD-ROM em anexo.

2 Clique no ícone Eye (Olho) ao lado da camada **Guides** (Guias) no painel Layers (Camadas) para exibir essa camada. Usando essa camada como um guia visual, selecione a ferramenta Slice (Fatiar) e crie uma série de fatias, dividindo a interface em partes lógicas. Quando tiver terminado de fatiar a interface, clique no ícone Eye novamente para ocultar as guias. Altere a fatia que está logo abaixo do texto "Download the User Guide" de imagem para HTML. Clique em Edit (Editar) no Properties Inspector (Inspetor de Propriedades) e forneça este fragmento HTML na caixa de texto:

```
<p>
<font size="1" face="Verdana, Arial, Helvetica, sans-serif">
Click above to download the user guide
</font>
</p>
```

Nota: Estas etapas foram executadas em um PC. Se você usar um Mac, ao converter a imagem em HTML, poderá precisar selecionar uma opção de texto, não a HTML.

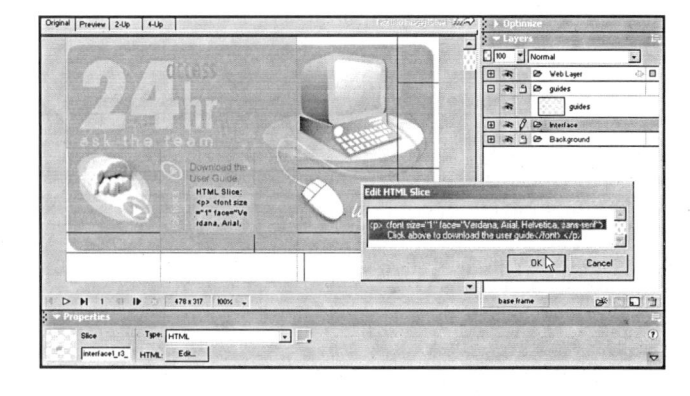

Fatie a interface em partes gerenciáveis.

Dica: Pode ser mais vantajoso e controlável formatar o texto no Dreamweaver MX usando folhas de estilo externas, ao invés de parâmetros da fonte com codificação específica no Fireworks. Para tanto, simplesmente digite o texto que deseja que apareça na fatia HTML no Fireworks MX e exporte-o para o Dreamweaver MX. No Dreamweaver, depois de abrir o arquivo, selecione a célula que contém o texto. Aplicar um estilo CSS a partir de um arquivo CSS interno ou externo de dentro do painel CSS produzirá os mesmos resultados da formatação codificada especificamente, mas fornecerá mais flexibilidade.

3   Selecione a fatia posicionada acima da imagem do mouse e do ícone Login. Então obtenha o ícone Target (Destino) que aparece no meio da fatia e arraste-o para a fatia abaixo. Fazer isso criará um rollover de imagem de troca. Na janela que aparece, clique o botão More Options (Mais Opções).

Nota: Ao criar fatias ou mapas de imagem, sempre tente pensar sobre como o desenho ficará quando exportado como uma tabela Fireworks ou uma série de camadas CSS no Dreamweaver, especialmente se for fazer alterações significativas nas células ou camadas de seu desenho exportado.

Na caixa de diálogo, certifique-se de que a imagem tenha sido trocada para o quadro General MouseOvers (2). Selecione a opção de carregamento prévio e clique em OK.

4   Repita essas etapas para criar rollovers de imagem de troca para as fatias localizadas no canto inferior esquerdo.

Se você visualizar a interface agora, verá que quando o mouse se mover sobre o ícone Go (Ir), uma seção informativa aparecerá na parte inferior da interface. Grave seu documento ativo em um drive local.

5   Selecione a fatia sobre o ícone Help (Ajuda) à direita superior da interface. Abra o painel URL, se já não estiver aberto (Alt+Shift+F10). Selecione Import URLs (Importar URLs) no menu suspenso Options (Opções) e localize o arquivo **workflow.htm** na pasta **Project 11** no CD-ROM em anexo. Clique em Import (Importar).

Nota: Se você criar sem querer um comportamento de imagem de troca que não está correto, poderá apagá-lo movendo seu mouse sobre a linha que conecta o objeto de fatia à fatia de destino (assim ele mudará para uma mão com um pequeno sinal de parada) e clicando na linha para remover o comportamento.

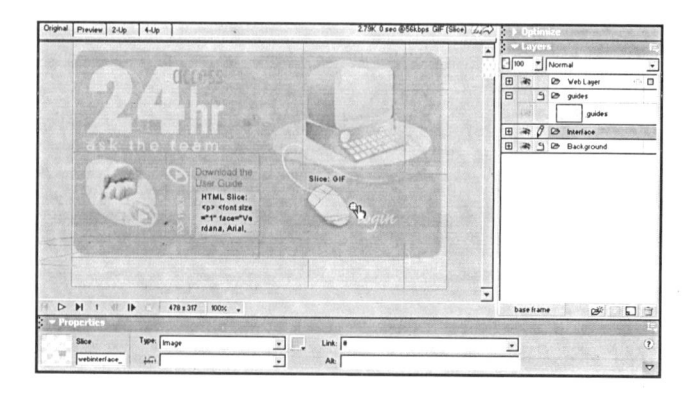

Como anexar comportamentos à interface.

6 Com a fatia Help selecionada, clique no URL **help.html** no painel URL. Crie o target_blank. Certificando-se de que a fatia está selecionada, repita as etapas 3 e 4 para essa fatia, atribuindo o quadro mouseover para ser **helpmouseovers**.

7 Com a fatia Login (Conectar) selecionada, clique no URL **login.asp** no painel URL, atribuindo um destino _blank.

8 Agora selecione a fatia Download (Carregar) que contém o texto "Download the User Guide". Crie um rollover da imagem de troca com a fatia à esquerda e clique no URL **download.html** no painel URL.

Se você visualizar a interface, mover o mouse sobre as áreas relevantes criará diversos rollovers separados na imagem de visualização. Novamente, grave o documento ativo em um destino de sua escolha.

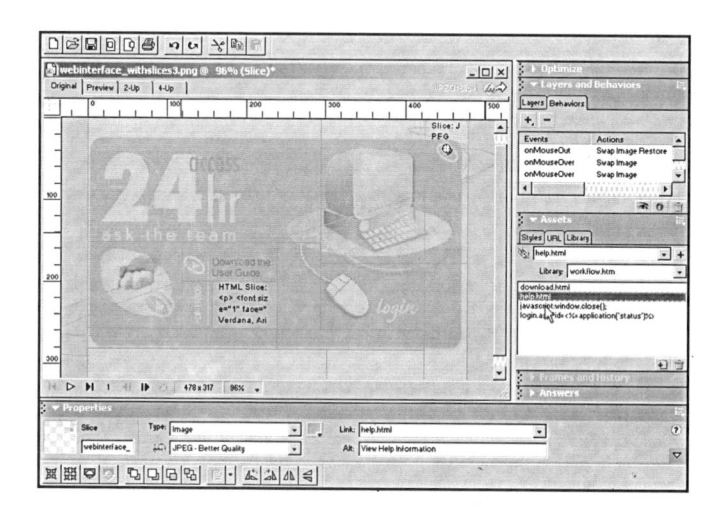

Anexe comportamentos e URLs a cada fatia na interface.

COMO EXPORTAR A INTERFACE PARA O DREAMWEAVER MX COMO HTML

Agora que você anexou os comportamentos e os URLs à interface, é hora de exportar a página para um ambiente de autoria para testar e fazer alterações. Os comportamentos que o Fireworks MX cria são editáveis no Dreamweaver MX. A *maioria* das alterações que você fará no Dreamweaver MX será preservada quando inicializar e editar o arquivo no Fireworks novamente. Por exemplo, se no Dreamweaver MX você alterar muito a estrutura de tabela ou adicionar comportamentos personalizados, suas alterações poderão ser sobregravadas quando trocar de volta para o Fireworks MX. Nesta seção, você exportará sua página interativa para o Dreamweaver MX para fazer alterações.

1. Abra o Dreamweaver MX. Para exportar a interface, precisará definir um site no Dreamweaver para manter e exportar os dados HTML do Fireworks. No Dreamweaver, escolha Site I New Site (Novo Site). Selecione a aba Local Info (Informações Locais) na caixa de diálogo Site Definition (Definição do Site). Forneça o nome do site e a pasta-raiz local em seu computador na qual deseja que o site resida.

Nota: Certifique-se de que o Fireworks MX seja o editor primário para os arquivos PNG do Fireworks no Dreamweaver escolhendo Edit I Preferences (Preferências). Então escolha File Types (Tipos de Arquivo) I Editors (Editores) na lista de seleção e atribua o Fireworks MX como o editor primário para os arquivos PNG. Quando selecionar os gráficos para a edição, o Dreamweaver saberá abrir o Fireworks, em oposição a um editor gráfico diferente.

---

2. Voltando para o Fireworks, escolha File (Arquivo) I Export (Exportar) (Ctrl+Shift+R). Você verá uma lista de opções de exportação. Devido à complexidade da interface, escolha as seguintes opções:

   File Name (Nome de Arquivo): webinterface.htm

   Save as Type (Salvar como Tipo): HTML and Images (HTML e Imagens)

   HTML: Export HTML File (Exportar Arquivo HTML)

   Slices (Fatias): Export Slices (Exportar Fatias)

3. Ainda na janela Export, clique o botão Options. Selecione a aba General (Geral) e certifique-se de que o estilo HTML esteja definido para Dreamweaver HTML. Clique em OK para voltar para a janela Export. Navegue para a pasta selecionada como a pasta de seu site Dreamweaver e clique em Save.

4. Agora iremos exportar este desenho de novo, desta vez como um Dreamweaver Library Item (Item da Biblioteca Dreamweaver), ao invés de HTML and Images. Em seu computador, encontre a pasta que está usando como a pasta de seu site Dreamweaver. Adicione uma pasta a esse diretório chamada **Library**.

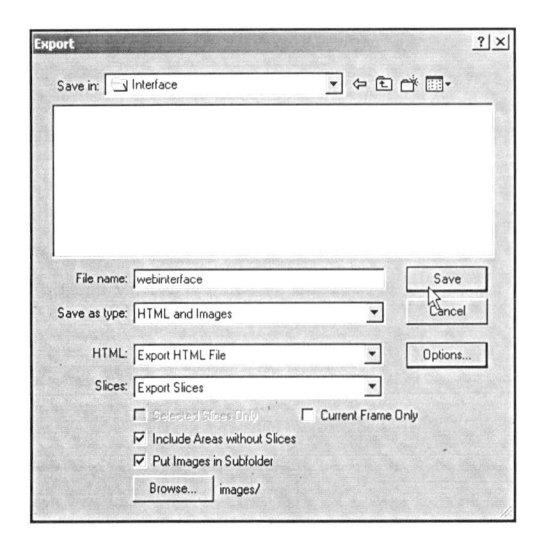

Exporte seu desenho Fireworks para a pasta do site Dreamweaver.

5   No Fireworks, escolha File | Export e navegue para sua nova pasta Library. Escolha Dreamweaver Library (.lbi) nas opções Save As (Salvar Como). Nomeie o arquivo como **webinterface.lbi** e clique em Save.

Se você pretende usar um elemento diversas vezes no site web, gravá-lo como um item Library permitirá atualizá-lo uma vez, para ser atualizado automaticamente em todas as suas ocorrências.

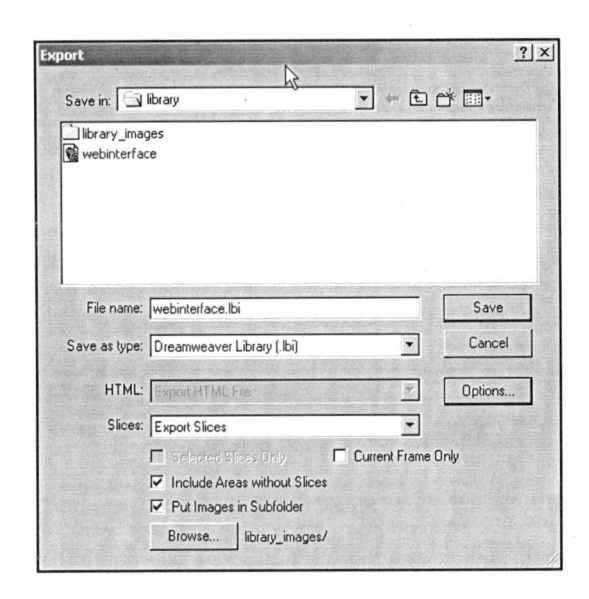

Exporte seu desenho Fireworks como um item Dreamweaver Library.

EDIÇÃO DA IDA E VOLTA

Agora que você exportou a página do Fireworks como um arquivo HTML normal e um item Dreamweaver Library, poderá abri-los no Dreamweaver e fazer alterações. Nesta seção, abrirá o arquivo HTML no Dreamweaver, fará alterações e então trocará de volta para o Fireworks, para ver como suas alterações foram mantidas. No Fireworks, irá atualizar os gráficos e então trocará de volta para o Dreamweaver novamente.

1   No Dreamweaver, abra o arquivo **webinterface.htm** que você exportou do Fireworks. (Como alternativa, poderá copiar a estrutura do site de amostra na pasta **Project 11** no CD-ROM em anexo para seu site definido localmente no Dreamweaver.)

2 Selecione a célula que contém a fatia de texto que foi criada no Fireworks e defina a cor do segundo plano para #ff6600.

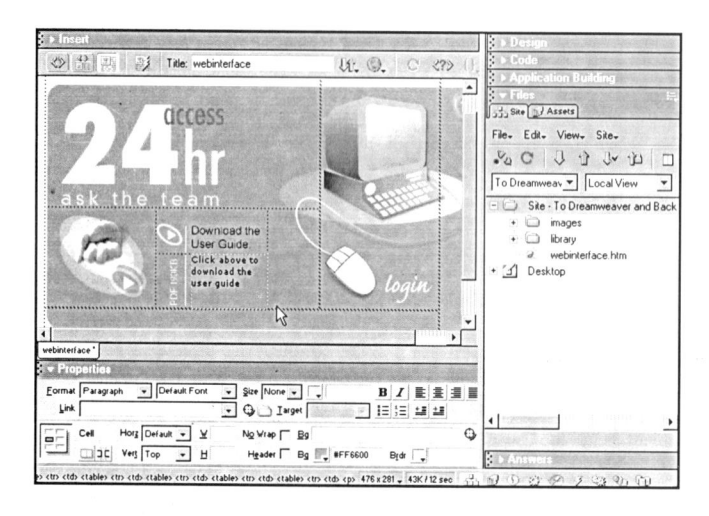

Como fazer as alterações da formatação da tabela na Fireworks HTML exportada.

3 Selecione a tabela. Para tanto, clique em um gráfico. À esquerda inferior da janela do documento, você verá a tag HTML para o gráfico. Clique na tag <table> para selecionar a tabela. No Properties Inspector, clique na seta para baixo à direita inferior para exibir as opções avançadas e clique o botão Edit para abrir a tabela no Fireworks.

O Dreamweaver abrirá o arquivo-fonte PNG original no Fireworks para a edição. O Fireworks mantém as alterações feitas no Dreamweaver.

4 No Fireworks, abra o painel Library. No menu suspenso Options, selecione Import Symbols (Importar Símbolos). Localize o arquivo **closewindow.png** na pasta **Project 11** no CD-ROM em anexo. Na janela Symbol Import, destaque os símbolos close_window_up e close_window_down e clique em Import. Os símbolos aparecerão no painel Library. 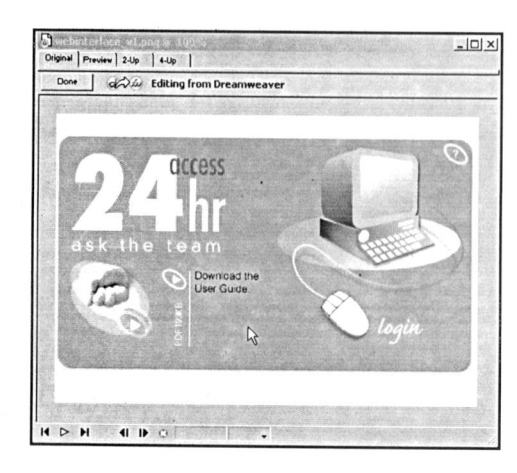

O Fireworks mantém as alterações do código feitas no Dreamweaver.

Projeto 11 - PARA O DREAMWEAVER E DE VOLTA | 141

5   Arraste o símbolo close_window_up do painel Library e coloque-o à esquerda do ícone Help no quadro de base. Repita para o símbolo close_window_down, colocando no quadro mouseovers geral. Adicione uma nova fatia para o gráfico Close Window (Fechar Janela) e altere o tamanho das fatias vizinhas. Agora, com a fatia selecionada, clique no ícone Compass (Bússola) no centro da fatia e selecione os comportamentos Add Simple Rollover Behavior (Adicionar Comportamento de Rollover Simples); applying to slices (aplicar em fatias); rollovers para esta fatia. Cada ícone deve ter sua própria fatia.

6   No painel Assets (Componentes) I URL, adicione o URL **javascript:window.close( );**.

Selecione a fatia sobre o gráfico Close Window e atribua-lhe o URL JavaScript. Ao invés de um link HTML normal, você poderá fazer com que o Fireworks exporte um comando JavaScript bruto, que neste caso fará com que a janela seja fechada.

Clique o botão Done (Terminado) na parte superior do documento para voltar para o Dreamweaver com suas novas alterações.

7   De volta ao Dreamweaver, você verá a nova estrutura da tabela, junto com o novo comando JavaScript. Para testar o desenho, escolha File I Preview in Browser (Visualizar no Navegador).

Dica: Embora o Fireworks tenha um conjunto limitado de comportamentos predefinidos, você poderá digitar seus próprios comandos JavaScript no painel URL. Porém, esses comandos têm que ser aqueles que podem ser executados de dentro da HTML – sem requerer uma configuração na seção Head (Cabeçalho) do documento HTML. É útil criar uma URL Library (Biblioteca de URLs) de seus próprios comandos para tais finalidades.

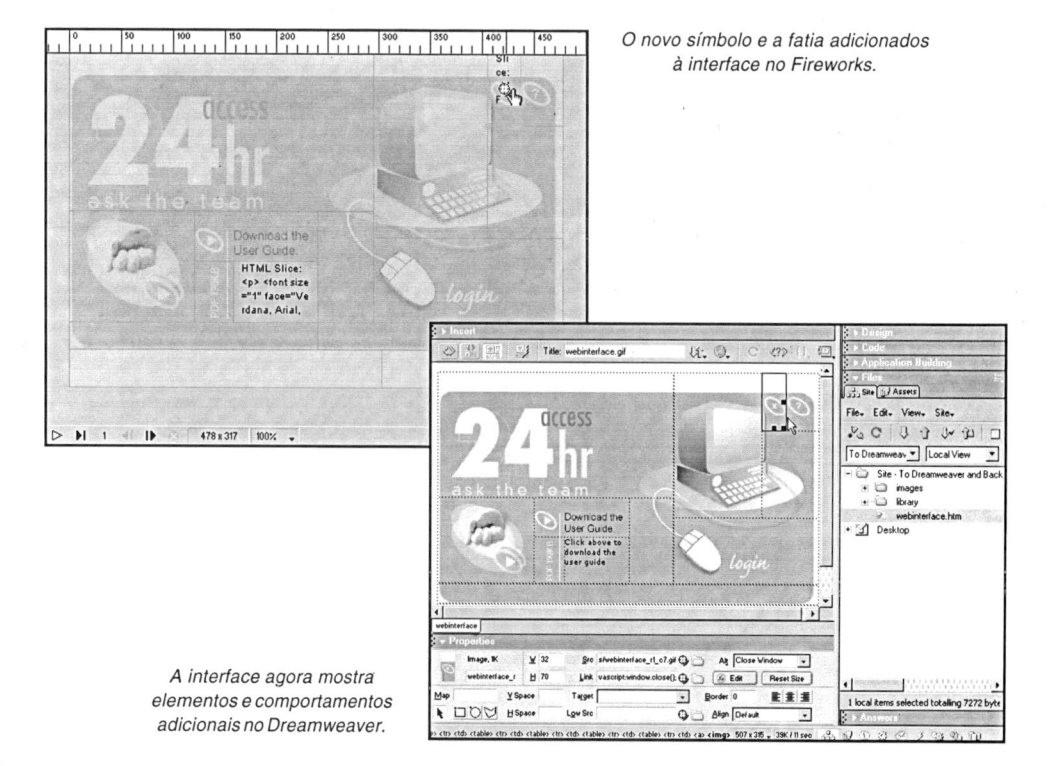

O novo símbolo e a fatia adicionados à interface no Fireworks.

A interface agora mostra elementos e comportamentos adicionais no Dreamweaver.

MODIFICAÇÕES

Como o Fireworks não é um editor HTML, tem um conjunto limitado de comportamentos. O Dreamweaver, por outro lado, oferece um controle muito mais interativo sobre uma página web. Portanto, o Fireworks não reconhecerá muitos comportamentos Dreamweaver personalizados que você pode adicionar durante o processo de ida e volta e irá sobregravá-los. E mais, o Fireworks também tem problemas ao apresentar tabelas complexas ou tabelas aninhadas que você cria no Dreamweaver. Para neutralizar esses limites, é melhor preparar e exportar cada seção de seu documento Fireworks separadamente, e usar o Dreamweaver para montar cada componente em uma página.

1. No Fireworks, abra o arquivo **webinterface_final.png** incluído na pasta **Project 11** no CD-ROM em anexo. Use a ferramenta Crop (Recortar) para recortar o documento com o tamanho de uma das fatias. Grave o documento com um novo nome. (Escolha um nome que descreva a fatia em particular.)
2. Use o painel History (Histórico) para desfazer suas etapas para que tenha o layout original de novo. Use a ferramenta Crop novamente para recortar o documento em outra fatia. Grave o arquivo com um novo nome que descreva essa fatia. Repita essa etapa até ter vários arquivos gravados separadamente – um para cada fatia.
3. Abra todos os arquivos PNG individuais. Um por um, exporte cada documento como HTML and Images.

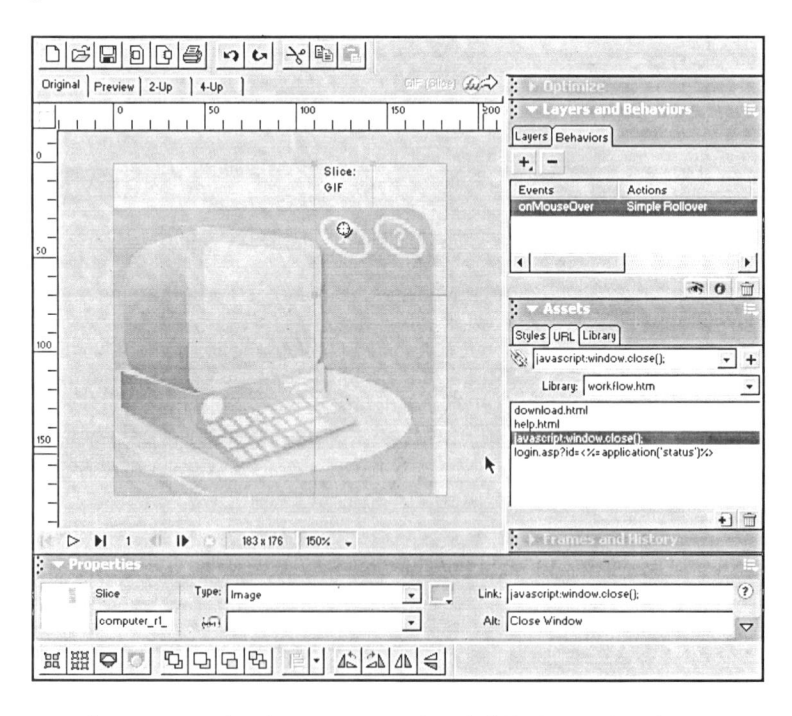

Como recortar a interface para exportar itens individuais como itens Library.

4   No Dreamweaver, abra um dos arquivos HTML exportados. Selecione a tabela ou a imagem, clicando em um gráfico. À esquerda inferior da janela do documento, você verá a tag HTML para o gráfico. Clique na tag <table> ou <img> para selecionar a tabela ou a imagem, dependendo do gráfico exportado conter ou não mais de uma fatia. Abra o painel Assets | Library e clique no ícone do sinal de mais (+) para adicionar o arquivo a Library. Nomeie o novo item Library de acordo, e então feche o arquivo HTML. Repita isso para os arquivos HTML restantes.

5   Crie uma nova página no Dreamweaver. Com o objeto Table (Tabela), crie uma nova tabela que tenha três colunas e duas linhas, 100% de largura e nenhuma borda. 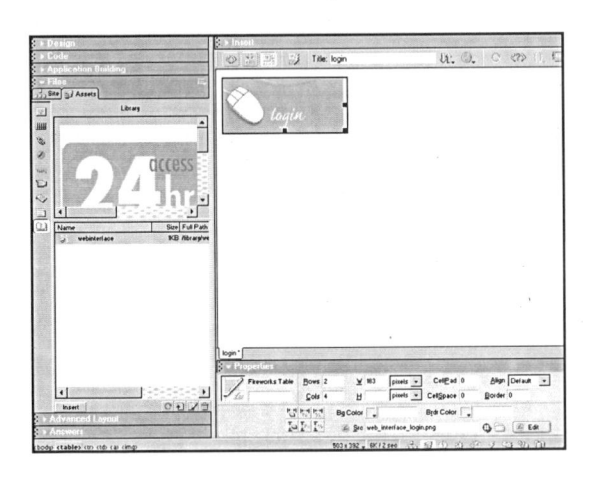

Como construir as interfaces a partir de uma série de itens Library no Dreamweaver.

6   Arraste e solte cada item da biblioteca em uma célula separada em sua nova tabela. Para recriar o layout Fireworks com precisão, você poderá ter que abrir o desenho original no Fireworks para usar como um guia visual.

O resultado final é uma série de itens Library aninhados na tabela principal. 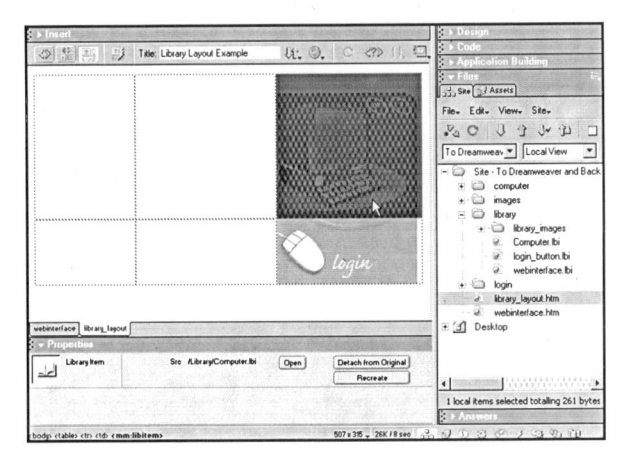

A interface agora está sendo criada a partir dos itens Fireworks Library exportados.

144 | Fireworks MX: efeitos mágicos

7 Para fazer a alteração de um dos itens Library, clique-o duas vezes. O item Library será aberto em uma nova janela. Clique o botão Edit no Properties Inspector para inicializar o arquivo PNG original no Fireworks para as alterações. No Fireworks, tente fazer uma alteração gráfica simples (como adicionar texto) e clique o botão Done para voltar para o Dreamweaver.

De volta no Dreamweaver, você verá o item Library atualizado no layout. Como cada elemento do layout é um arquivo separado, fazer alterações em um não afetará os outros. Esta abordagem reduz o risco de sobregravar um código importante associado a um dos outros itens Library.

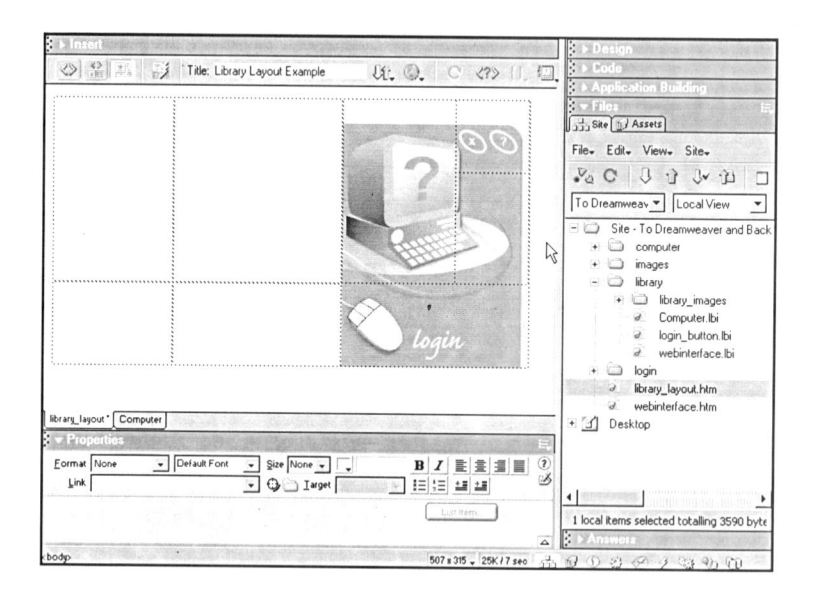

A interface foi atualizada editando um dos itens Library no Fireworks.

SITES WEB ATUALIZADOS INSTANTANEAMENTE

"O fio invisível que emana da ponta de seus dedos é tecido em um conceito de tempo totalmente novo."

–Haruki Murakami, ao sul da fronteira, a oeste do sol

COMO ATUALIZAR OS GRÁFICOS DO SITE WEB COM FERRAMENTAS DE PROCESSAMENTO EM LOTE

Quando você é a pessoa que faz alteração em todo site em um site web, a questão do desenvolvimento do site web assume um conjunto de significados totalmente diferente. Você não pode simplesmente abrir o Dreamweaver e informá-lo para alterar os gráficos da barra de navegação para uma tonalidade diferente de azul em toda página do site. Embora não haja uma resposta simples para tais alterações em todo site, o Fireworks oferece vários recursos automatizados para tornar sua vida um pouco mais fácil.

Projeto 12
Sites web atualizados instantaneamente
de Jeffrey Bardzell

COMO INICIAR

Neste projeto, você irá trabalhar com um desenho da página Fireworks que foi usado para criar uma circular HTML com diversas páginas. Essa circular trimestral está pronta para seu próximo lançamento, incorporando algum retorno do usuário que foi reunido na última edição. E mais, os desenvolvedores desejam mudar a combinação de cores para distinguir as duas edições da circular. Para fazer essas alterações sem alterar qualquer código HTML já exportado, você usará o Project Log (Registro de Projetos) em conjunto com o recurso Find and Replace (Localizar e Substituir).

Nota: Consulte o CD-ROM para obter as versões coloridas dos arquivos do projeto.

Projeto 12 - SITES WEB ATUALIZADOS INSTANTANEAMENTE | 147

A seguir está uma lista das alterações de construção que precisam ser endereçadas para completar a próxima versão da circular:

- O esquema de cor inteiro precisa ser alterado.
- Mude os segundos quadros dos ícones de rollover para preto e branco. (Eles atualmente são coloridos.)
- Mude Garamond para Times New Roman nos gráficos do cabeçalho e do título da página.
- A fotografia grande em cada página foi considerada grande demais; ela precisa ser reduzida.

Nota: Para completar este projeto, você precisará usar os arquivos na pasta **Project 12** do CD-ROM. Especificamente, será pedido que use os arquivos **elearning_content.png** e **pageheader.png**.

COMO USAR O FIND AND REPLACE COM O PROJECT LOG

O processo de ir do vetor para o mapa de bits e para a HTML pode criar algumas ineficiências dimensionáveis. Para compensar, o Fireworks oferece algumas ferramentas de aperfeiçoamento da produtividade, como o Find and Replace e o Project Log. O Project Log permite automatizar as alterações em uma série de arquivos e então exportá-las de novo com os mesmos nomes. A função Find and Replace permite pesquisar o texto, as cores e os links em um documento (ou uma série de arquivos no Project Log) e atualizá-los instantaneamente. Nesta primeira seção, você fará uma tarefa relativamente fácil: irá substituir todo o texto Garamond por Times New Roman.

1. Com o Fireworks e qualquer arquivo abertos (não importa qual), escolha Edit (Editar) | Find and Replace para abrir o painel Find and Replace.

2. No primeiro menu suspenso no painel Find and Replace, escolha Search Files (Pesquisar Arquivos) na lista de opções. A janela Open File (Abrir Arquivo) aparecerá.

    O utilitário de Find and Replace é aperfeiçoado pelas diferentes opções da fonte. Embora você geralmente use o default, Search Document (Pesquisar Documento), não se esqueça que pode pesquisar simultaneamente diversos arquivos.

3. Navegue para a pasta **insidepages** na pasta **Project 12**, pressione Shift e selecione para escolher ambos os arquivos PNG nessa pasta: **elearning_content.png** e **pageheader.png**. Clique em Done (Terminado).

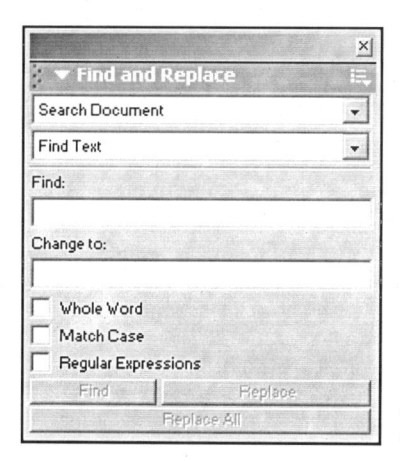

O painel Find and Replace.

4 De volta ao painel Find and Replace, escolha Find Font (Localizar Fonte) no segundo menu suspenso. Depois de selecionar a opção Find Font, as opções abaixo dela mudarão, permitindo que você selecione as fontes.

5 Selecione Garamond na lista suspensa (abaixo de Find Font) e deixe as definições Any Style (Qualquer Estilo), Min (Mínimo) e Max (Máximo) com os defaults.

A razão para você não dever alterar nenhuma outra definição é que está substituindo todas as instâncias de Garamond, independentemente de atributos como tamanho, estilo, etc. Use essas definições apenas se quiser limitar mais a operação Find and Replace.

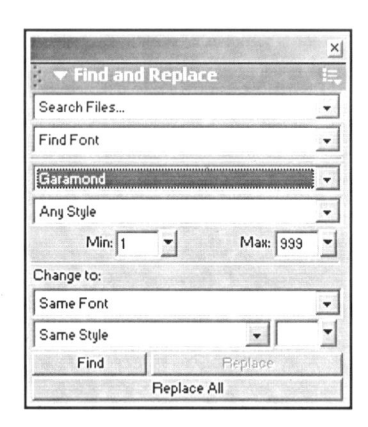

Selecione a fonte que gostaria de alterar.

Nota: Se você não tiver a fonte Garamond em seu sistema, precisará abrir o arquivo **elearning_content.png** na pasta **Project 12** e, quando solicitado, altere a fonte para uma que tenha em seu sistema. Não use Verdana ou Times New Roman, porque estará mudando para essas fontes nesta seção.

---

6 Na seção inferior do painel está a área da fonte Change To (Alterar Para). Nesta área, defina a fonte para Times New Roman e deixe as opções restantes com seus defaults.

7 Clique o botão Replace All (Substituir Tudo). O Fireworks abrirá automaticamente cada um dos arquivos, fará as devidas alterações e então irá fechá-los. Clique o botão Close (Fechar). Quando terminado, você verá uma mensagem "search complete" (pesquisa completa). Clique em OK para continuar trabalhando.

8 Abra os arquivos **elearning_content.png** e **pageheader.png** na pasta **Project 12** e verifique se as alterações da fonte foram feitas.

Você notará que o título eLearning Times no arquivo da página principal agora sai da página. Como pode ver, o recurso Find and Replace não é seguro. Selecione e reposicione o texto ou clique duas vezes no texto e redimensione-o.

Projeto 12 - SITES WEB ATUALIZADOS INSTANTANEAMENTE | **149**

COMO USAR O PROJECT LOG

Na seção anterior, você viu que depois de ter fornecido seus parâmetros na caixa de diálogo Find and Replace, o Fireworks se moveu rapidamente e fez todas as alterações. Naturalmente, as alterações foram feitas dentro do Fireworks e suas páginas HTML parecem iguais como quando você iniciou. Nesta seção, usará o Project Log para atualizar essas páginas sem mesmo tocar em sua HTML.

1. Abra Window (Janela) I Project Log no menu Window.

    O Project Log deve ter cinco entradas. Cada uma reflete a função da fonte Find and Replace executada anteriormente.

2. Pressione a tecla Shift e clique para selecionar os arquivos **elearning_content.png** e **pageheader.png**.

    Não importa quais arquivos **pageheader.png** você escolhe, porque cada listagem representa uma alteração em um dos quadros do cabeçalho da página.

3. Clique em Export Again (Exportar Novamente) no menu de opções suspenso Project Log.

4. Na janela Export, as definições de exportação para o documento pageheader deverão aparecer, porque era o primeiro na lista Project Log.

    A definição da exportação default para **pageheader.png** é Frames to Files (Quadros para Arquivos) e gravar cada imagem como um GIF. Frames to Files exporta cada quadro como um arquivo independente, que é exatamente como você deseja essas quatro imagens do cabeçalho da página. (Também prova que o Fireworks realmente se lembra das próprias definições de exportação de cada arquivo.) Clique em Save (Salvar) e escolha Yes (Sim) nos instantâneos de aviso que aparecem.

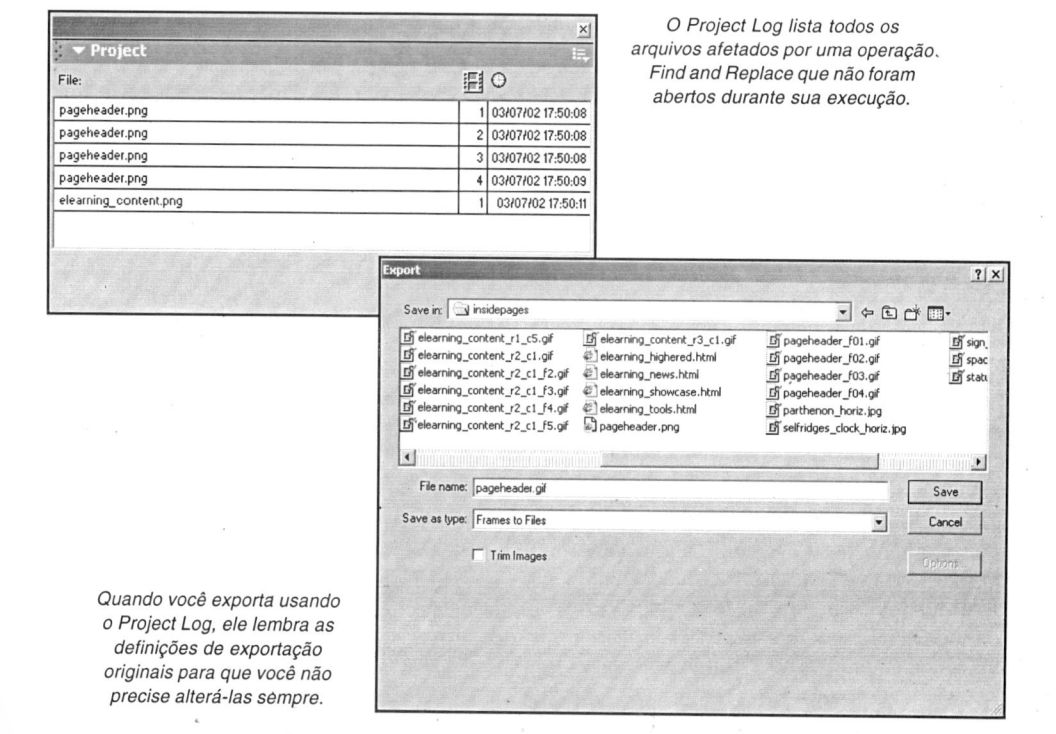

O Project Log lista todos os arquivos afetados por uma operação. Find and Replace que não foram abertos durante sua execução.

Quando você exporta usando o Project Log, ele lembra as definições de exportação originais para que você não precise alterá-las sempre.

Nota: Uma das definições Export que o Fireworks se lembra é o caminho. Infelizmente, o caminho em meu sistema quando criei esses arquivos provavelmente não é igual ao do seu sistema. Certifique-se durante esta etapa que você navegará e gravará os arquivos na pasta do projeto **insidepages**.

5 Clique em Save. Alguns avisos instantâneos posteriores (clique em Yes para cada aviso) em suas imagens serão atualizados. Imediatamente, outra caixa de diálogo Export aparecerá. É para **elearning_content.png**. Para esse arquivo, você desejará as imagens, mas não a HTML, exportadas de novo. Também desejará que o Fireworks exporte as fatias para que elas apareçam atualizadas no arquivo HTML.

6 Abra seus arquivos HTML em um navegador ou editor HTML como o Dreamweaver. As fontes, na verdade, mudaram para Times New Roman e você fez isso rapidamente com a ajuda do recurso Find and Replace do Fireworks.

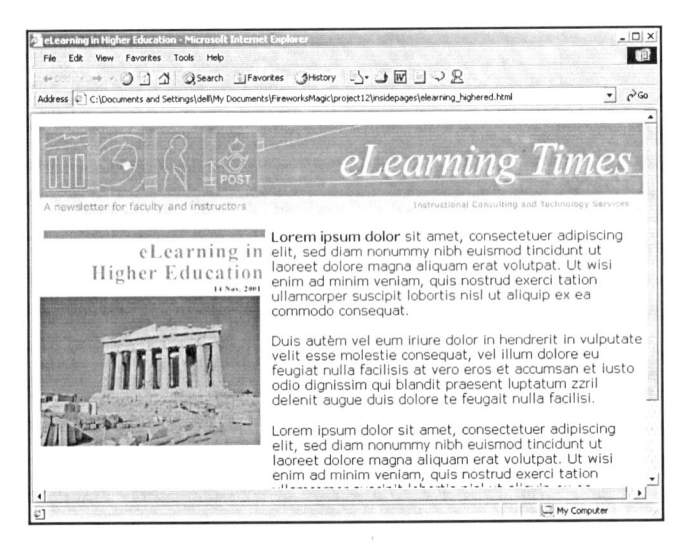

Graças ao recurso Find and Replace do Fireworks, os gráficos foram atualizados rapidamente com a nova fonte.

COMO ALTERAR O ESQUEMA DE CORES

Agora que você tem alguma experiência com o modo como os recursos Find and Replace e Project Log funcionam, é hora de pôr a mão na massa. Nesta seção, irá alterar o esquema inteiro de cores da página principal e de seus componentes. Embora esteja alterando apenas dois arquivos, as etapas são idênticas para modificar qualquer quantidade de arquivos.

Nota: Se você construir suas páginas para serem modulares – ou seja, se construir uma página completa no Fireworks e então montar cada um de seus componentes principais em seu próprio arquivo PNG (Portable Network Graphic, que é o formato de arquivo nativo do Fireworks) – obterá ganhos de produtividade significativos.

Projeto 12 - SITES WEB ATUALIZADOS INSTANTANEAMENTE | **151**

1   Com o Fireworks e pelo menos o arquivo **elearning_content.png** abertos, selecione Window I Project Log para abrir o Project Log novamente.

2   No menu Options (Opções) no canto superior direito do Project Log, escolha Clear All (Limpar Tudo). Para a mensagem de verificação que aparece, clique em OK.

   Os arquivos no Project Log podem permanecer para várias sessões. Quando estou para fazer qualquer alteração, limpo-o apenas para ser organizado.

3   No menu de opções do Project Log, escolha Add Files to Log (Adicionar Arquivos ao Registro). Na janela Open, navegue e selecione os arquivos **elearning_content.png** e **pageheader.png** na pasta **Project 12**. Clique em Done. Quando terminado, poderá fechar o Project Log clicando no X no canto direito superior.

   Pode parecer estranho remover dois arquivos do Project Log apenas para adicioná-los de novo. Porém, o Project Log controla todos os quadros que foram modificados e eles permanecerão quando você iniciar uma nova tarefa. Quando adicionar os dois arquivos de volta, note como a coluna Frames tem dois traços, ao invés de um número do quadro. Isto significa que os arquivos foram adicionados, mas o Fireworks não se lembra de nada em particular sobre eles. Na verdade, você forneceu-lhe uma ficha limpa.

4   Clique na aba Find and Replace para voltar para esse painel. Selecione Search Project Log (Pesquisar Registro de Projetos) na lista suspensa mais superior.

   Esta seleção irá direcionar a operação Find and Replace para os arquivos que você acabou de adicionar ao Project Log.

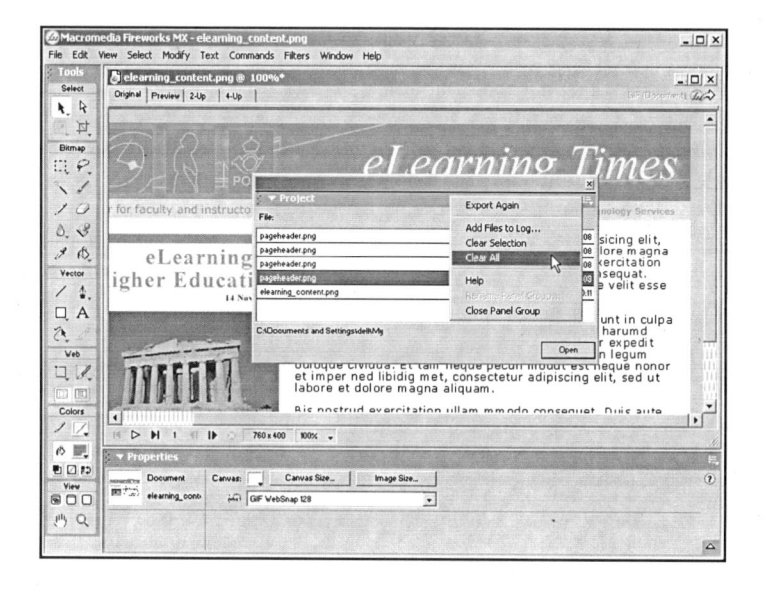

Limpe os itens Project Log atuais antes de iniciar novas tarefas.

5   Escolha Find Color (Localizar Cor) na segunda lista suspensa. Clique no primeiro botão da cor e passe seu cursor (que se transformou em um ícone de conta-gotas) sobre uma área escura do banner. O número hexadecimal que aparece deve ser #74695F. Quando informar isso, clique para selecionar essa cor.

6   No segundo local da cor, digite **#70A9A9**.

Este segundo número representa a cor para a qual você irá mudar o fundo escuro. Deixe a definição Apply To (Aplicar Em) default em Fills & Strokes (Preenchimentos e Pinceladas).

7   Clique em Replace All. O Fireworks fará um trabalho rápido em todas as alterações e exibirá uma janela de confirmação quando terminar.

Nota: Se você escolher para Find and Replace uma cor e essa cor aparecer em alguns de seus mapas de bits também, o Fireworks não irá alterar seus mapas de bits. As opções Find and Replace funcionam apenas nos objetos vetoriais – caminhos, formas, texto, preenchimentos, pinceladas e efeitos – não nos mapas de bits.

---

8   Usando os mesmos procedimentos, substitua a cor #E7DFD6 atual por **#EAF2F2** e clique em Replace All.

Durante esses processos Find and Replace, o Fireworks abrirá e fechará rapidamente seus arquivos, para que possa obter apenas uma visão rápida das novas alterações da cor sendo aplicadas.

9   Volte para o Project Log. Todos os quadros de cada um dos arquivos têm sua própria entrada. Novamente, pressione Shift e selecione um de cada arquivo e escolha Export Again no menu instantâneo de opções.

10   Na janela Export que aparece para cada arquivo, use as definições da predefinição do arquivo e clique em Save. Informe Yes para todos os instantâneos de aviso que o notificam que os arquivos existentes estão sendo sobregravados.

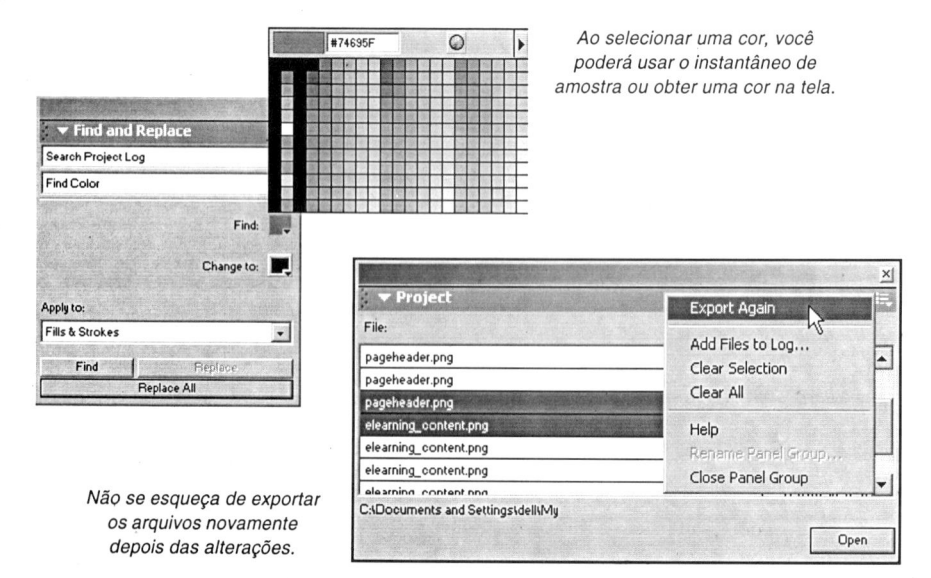

Ao selecionar uma cor, você poderá usar o instantâneo de amostra ou obter uma cor na tela.

Não se esqueça de exportar os arquivos novamente depois das alterações.

Projeto 12 - SITES WEB ATUALIZADOS INSTANTANEAMENTE | **153**

11 Abra qualquer arquivo HTML em um navegador.

Note que você mudou completamente o esquema de cores. Naturalmente, Find and Replace não mudará as cores do texto (em seu arquivo HTML), mas se você estiver usando folhas de estilo em cascata (CSS), fazer essas alterações deverá levar apenas alguns minutos.

Nota: A alteração das fontes e dos esquemas de cor pode ser combinada. Ou seja, depois de você ter mudado a fonte, poderia ter continuado com as alterações da cor e apenas então ido para o Project Log. Assim, você poderá fazer todos os tipos de alterações em diversos arquivos e o Project Log irá controlá-los e simplificar o processo de exportá-los de novo.

O site original estava a apenas alguns comandos de distância desta aparência fria.

COMO USAR O PROCESSAMENTO EM LOTE

Trabalhar com o Find and Replace e o Project Log oferece várias ferramentas eficientes para automatizar as alterações extensas em seus arquivos PNG do Fireworks de origem. Supera nos casos em que você criou desenhos de página inteiros no Fireworks e dividiu esses desenhos em componentes modulares.

Se precisar fazer alterações nos arquivos que não são PNGs do Fireworks, terá que usar o utilitário de processamento em lote. Na verdade, o Find and Replace é uma das capacidades de processamento em lote, mas muitos comandos podem ser aplicados nos mapas de bits simples como os GIFs ou os JPEGs criados em outra aplicação.

Nesta seção, você irá automatizar o processo de reduzir as quatro fotos JPEG grandes que aparecem nas páginas HTML.

1 Abra o Fireworks e feche qualquer arquivo aberto. Escolha File I Batch Process (Processamento em Lote).

2   Na janela Batch que aparece, pressione Ctrl e clique (Windows) ou pressione Shift e clique (Mac) para selecionar os quatro arquivos a seguir: **parthenon_horiz.jpg**, **selfridges_clock_horiz.jpg**, **sign_post_vert.jpg** e **statue_eiffeltower_vert.png**. Clique o botão Add (Adicionar), adicione-os à lista de arquivos para processar e então clique o botão Next (Próximo).

Nota: Se você não puder ver os arquivos listados na janela, mude a opção Files of Type (Arquivos do Tipo) de Fireworks para JPEG ou All Readable Files (Todos os Arquivos Legíveis).

3   No painel superior esquerdo da janela Batch Process está um grupo de comandos. Selecione Scale (Dimensionar) e clique o botão Add para movê-lo para o painel direito. Os parâmetros Scale aparecerão.

4   Selecione Scale to Percentage (Dimensionar com Percentagem) na lista suspensa de opções. Forneça **77** no campo de texto. Esta definição irá dimensionar todos os quatro arquivos JPEG que você selecionou para 77% de seu tamanho original.

Nota: Você pode adicionar quantos comandos quiser ao seu script e ainda reorganizá-los. Neste projeto, porém, usará apenas o comando de dimensionamento.

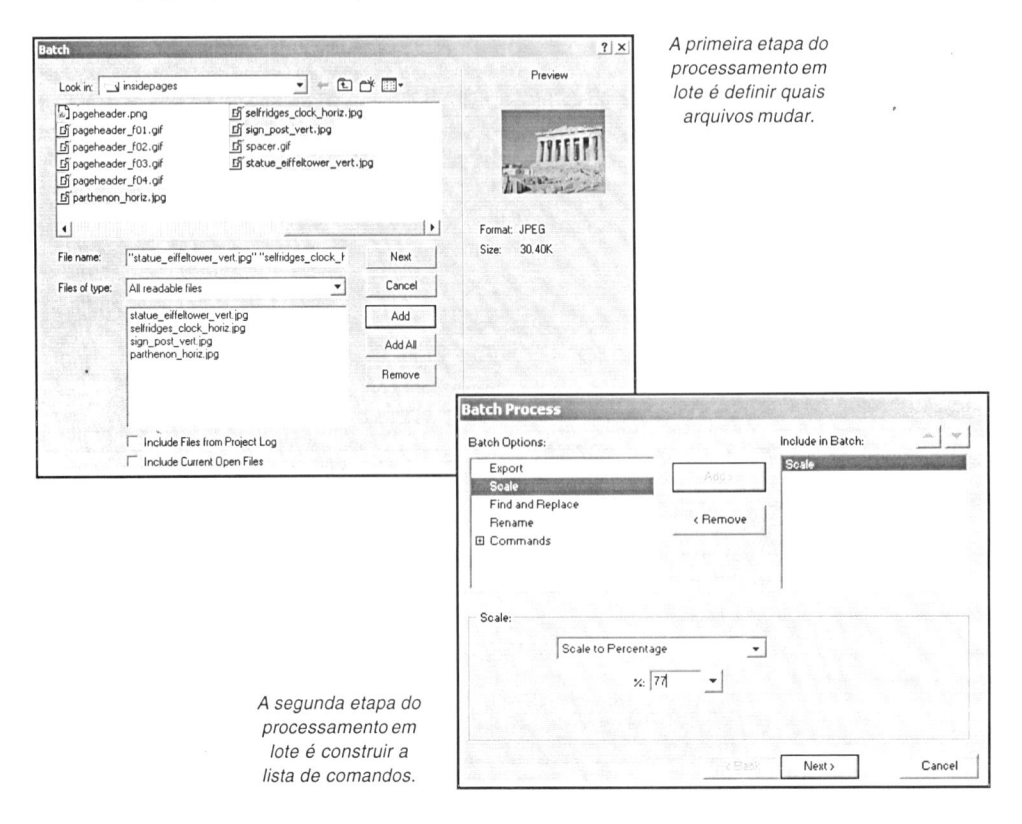

A primeira etapa do processamento em lote é definir quais arquivos mudar.

A segunda etapa do processamento em lote é construir a lista de comandos.

Projeto 12 - SITES WEB ATUALIZADOS INSTANTANEAMENTE | **155**

5   Clique em Next para avançar para a terceira tela da janela Batch Process. Esta tela permite que você especifique onde produzir seus arquivos em lote, e se deseja fazer um backup dos originais. (Quase sempre fará isso.) Marque a opção Backups, se ela já não estiver selecionada. (Por default, deve estar selecionada.)

6   Clique o botão Batch. O Fireworks fará o trabalho! Um instantâneo de confirmação da saída aparecerá quando o Fireworks tiver terminado com o processamento. Clique em OK.

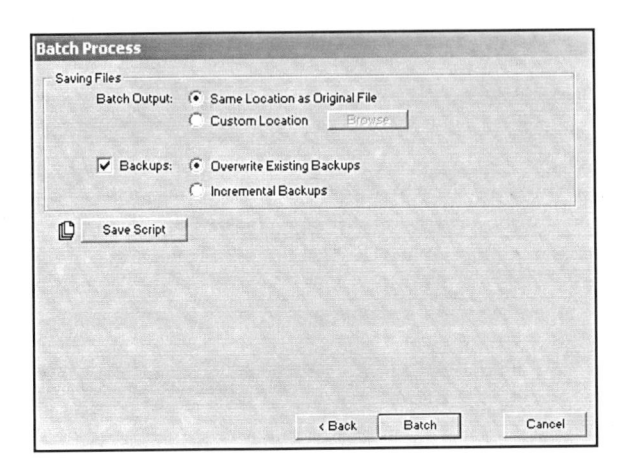

A terceira etapa do processamento em lote é especificar o local dos novos arquivos e determinar o que deve ocorrer nos arquivos existentes e backups.

7   Agora abra os arquivos HTML novamente em um navegador. De modo estranho, os arquivos parecem ter o mesmo tamanho, mas a qualidade foi degradada. É porque as dimensões da imagem original são especificadas na tag <img> HTML.

Embora as imagens agora não tenham mais esse tamanho, o navegador está estendendo a imagem para que caiba. Infelizmente, é um problema da HTML que o Fireworks não pode corrigir. Você precisará abrir cada arquivo HTML no Dreamweaver e atualizar os atributos Height (Altura) e Width (Largura).

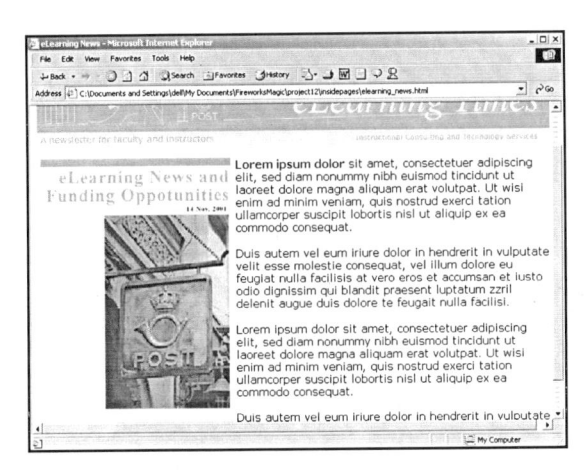

A imagem de origem é menor que antes, mas seguindo as instruções HTML, o navegador está estendendo-a.

8   Inicialize o Dreamweaver e abra todos os arquivos HTML na pasta **Project 12**. Em um dos arquivos HTML, clique na imagem para selecioná-la. No Properties Inspector (Inspetor de Propriedades), clique o botão Reset Size (Redefinir Tamanho) para atualizar automaticamente as informações do tamanho da imagem. Se quiser, justifique à direita as imagens. Grave o arquivo e feche-o. Repita essa operação para os três arquivos HTML restantes.

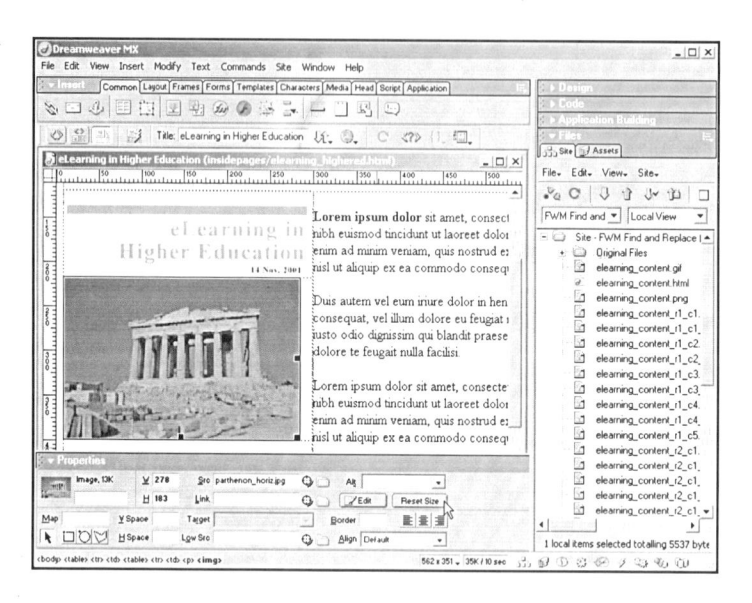

O botão Reset Size rescreve a HTML para ajustar a imagem, ao invés de estendê-la para caber na HTML.

MODIFICAÇÕES

A tarefa restante final é alterar cada uma as fotos do quadro 2 na barra de navegação de coloridas para preto e branco. A janela Batch Process tem uma opção para converter as imagens em tons de cinza. Infelizmente, não há nenhuma maneira do processamento em lote poder afetar apenas os objetos selecionados – ele afeta o documento inteiro. Depois de converter as imagens em tons de cinza, você terá que exportá-las manualmente, usando a opção Export Selected Slices (Exportar Fatias Selecionadas).

1   Abra o arquivo **elearning_content.png**. Oculte a camada Web (se estiver visível) e no painel Frames (Quadros), selecione Frame 2.

   Quando a camada Web está ativa, é difícil selecionar os objetos na tela. Ao trabalhar diretamente com a tela, você poderá simplesmente desativá-la.

2   Pressionando a tecla Shift, selecione todas as quatro fotos coloridas na barra de navegação. Você irá convertê-las em tons de cinza de uma só vez.

3   Escolha Commands (Comandos) | Creative (Criativo) | Convert to Grayscale (Converter em Tons de Cinza). As quatro imagens perderão sua cor.

Projeto 12 - SITES WEB ATUALIZADOS INSTANTANEAMENTE | 157

Nota: Se precisar melhorar a imagem, use as opções Adjust Color (Ajustar Cor) no menu Filters (Filtros).

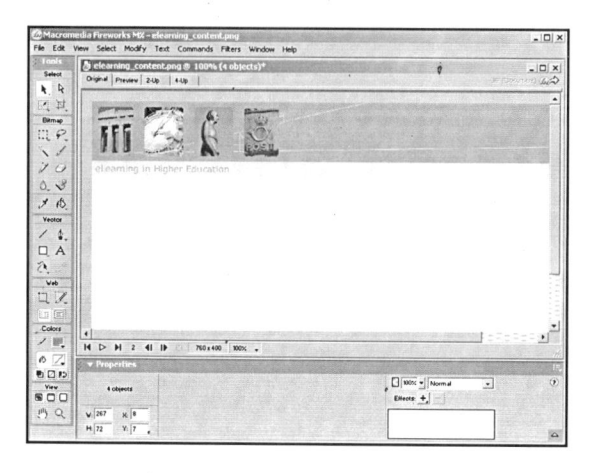

Com cada objeto de mapa de bits selecionado, você pode modificá-los de uma só vez.

4   Volte para Frame 1 e ative de novo a visibilidade da camada Web. Selecione a fatia sobre o primeiro ícone (Parthenon). Clique com o botão direito (Window) ou pressione Ctrl e clique (Mac) e escolha Export Selected Slice no menu suspenso que aparece.

5   A caixa de diálogo Export agora familiar aparecerá. Certifique-se de que Selected Slices Only (Fatias Selecionadas Apenas) esteja marcada e que Current Frame Only (Quadro Atual Apenas) e Include Areas Without Slices (Incluir Áreas Sem Fatias) desmarcadas. Clique em Save. Clique em OK para as mensagens sobre substituir os arquivos existentes.

6   Repita esse processo para as três fatias restantes da barra de navegação.

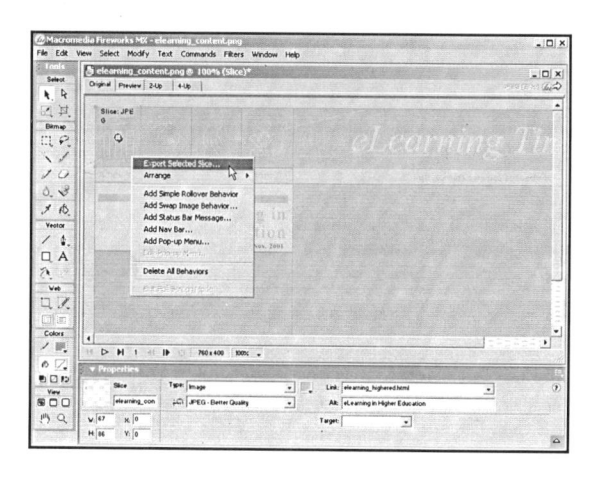

Exportar uma fatia selecionada é uma maneira rápida de atualizar uma parte do arquivo.

7 Agora que você exportou todas as quatro imagens como imagens com tom de cinza, ao invés de coloridas, abra os arquivos HTML para visualizar. Suas imagens agora devem estar em tons de cinza.

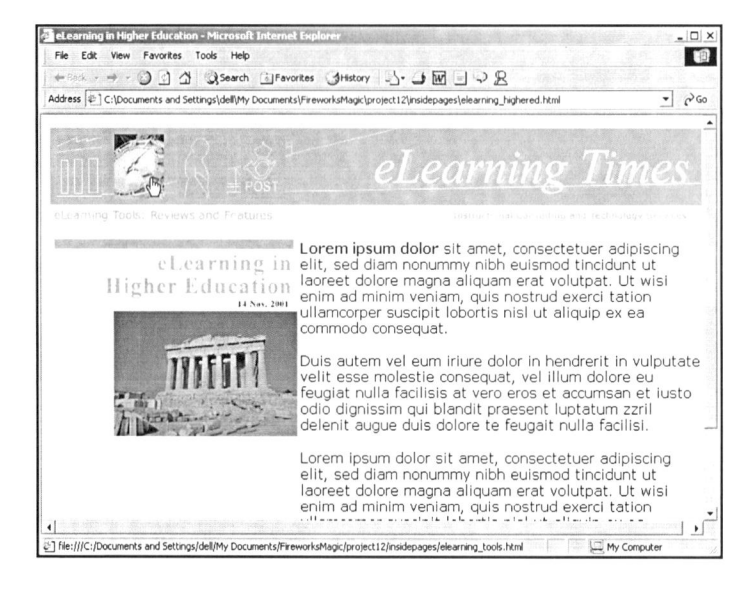

Visualize suas alterações finais em um navegador.

PRODUÇÃO GRÁFICA COM EFEITOS MÁGICOS AUTOMÁTICOS

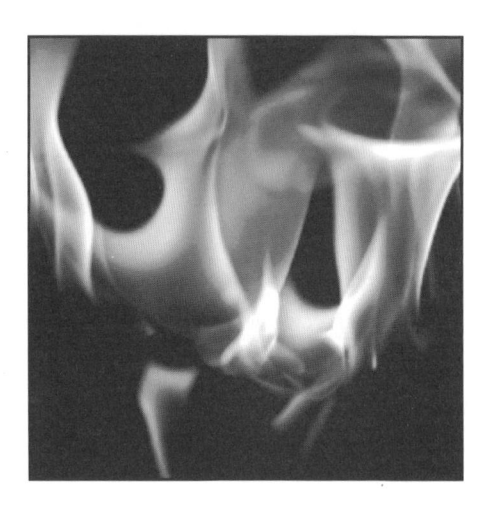

*"Dizemos que perdemos tempo,
mas isso é impossível.
Perdemos a nós mesmos."*

–Alice Bloch

POUPE SEU CÉREBRO DAS TAREFAS REPETITIVAS

Você alguma vez passou uma hora ou mais fazendo a mesma coisa exata em diversos arquivos, como renomeá-los ou dimensioná-los com um certo tamanho? Se já, sabe como é chato o processo e como é fácil cometer erros. O Fireworks pode economizar seu tempo, completando as tarefas repetitivas através de uma opção da janela pouco conhecida, chamada Batch Process. Se você acha que parece chato, está errado. O processamento em lote é um ótimo recurso que pode economizar milhares de horas, se usado corretamente.

160 | Fireworks MX: efeitos mágicos

Projeto 13
Produção gráfica com efeitos mágicos automáticos
de Anne-Marie Yerks

COMO INICIAR

O termo *processamento em lote* deve ser considerado literalmente: se você tiver um lote de arquivos que precisam de um certo processo aplicado, o processamento em lote fará o truque.

As tarefas a serem completadas devem ser relativamente simples, como dimensionar os tamanhos e renomear um conjunto de arquivos. As tarefas mais complicadas, a saber as que requerem que você selecione um objeto ou modifique um objeto dentro de um arquivo, não são adequadas para o processamento em lote. O processamento em lote funciona executando um script que instrui o Fireworks sobre como modificar um conjunto de arquivos. Você é a pessoa que especifica quais arquivos (o "lote") devem ser processados.

Para iniciar, copie a pasta **Project 13** do CD-ROM em anexo para o disco rígido de seu computador. Os arquivos de imagem necessários estão localizados na subpasta **guild_tifs**. Será sua tarefa criar um catálogo on-line, convertendo as imagens em um formato compatível com a web (ou seja, de TIFF para JPEG).

Nota: A partir de um navegador web, abra o arquivo **gallery.html** na pasta **website** (na pasta do CD-ROM para este projeto) para ver como a página de catálogo ficará no final. A primeira imagem da pequena exibição na página está ligada a uma imagem maior e mais detalhada.

Projeto 13 - PRODUÇÃO GRÁFICA COM EFEITOS MÁGICOS AUTOMÁTICOS | 161

COMO DIMENSIONAR E EXPORTAR AS PEQUENAS EXIBIÇÕES

Nesta seção, você criará um conjunto de pequenas imagens de exibição para uma coleção de potes de cerâmica feitos pelos membros da Ann Arbor Potters Guild. As imagens com as quais irá trabalhar são TIFFs (Tagged Image File Format), um tipo de arquivo comumente usado para imprimir desenhos. Esta seção do projeto fornecerá experiência ao dimensionar e exportar um conjunto de imagens com o recurso de processamento em lote do Fireworks. Você usará os scripts defaults do Fireworks. Mais tarde no projeto, você terá a oportunidade de criar seus próprios scripts personalizados.

1. Abra o Fireworks e escolha File (Arquivo) I Batch Process (Processamento em Lote) para exibir a caixa de diálogo Batch Process. Acesse a pasta para este projeto e clique duas vezes na subpasta **guild_tifs**. Se estiver usando um PC, mude o menu instantâneo Files of Type (Arquivos do Tipo) para TIFF. Você deverá ver uma listagem de 15 arquivos TIFF.

   Nenhuma visualização está disponível ainda, porque essas imagens estão no formato TIFF, que não é compatível com os navegadores web.

2. Clique o botão Add All (Adicionar Tudo) para mover a lista de arquivos para a janela inferior. Clique em Next (Próximo) para prosseguir.

3. Clique duas vezes na opção Scale (Dimensionar). Na caixa suspensa na parte inferior da caixa de diálogo, escolha Scale to Fit Area (Dimensionar para Caber na Área) no menu suspenso. Forneça uma opção Max Width (Largura Máxima) definida para **90** pixels e Max Height (Altura Máxima) definida para **125** pixels.

   Esta opção mantém as proporções da imagem, ainda mantendo-as em uma faixa de largura e altura específica escolhida. Será a melhor opção a usar, se você quiser manter a qualidade da imagem, porque não estende ou reduz a imagem na vertical ou na horizontal.

4. Clique duas vezes na opção Export (Exportar) e escolha JPG – Smaller File (JPG – Arquivo Menor) no menu suspenso.

   Esta opção grava as pequenas exibições como JPEGs de baixa qualidade. Por default, o Fireworks atribui um nível de qualidade com 60%, que é perfeito para seu objetivo de usar todas as 15 pequenas imagens de exibição na mesma página HTML. Clique em Next para ir para a próxima janela. Agora é hora de estabelecer o diretório no qual as pequenas exibições serão gravadas.

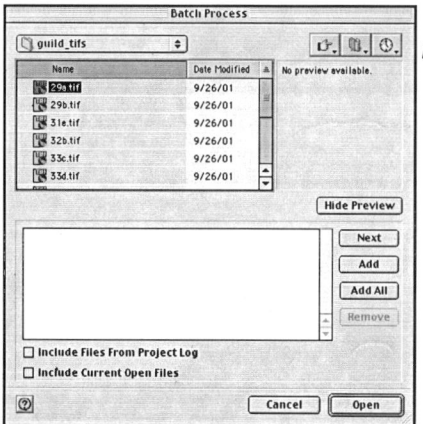

Selecionar uma pasta é a primeira etapa no processamento em lote de um conjunto de arquivos.

Escolha Scale to Fit Area no menu instantâneo para especificar a largura e a altura máximas para a coleção de pequenas exibições.

5   A pasta **Project 13** que você copiou para seu disco rígido deve conter uma subpasta chamada **thumbnails**. Para selecionar essa pasta, clique o botão de rádio identificado como Custom Location (Personalizar Local) e clique o botão Browse (Navegar). Localize e selecione a subpasta **thumbnails** e clique em Choose (Escolher) (em um Mac) ou selecione as pequenas exibições (em um PC). O nome do caminho da pasta **thumbnails** agora deve aparecer sob a opção Custom Location. Agora é hora de iniciar o processo em lote.

Nota: Se você estiver usando um Mac, simplesmente selecione a pasta thumbnails uma vez, antes de clicar em Choose. Não clique duas vezes na pasta, porque isso fará com que forneça o diretório.

6   Clique o botão Batch para começar. Quando todos os arquivos tiverem sido atendidos, uma janela de confirmação aparecerá. Clique o botão OK.

Depois de clicar o botão Batch, o Fireworks abrirá cada arquivo e aplicará os comandos especificados. A janela Batch Process parece permitir que você saiba qual arquivo está sendo processado atualmente. (É hora de se cumprimentar por fazer com que o computador faça toda a colocação dos pixels para você.)

Nota: Se quiser aplicar esse mesmo processo em lote em um conjunto adicional de arquivos, clique o botão Save Script (Salvar Script). Esse botão gravará sua lista de comandos para um uso futuro. (Nomeie o comando com uma extensão .jsf.) Se você gravar seu script na pasta **Fireworks MX\Configuration\Commands**, ele aparecerá no menu Commands (Comandos), onde poderá usá-lo como qualquer outro comando.

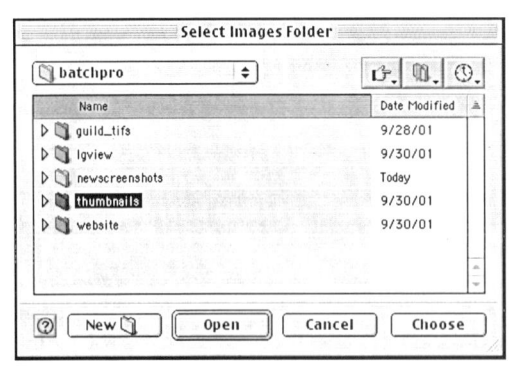

*Clique na pasta **thumbnails** uma vez para selecioná-la. Então clique o botão Choose (Mac) ou selecione **thumbnails** (PC) para designá-la como a pasta onde os arquivos processados em lote deverão ser gravados.*

O nome do caminho da pasta personalizada aparecerá na janela Batch Process depois de você ter especificado seu local personalizado.

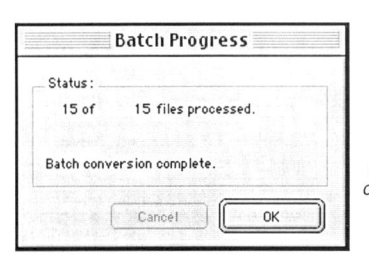

Clique em OK para sair da caixa de diálogo Batch Process. Você poderá agora exibir os resultados de seu esforço para economizar tempo.

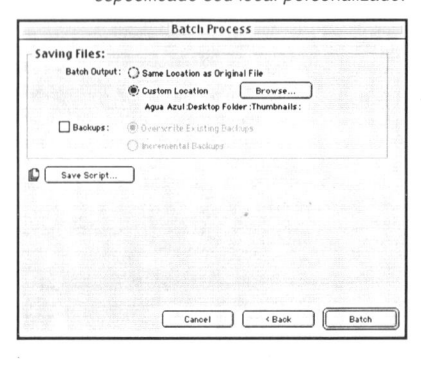

Projeto 13 - PRODUÇÃO GRÁFICA COM EFEITOS MÁGICOS AUTOMÁTICOS | **163**

7   Para revisar seu trabalho, escolha File I Open (Abrir). Localize a pasta **thumbnails**. Você deverá ver uma visualização de cada pequena imagem da exibição quando selecionar. Abra um dos arquivos, como por exemplo, o **33d.jpg**.

Note que as imagens estão no formato JPEG, indicando que os arquivos foram exportados com sucesso, a partir de seu formato TIFF original. Quando você abrir a imagem **33d.jpg** para assegurar que a operação de dimensionamento funcionou, observe que as dimensões são 90x123. Isto mostra que teve sucesso. Bravo!

Não é uma má idéia verificar as dimensões de cada pequena exibição no lote. Naturalmente, você poderá achar que essa dupla verificação frustra a finalidade do processamento em lote, porque consome um tempo valioso. Mas é uma primeira tentativa, portanto, vale a pena verificar.

Nota: Você também pode escolher Modify (Modificar) I Canvas (Tela) I Image Size (Tamanho da Imagem) para exibir as dimensões da imagem.

Nota: Nesta seção do projeto, você não criou os arquivos de backup porque colocou os arquivos em uma pasta nova. Se estiver gravando arquivos em lote na mesma pasta, será uma boa idéia marcar a opção Backups, para que não sobregrave seus originais.

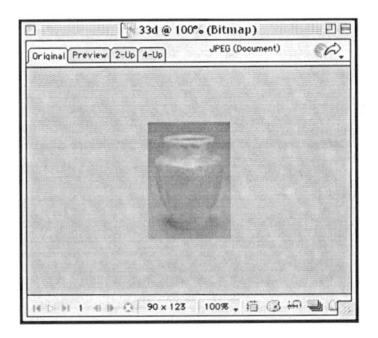

O Fireworks exibe as dimensões da imagem no centro da janela do documento.

COMO EMOLDURAR AS PEQUENAS EXIBIÇÕES

Agora que você criou pequenas imagens de exibição da coleção de cerâmica, é hora de formatar as imagens, para que pareçam boas no catálogo on-line. A construção do catálogo requer que cada pequena imagem de exibição seja emoldurada com linhas cinzas finas. Para fazer essa tarefa, você primeiro precisará registrar um conjunto de ações em uma imagem. Este conjunto de ações será baseado no comando Create Picture Frame (Criar Quadro da Imagem) já armazenado no Fireworks. Gravando as ações registradas, você poderá aplicá-las na pasta de pequenas exibições através da caixa de diálogo Batch Process.

Nesta primeira etapa, você não estará executando nenhum processamento em lote. Ao contrário, abrirá uma pequena imagem de exibição e irá modificá-la enquanto registra suas ações.

Posteriormente neste projeto, você adicionará uma borda às pequenas imagens da exibição usando o recurso Batch Process do Fireworks.

1 Escolha File I Open e selecione o arquivo chamado **41d.jpg**. no diretório **thumbnails** em sua pasta do projeto.

   Certifique-se de que a imagem não esteja selecionada.

2 Escolha Window (Janela) I History (Histórico) para acessar o painel History.

   Este painel listará cada etapa executada, enquanto cria um quadro em torno da imagem. Mais tarde, você irá usá-lo para gravar suas ações.

3 Escolha Commands I Creative (Criativo) I Add Picture Frame (Adicionar Quadro da Figura). Forneça **15** como a largura do pixel na caixa de diálogo. Clique em OK.

   O Fireworks criará um quadro da figura em torno da imagem, mas usará um preenchimento default. A próxima tarefa será modificar o quadro para que ele satisfaça as exigências de seu desenho.

4 Desbloqueie o objeto Frame (Quadro) em Layer 1 (Camada 1) e selecione-o. Então, no Properties Inspector (Inspetor de Propriedades), altere Fill (Preenchimento) de Pattern (Padrão) para Solid (Sólido) no menu instantâneo Fill e selecione branco como a cor de preenchimento.

5 No campo Effects (Efeitos) no Properties Inspector, apague o efeito dinâmico Inner Bevel (Bisel Interno) selecionando-o e clicando o botão -.

6 Altere a pincelada de None (Nenhuma) para Pencil (Lápis) I solidez com 1 pixels no menu suspenso Stroke (Pincelada) no Properties Inspector. Altere a largura da pincelada para **3** pixels. Escolha uma cor da pincelada como cinza claro (#999999), abrindo o fragmento de cores ao lado do ícone Paint Bucket (Lata de Tinta). Quando tiver completado esses comandos de formatação, cancele a seleção do quadro pressionando Cmd+D/Ctrl+D.

   Observe que todas as etapas anteriores foram registradas no painel History. Cada etapa completada tem que ser gravada em um script. Você fará isso na próxima etapa.

O quadro da figura será modificado em um desenho mais simples: duas linhas cinzas.

Use o Properties Inspector para formatar o novo quadro.

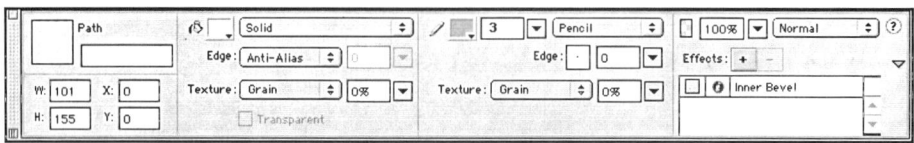

Projeto 13 - PRODUÇÃO GRÁFICA COM EFEITOS MÁGICOS AUTOMÁTICOS . | **165**

Nota: Se as bordas emolduradas de suas pequenas exibições estiverem sendo cortadas pela borda da tela, desejará aumentar a largura de sua pincelada de 3 pixels para 5 ou mais.

7   Para gravar suas etapas, destaque todas as etapas listadas no painel History pressionando Shift e clicando em cada uma. Quando todas as etapas estiverem destacadas, clique no ícone Diskette (Disquete), localizado na parte inferior do painel History. Na caixa de diálogo Command, digite **newframe** e clique em OK.

8   Escolha File I Close (Fechar) e não grave as alterações.

Você usará o processamento em lote para aplicar alterações neste arquivo de novo.

9   Escolha File I Batch Process. Na caixa de diálogo Batch Process, localize a pasta **thumbnails**. Se estiver usando um PC, altere o menu instantâneo Files of Type para JPEG. Clique o botão Add All para adicionar todos os arquivos à janela inferior. Clique o botão Next.

10   Desta vez, irá trabalhar com a opção Commands na lista Batch Options (Opções de Lote). Para exibir a lista completa de comandos, clique no ícone do sinal de mais (+) na caixa ao lado da palavra Commands. Navegue a lista de comandos que aparece, clique no comando Add Picture Frame (Adicionar Quadro da Figura) e clique em Add para colocá-lo na coluna à direita. Clique no comando newframe e clique em Add para adicioná-lo à coluna direita. Então clique o botão Next.

11   Clique o botão de rádio identificado como Custom Location e use o botão Browse para escolher a pasta **thumbnails** como o local para as pequenas exibições emolduradas. Depois do diretório ser escolhido, seu nome do caminho será listado na caixa de diálogo. Cancele a seleção da opção Backups e clique o botão Batch.

Isto iniciará o processamento em lote. Depois do processo em lote começar, o Fireworks abrirá uma caixa de diálogo para cada arquivo, pedindo para você especificar uma quantidade de pixel para a largura do quadro da figura. É uma etapa que você não pode incluir no processamento em lote. Forneça um valor **15** sempre que a caixa de diálogo aparecer. Embora seja redundante, o processo em lote cuidará de grande parte do trabalho para você.

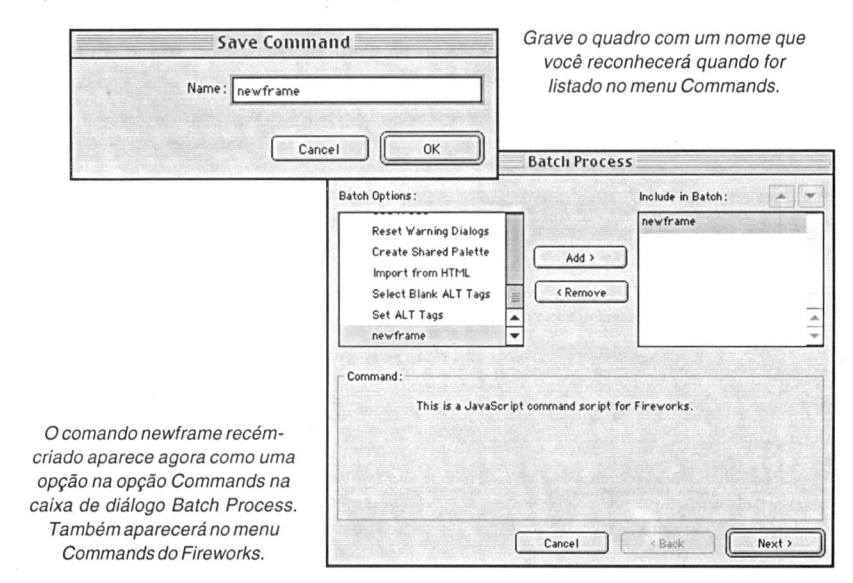

Grave o quadro com um nome que você reconhecerá quando for listado no menu Commands.

O comando newframe recém-criado aparece agora como uma opção na opção Commands na caixa de diálogo Batch Process. Também aparecerá no menu Commands do Fireworks.

Nota: Você não precisará se preocupar com a sobregravação das pequenas imagens de exibição criadas na primeira parte do projeto. Um conjunto de backup está incluído na subpasta **backups/guild_tifs** na pasta **Project 13**.

12 Depois dos comandos em lote terem sido aplicados em cada arquivo em lote, clique em OK para sair da caixa de diálogo Batch Processing.

Dica: Escolha Commands I Edit Command List (Editar Lista de Comandos) para remover os comandos do menu.

Agora você poderá exibir os resultados do processo em lote escolhendo File I Open e navegando a lista de imagens JPEG na pasta **thumbnails**. Cada uma agora está contornada por um quadro com exatamente 15 pixels de largura. Como as imagens originais da pasta **guild_tifs** tinham dimensões diferentes, as pequenas exibições emolduradas ainda têm tamanhos diferentes. Mais tarde, quando as imagens forem inseridas em uma página HTML, cada uma ocupará uma célula da tabela com uma altura e largura idênticas.

COMO CRIAR UMA EXIBIÇÃO DETALHADA

Para esta parte do projeto, você não irá trabalhar com as pequenas exibições criadas nas seções anteriores. Ao contrário, retornará para os arquivos TIFF originais na pasta **guild_tifs**. A tarefa nesta seção é usar o processamento em lote para tornar nítidas as fotos e exportá-las como JPEGs em suas dimensões originais. Este novo conjunto de fotos maiores será usado para dar aos usuários uma exibição detalhada ao clicar na pequena exibição correspondente na página do catálogo. Como a imagem aproximada é muito importante para o modo como os usuários olharão o objeto, você tornará nítidas as fotos para enfatizar a beleza das peças.

Também usará o processamento em lote para adicionar um sufixo (_large) ao nome da imagem. Do contrário, as imagens teriam o mesmo nome de arquivo das pequenas exibições, podendo causar problemas posteriormente quando o site fosse codificado na HTML.

As fotos com exibição grande, como esta, que você criará nesta seção podem ser ligadas às pequenas exibições criadas anteriormente no projeto.

Projeto 13 - PRODUÇÃO GRÁFICA COM EFEITOS MÁGICOS AUTOMÁTICOS | 167

Nota: Em alguns sites de comércio eletrônico, você achará que a pequena imagem de exibição é de fato o mesmo arquivo da imagem maior; está apenas compactado em um tamanho menor, definindo as tags HTML <width> e <height> para um valor diferente das dimensões verdadeiras da imagem. É ineficiente, não apenas porque adiciona coisas à página do catálogos (a maioria das pessoas não clica em toda pequena exibição, mas a imagem grande teria que ser carregada de qualquer modo), mas também causa uma perda da qualidade em qualquer imagem compactada ou aumentada. Para obter melhores resultados, você deverá usar dois conjuntos de imagens, como está fazendo neste projeto.

1 Escolha File I Open e selecione qualquer uma das 15 imagens no diretório **guild_tifs** em sua pasta do projeto. (Para exemplificar, usei o arquivo **33d.tif**.)

2 Escolha Window I History para acessar o painel History.

Este painel listará toda etapa executada enquanto torna nítida a foto. Você também irá usá-lo para gravar suas ações.

3 Com a imagem selecionada, escolha Filters (Filtros) I Sharpen (Tornar Nítido) I Unsharp Mask (Máscara sem Nitidez). Na caixa de diálogo que aparecer, ajuste Sharpen Amount (Quantidade de Nitidez) para 50.

Depois de ter saído da caixa de diálogo Sharpen, os detalhes da foto deverão ser ligeiramente mais aparentes. A paleta History agora deve conter um comando Filter Image (Filtrar Imagem).

4 Agora é hora de gravar as etapas que acabou de executar. Para tanto, destaque o comando Filter Image no painel History. Se você tiver mais de uma etapa, pressione Shift e clique em cada uma para selecionar a lista inteira. Quando todas as etapas estiverem destacadas, clique no ícone Diskette na parte inferior do painel History. Na caixa de diálogo Save Command (Salvar Comando), digite **sharpen** (ou qualquer nome que gostaria de dar ao seu comando) e clique em OK.

5 Escolha File I Close no menu e não grave as alterações.

Você verá o processamento em lote aplicar as alterações neste arquivo.

6 Escolha File I Batch Process. Na caixa de diálogo Batch Process, localize a pasta **guild_tifs**. Se estiver usando um PC, altere o menu instantâneo Files of Type para TIFF. Clique o botão Add All para adicionar todos os arquivos à janela inferior. Clique o botão Next.

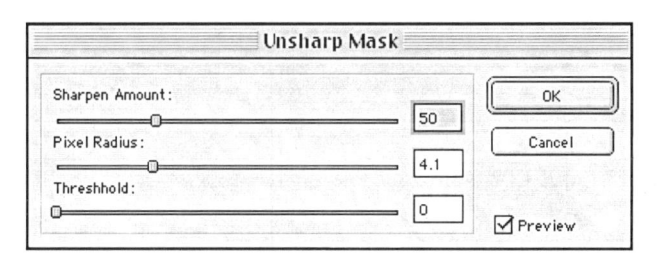

Os valores mostrados aqui aplicarão um efeito de nitidez leve.
Não exagere na nitidez da foto, porque fazer isso causará uma perda da qualidade da imagem.

7   Em Batch Options, clique duas vezes em Export para incluir essa opção no lote. Faça o mesmo para a opção chamada Rename (Renomear). Agora abra a lista Commands clicando no ícone do sinal de mais (+) na caixa ao lado de Commands e clique duas vezes em sharpen (nitidez).

A coluna direita agora deverá conter Export, Rename e sharpen.

8   Na coluna direita, destaque a opção Export. No menu instantâneo Settings (Definições) na parte inferior da caixa, escolha JPEG – Better Quality (JPEG – Melhor Qualidade).

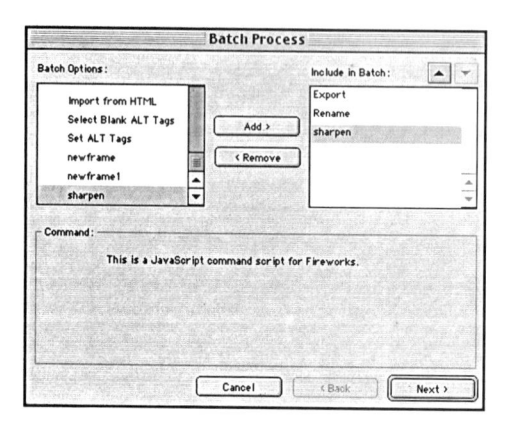

O painel Include in Batch contém três itens: Export, Rename e sharpen.

9   Destaque a opção Rename e escolha Add Suffix (Adicionar Sufixo). Dentro do campo de texto, digite **_large**. (Não se esqueça do sublinhado.)

Este sufixo será adicionado a cada nome de arquivo, distinguindo as fotos grandes das pequenas exibições. Clique o botão Next. (Note que não há nenhuma necessidade de definir as propriedades para o comando Sharpen; você já fez isso quando criou o comando.)

10 Grave seus arquivos na pasta **Igview** na pasta **Project 13** copiada para seu disco rígido. Para especificar essa pasta, clique o botão de rádio Custom Location e clique o botão Browse. Localize e selecione a subpasta **Igview** e clique em Choose (Mac) ou selecione Igview (PC).

O nome do caminho da pasta **Igview** deverá aparecer sob a opção Custom Location. Certifique-se de que o botão Backups *não* esteja selecionado durante esta etapa.

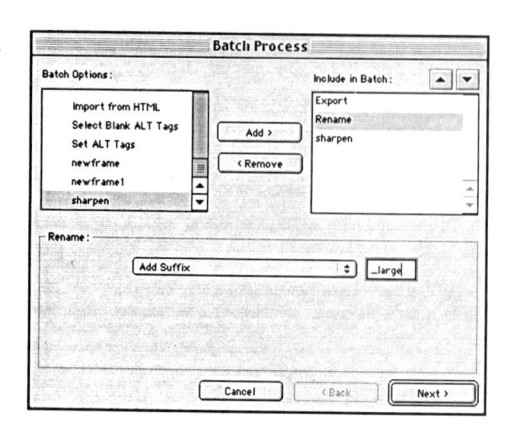

Use o menu suspenso na área Rename para especificar um sufixo. O sufixo será adicionado a cada arquivo incluído no lote.

Projeto 13 - PRODUÇÃO GRÁFICA COM EFEITOS MÁGICOS AUTOMÁTICOS | **169**

11 Clique o botão Batch. O Fireworks abrirá cada arquivo e aplicará os comandos especificados; você poderá ver o que está ocorrendo no segundo plano. A janela Batch Process mostrará qual arquivo está sendo processado atualmente. Quando todos os arquivos tiverem sido processados, clique o botão OK.

12 Depois de clicar em OK, escolha File I Open. Localize e abra a pasta **lgview**. Você deverá ser capaz de exibir uma visualização de cada imagem. Note que as imagens estão no formato JPEG, indicando que os arquivos foram exportados com sucesso, a partir de seu formato TIFF original. Note também que o sufixo _large foi adicionado a cada nome de arquivo.

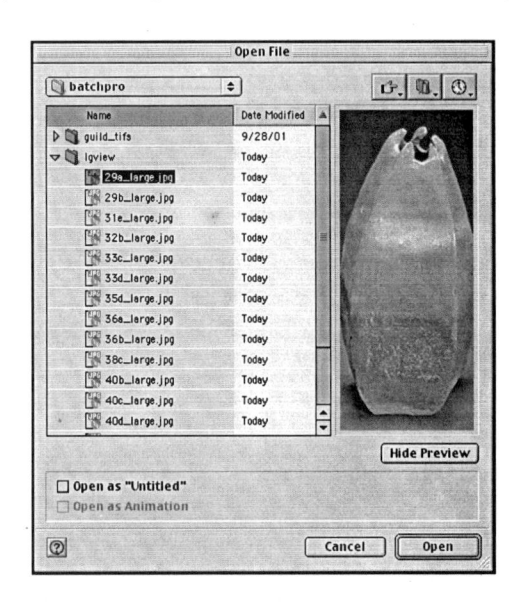

O sufixo especificado na caixa de diálogo
Batch Process foi adicionado a cada nome de arquivo.

MODIFICAÇÕES

As etapas executadas neste projeto permitiram criar pequenas imagens de exibição para um desenho do site específico. Porém, você poderá modificar essas etapas para qualquer tipo de efeito desejado. Por exemplo, poderá criar um processo em lote para alterar o matiz de cada pequena imagem de exibição. Para tanto, siga estas etapas:

1. Aplique o filtro Hue (Matiz) e grave suas etapas como um comando no painel History. Então poderá usar o comando em seus processos em lote.

   Outra maneira de criar uma galeria de fotos como a criada neste projeto é usar o Dreamweaver e o Fireworks juntos.

2. Use o comando Create Web Photo Album (Criar Álbum de Fotos Web) do Dreamweaver para criar automaticamente um conjunto de pequenas exibições e um conjunto de imagens maiores. Primeiro defina um site no Dreamweaver usando a pasta **Project 13** no disco rígido. Então abra um novo documento no Dreamweaver e escolha Commands I Create Web Photo Album.

3. Dentro da caixa de diálogo Create Web Photo Album, selecione a pasta **guild_tifs** como a Source Images Folder (Pasta das Imagens de Origem) e a pasta **thumbnails** como a Destination Folder (Pasta de Destino). Você poderá selecionar o tamanho da pequena imagem de exibição e o número de colunas que deseja incluir na página HTML que o Dreamweaver criará.

4. Depois de clicar em OK, o Dreamweaver abrirá o Fireworks e criará um conjunto de pequenas exibições. Este conjunto de pequenas exibições será apresentando em um documento Dreamweaver e cada uma será ligada à sua imagem maior correspondente. Visualize a página em seu navegador web, para ver se deseja ajustar seu processo. Lembre-se de apagar as pequenas exibições da pasta **thumbnails** se decidir refazer o processo.

   Embora o comando Dreamweaver não formate as fotos com um quadro, como você fez neste projeto, poderá usá-lo para criar seu conjunto inicial de pequenas exibições e JPEGs grandes, economizando assim mais tempo ainda!

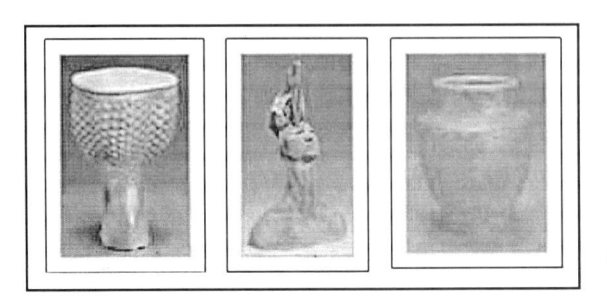

Estas pequenas exibições foram modificadas com o comando Filters I Adjust Color I Hue/Saturation.

O Dreamweaver e o Fireworks podem ser usados juntos para criar um álbum de fotos on-line. No Dreamweaver, escolha Commands I Create Web Photo Album para iniciar.

FLUXO DE TRABALHO DE COLABORAÇÃO

COMO ASSEGURAR A CONSISTÊNCIA DA CONSTRUÇÃO

As ferramentas extensas do fluxo de trabalho de colaboração do Fireworks MX permitem uma integração mais fácil e sinergia entre a mente, o computador e a produção final. Neste projeto, você aprenderá a estender sua produtividade usando e compartilhando os símbolos, os estilos e os links para produzir, editar e manter os elementos usados com freqüência em suas composições.

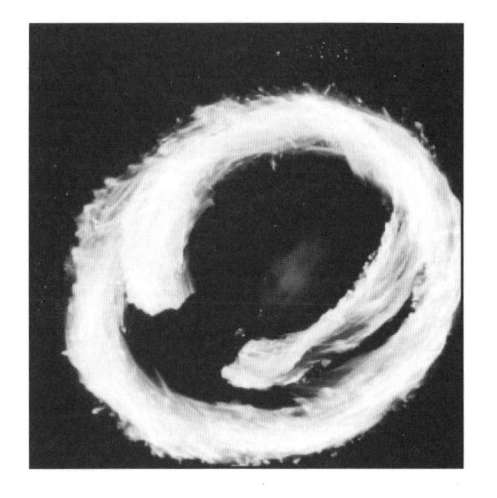

"Uma mente é como um carro: alta manutenção, precisa de suprimentos regularmente e um ajuste grato reduz a poluição."
–Steven Grosvenor

Projeto 14
Fluxo de trabalho de colaboração
de Steven Grosvenor

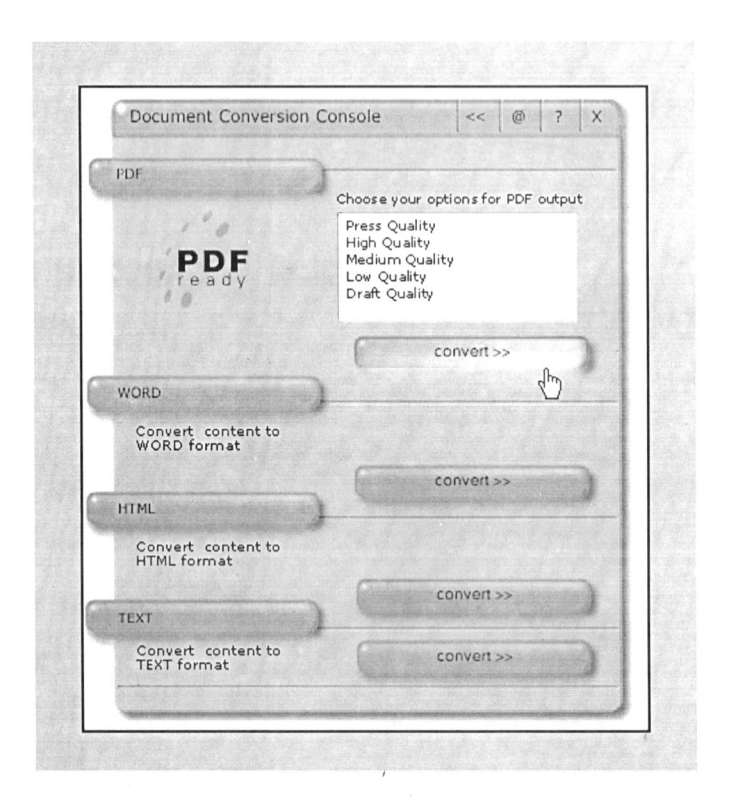

COMO INICIAR

Este projeto mostra como criar componentes web reutilizáveis e portáveis. Você criará primeiro alguns gráficos no Fireworks e então irá convertê-los em símbolos e estilos e aprenderá a gerenciá-los através dos painéis Library (Biblioteca) e Styles (Estilos). Os estilos e símbolos personalizados criados poderão então ser compartilhados com uma equipe web inteira, para melhorar a produtividade e assegurar uma consistência da construção.

Nota: Como você pode se concentrar nos métodos para usar as ferramentas do fluxo de trabalho, várias partes do projeto foram incluídas na pasta **Project 14** no CD-ROM em anexo. Você pode trabalhar no projeto totalmente, ou pode trabalhar em suas partes específicas usando os arquivos predefinidos.

Projeto 14 - FLUXO DE TRABALHO DE COLABORAÇÃO | 173

COMO GRAVAR OS ESTILOS E SÍMBOLOS BÁSICOS

Usando os símbolos e os estilos, você poderá criar componentes de construção que são fáceis de manter, atualizar e compartilhar com uma equipe. Por exemplo, poderá criar um botão transparente e gravá-lo como um símbolo. Também poderá gravar a coloração de seus componentes como estilos gráficos, que poderá aplicar em outros objetos. Usando os estilos e símbolos, uma equipe de construtores poderá manter uma aparência consistente em um projeto inteiro.

1. Abra o **nav_symbol_start.png** na pasta **Project 14** no CD-ROM em anexo. Este arquivo contém o fundo básico do símbolo de navegação, sem efeitos, símbolos ou estilos aplicados.

2. Com o objeto Background (Segundo Plano) selecionado, aplique os seguintes efeitos no Properties Inspector (Inspetor de Propriedades).

   Para Inner Bevel (Chanfro Interno):

   Bevel Edge Shape (Forma da Borda com Chanfro): Flat (Plano)

   Width (Largura): 2

   Contrast (Contraste): 54

   Softness (Suavidade): 3

   Angle (Ângulo): 135

   Button Preset (Predefinição do Botão): Raised (Elevado)

   Para Drop Shadow (Pequena Sombra):

   Distance (Distância): 7

   Color (Cor): #000000

   Opacity (Solidez): 65%

   Softness: 4

   Angle: 315

3. Com o painel Styles aberto (Window (Janela) l Styles), clique no ícone do sinal de mais (+) na parte inferior do painel para adicionar seu efeito como um estilo. Defina as seguintes opções para o estilo:

   Name (Nome): Panel Background (Gray) (Fundo do Painel (Cinza))

   Fill Type (Tipo de Preenchimento): Checked (Marcado)

   Fill Color (Cor do Preenchimento): Checked

   Effect (Efeito): Checked

   Stroke Type (Tipo da Pincelada): Unchecked (Desmarcado)

   Stroke Color (Cor da Pincelada): Unchecked

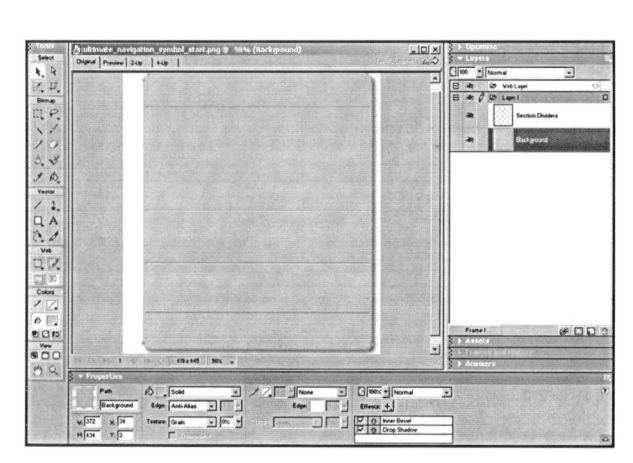

O fundo para a interface tem um chanfro sutil e um efeito de pequena sombra.

4   No painel Layers, clique no ícone ao lado da camada **Background** para bloqueá-la. Grave esse arquivo como **nav_symbol_start.png** em seu diretório de trabalho e feche o documento.

5   Abra o arquivo **button_base.png**. Escolha Modify (Modificar) I Canvas (Tela) I Canvas Size (Tamanho da Tela) no menu e aumente a tela para 500x500 px. Isto fornecerá bastante espaço para duplicar os elementos da camada e irá realocá-los nas etapas subseqüentes. Crie uma nova camada chamada **Swatch** e importe **swatch_symbol.png** para a camada a partir da pasta **Project 14** no CD-ROM em anexo.

6   Selecione o objeto Base. Escolha a ferramenta Eyedropper (Conta-gotas) e selecione a cor superior na amostra importada, definindo o objeto Base para uma cor laranja rica.

7   Selecione o objeto Base e duplique-o. (Você pode pressionar a tecla Option ou Alt e arrastar uma cópia dele ou pode escolher Edit (Editar) I Copy (Copiar) I Paste (Colar).) No painel Layers (Camadas), clique duas vezes no nome da cópia e altere-a para Base Shadow (Sombra de Base). Também no painel Layers, arraste o objeto Base Shadow para baixo do objeto Base original. Também pressione Shift e selecione ambos os objetos e escolha Modify I Align (Alinhar) I Left (Esquerda) e então Modify I Align I Top (Acima) para alinhar ambos os objetos.

8   No painel Layers, clique para selecionar o objeto Base Shadow, se já não estiver selecionado. No Properties Inspector, escolha Shadow and Glow (Sombra e Brilho) I Drop Shadow (Pequena Sombra). Use todas as definições Drop Shadow defaults, mas marque a opção Knock Out (Separar) para simular uma pequena sombra.

9   Com o objeto Base Shadow ainda selecionado, no painel Styles, escolha New Style (Novo Estilo) no menu suspenso Options (Opções). Nomeie-o como **Drop Shadow** e desmarque as definições relacionadas ao texto. Clique em OK.

10 Em seguida, selecione Modify I Symbol (Símbolo) I Convert to Symbol (Converter em Símbolo). Nomeie o novo símbolo como **Base Shadow** e selecione a opção Graphic (Gráfico). Clique em OK. Nomeie o símbolo Base Shadow como **Base Shadow** no painel Layers.

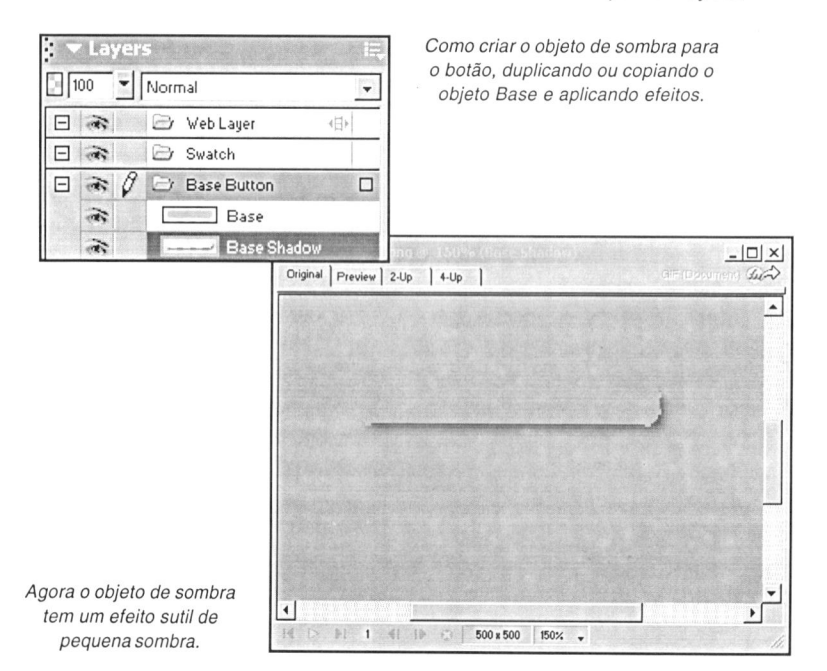

Como criar o objeto de sombra para o botão, duplicando ou copiando o objeto Base e aplicando efeitos.

Agora o objeto de sombra tem um efeito sutil de pequena sombra.

Projeto 14 - FLUXO DE TRABALHO DE COLABORAÇÃO | **175**

11 Clique no ícone Eye (Olho) no painel Layers ao lado da camada **Swatch** para ocultá-la.
12 Agora que você gravou alguns estilos, deverá exportá-los como um conjunto que as outras pessoas na equipe poderão usar para esse projeto. No painel Styles, pressione Shift e selecione os estilos criados até então e escolha Export Styles (Exportar Estilos) no menu suspenso Options. Nomeie o arquivo como **Master_Styles.stl** e grave em seu diretório de trabalho.
13 Grave seu documento como **button_base_final.png**.

Dica: Tente adquirir o hábito de gravar suas opções de cor e graduação como estilos. Poupar alguns segundos irá acrescentar no final horas de tempo economizado!

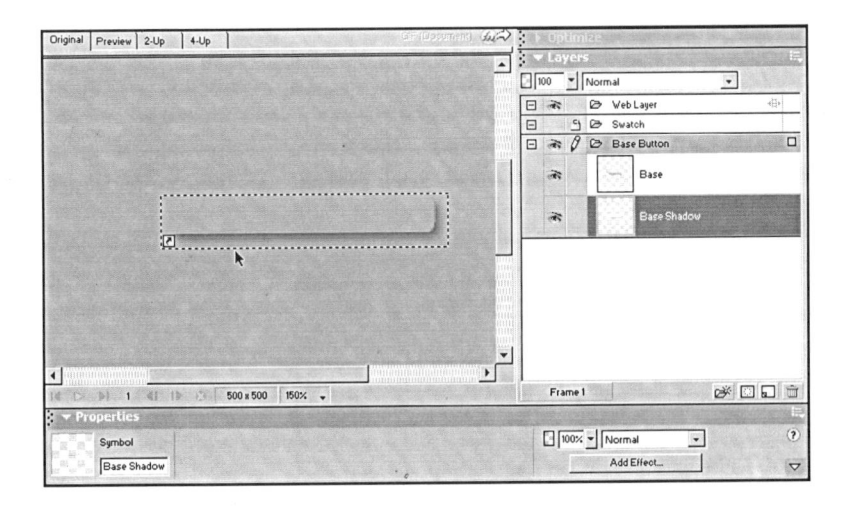

Como ajustar a ordem da pilha de objetos para alinhar o objeto de sombra.

COMO CRIAR UM SÍMBOLO DO BOTÃO TRANSPARENTE

Nesta seção, você usará várias técnicas de desenho do Fireworks para criar um botão transparente. Como as etapas para criar um botão transparente são bem complexas, fará sentido gravar o resultado final como um símbolo que você poderá compartilhar com os companheiros de equipe para assegurar a mesma aparência.

1. Continue trabalhando com seu arquivo da seção anterior ou abra o **button_base_final.png** na pasta **Project 14** no CD-ROM em anexo. Selecione Edit I Clone (Clonar) para clonar o objeto Base e no painel Layers, renomeie-o como **Highlight Top**. Posicione-o sobre o objeto Base na tela e no painel Layers.

2. Selecione Modify I Transform (Transformar) I Numeric Transform (Transformação Numérica) I Scale (Dimensionar) e defina a porcentagem da largura e da altura para 95%, assegurando que Scale Attributes (Dimensionar Atributos) e Constrain Proportions (Limitar Proporções) estejam selecionadas. Clique em OK.

176 | Fireworks MX: efeitos mágicos

3 Defina o tipo de preenchimento para ser linear (#000000 para #ff6600). No Gradient Editor (Editor de Graduação), mude a solidez da amostra laranja para 0%. Mude a direção da graduação para se tornar vertical movendo as alças para que a alça quadrada esteja tocando a parte inferior do caminho e a alça redonda tocando a parte superior do caminho.

4 No Properties Inspector, aplique os seguintes efeitos ao objeto Highlight Top:

Blur (Manchar) | Gaussian Blur (Mancha Densa): Radius 2 (Raio 2)

Adjust Color (Ajustar Cor) | Brightness/Contrast (Brilho/Contraste): Contrast 40

Com Highlight Top ainda selecionado, converta suas definições da coloração para um novo estilo, escolhendo New Style no painel Styles. Nomeie o novo estilo como **Highlight Top**. Agora grave o objeto como um símbolo, escolhendo Modify | Symbol | Convert to Symbol. Nomeie o símbolo como **Highlight Top** e escolha a opção Graphic. Clique em OK. Nomeie o símbolo como **Highlight Top** no painel Layers.

5 Agora que você criou o símbolo Highlight Top, crie o brilho de base. Clone o objeto Base e renomeie esse novo objeto como **Orange Glow**. Coloque esse objeto entre os objetos Base e Base Shadow na tela e no painel Layers.

6 Mude Edge Fills (Preenchimentos da Borda) no Properties Inspector para Feather (Distorcer) com uma definição 9. Selecione Modify | Transform | Numeric Transform | Scale e desmarque a opção Constrain Proportions. Altere a porcentagem da largura para 95% e da altura para 85% e clique em OK. Grave o objeto primeiro como um estilo e então como um símbolo chamado **Orange Glow**. Mova o símbolo Orange Glow para baixo em 7 pixels na tela.

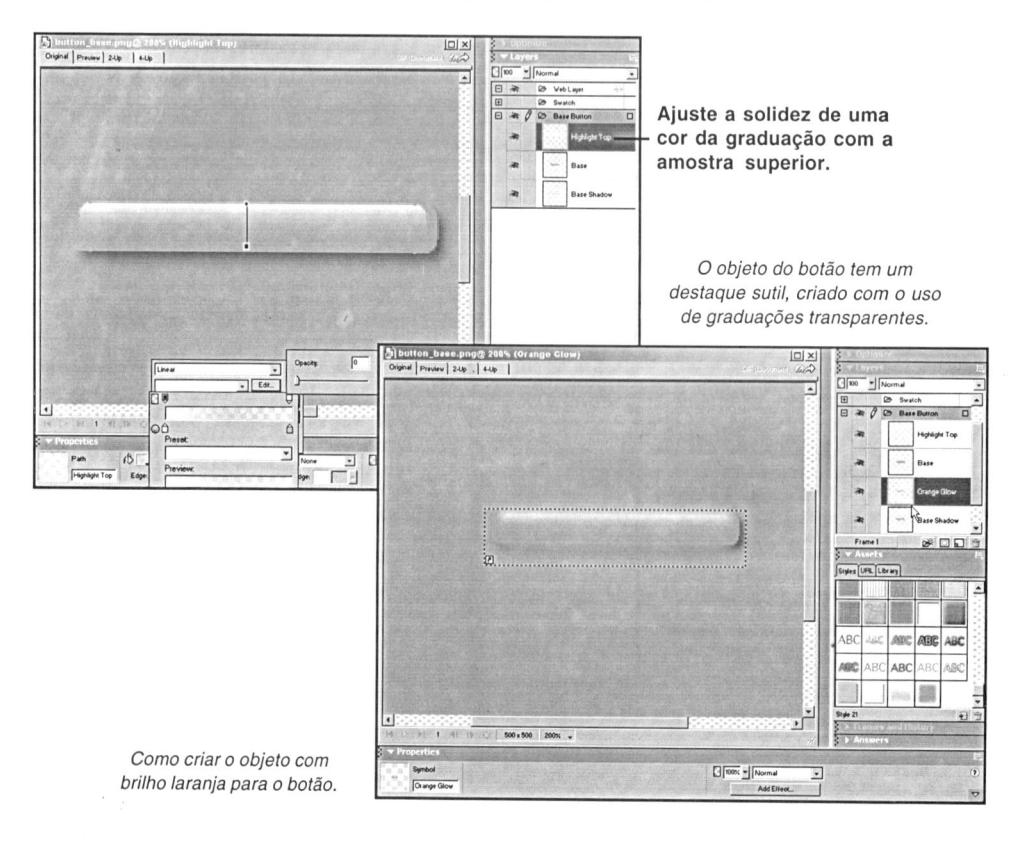

Ajuste a solidez de uma cor da graduação com a amostra superior.

O objeto do botão tem um destaque sutil, criado com o uso de graduações transparentes.

Como criar o objeto com brilho laranja para o botão.

Projeto 14 - FLUXO DE TRABALHO DE COLABORAÇÃO | **177**

7   Clone o objeto Base duas vezes e assegure-se que as camadas sejam as duas camadas mais superiores no painel Layers. Pressione Shift e selecione ambas as duplicatas e use Modify I Align para centralizá-las na vertical e na horizontal entre si. Cancele a seleção de ambas.

8   Selecione a cópia superior e use as teclas com seta para movê-la para baixo em 2 pixels e para a direita em 2 pixels. Pressione Shift e selecione ambos os objetos no painel Layers e selecione Modify I Combine Paths (Combinar Caminhos) I Punch (Furar). Esta nova forma agirá como a camada de refração do vidro superior. No painel Layers, renomeie esse objeto como **Upper Refraction** e defina a cor de preenchimento para cinza (#666666). Adicione um efeito Gaussian Blur de 0.5 pixel e defina a solidez do objeto para 50%. Grave o objeto como um estilo chamado **Glass Refraction**.

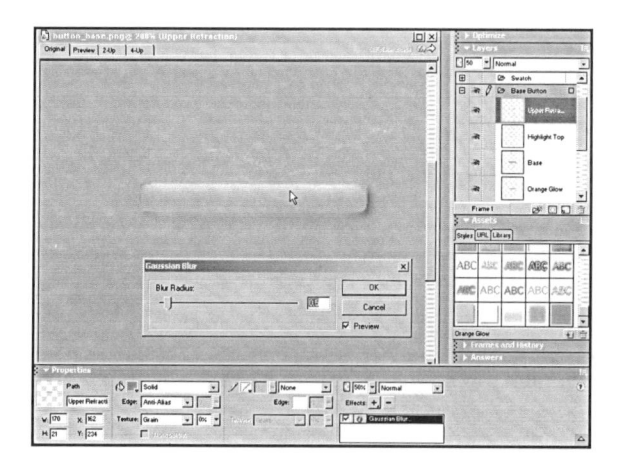

Como criar os objetos de refração para o botão.

9   Duplique o objeto Upper Refraction e renomeie-o como **Lower Refraction**. Aplique Modify I Transform I Rotate (Girar) no objeto em 180 graus. Alinhe os objetos Upper Refraction e Lower Refraction com o objeto Base original, para que todos os três fiquem um acima do outro. (Você poderá usar o painel Align no menu Modify para fazer isso.) No painel Layers, pressione Shift e selecione apenas os objetos Upper e Lower Refraction e escolha Modify I Group (Agrupar). Grave o grupo como um novo símbolo gráfico chamado **Refraction Group**, nomeando-o como **Refraction Group** no painel Layers.

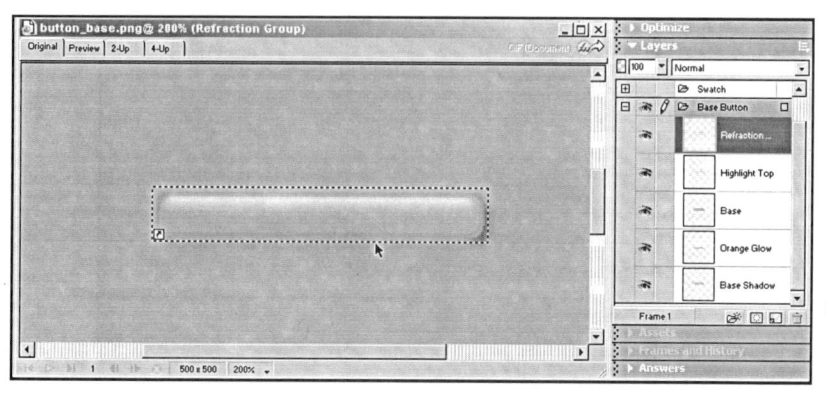

O botão agora tem uma refração de vidro sutil adicionada às bordas superior e inferior.

10 Importe **apex.png** na pasta **Project 14** para a camada **Base Button**. Alinhe o objeto Apex importado com o objeto Base. Com o objeto Apex ainda selecionado, converta-o em um símbolo gráfico chamado **Apex Artifacts**.

11 Crie um círculo com 4x4 pixels, mude a cor do preenchimento para branco e aplique um efeito Gaussian Blur de 1 pixel. No painel Layers, renomeie o objeto como **Flight Flare** e posicione-o no canto superior esquerdo do botão, assegurando que esse objeto seja o mais superior no painel Layers. Ainda selecionado, grave a cor de Light Flare como um estilo e então converta-o em um símbolo gráfico chamado **Light Flare**, nomeando-o como **Light Flare** no painel Layers.

12 Para suavizar a aparência do botão, adicione uma graduação sutil. Clone o objeto Base e vá para a parte superior da pilha Layers. Defina o tipo Fill (Preenchimento) para linear (#CC6600 para #FFCC00) e defina a solidez da primeira cor (CC6600) para 40% e a segunda cor (FFCC00) para 0%. Mova as alças da graduação para que a alça circular fique à esquerda superior do botão e a alça quadrada toque a parte inferior do botão em um ângulo de 45 graus. No painel Layers, renomeie o objeto como **Hue Changes**.

13 No documento, mova o objeto Hue Changes na parte superior do botão para baixo do objeto Light Flare e então converta-o em um símbolo gráfico também chamado de **Hue Changes**. Nomeie o símbolo gráfico como **Hue Changes** no painel Layers.

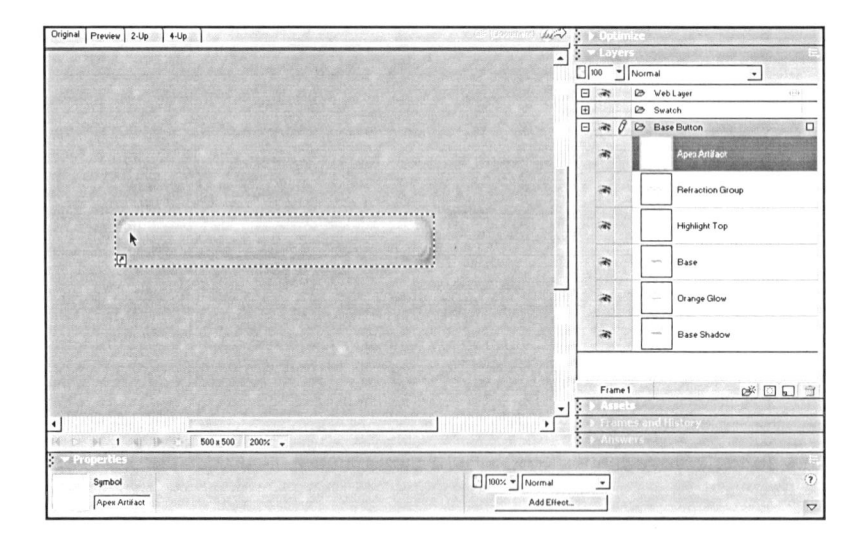

Agora o botão tem destaques sutis e sombras nos pontos do vértice.

Projeto 14 - FLUXO DE TRABALHO DE COLABORAÇÃO | **179**

14 Mova o símbolo Orange Glow para que ele fique entre os símbolos Apex Artifact e Refraction Group no painel Layers.

A esquerda superior do botão mostra agora uma alteração sutil na cor. (Você verá a alteração da cor nos arquivos do CD.)

Dica: Experimentar as diferentes cores, graduações e métodos de mistura entre os objetos poderá produzir resultados interessantes.

---

15 Agora que você construiu um botão transparente e gravou seus vários componentes como estilos e símbolos, poderá selecionar todos os elementos e gravá-los como um símbolo Glassy Button. Selecione todos os objetos que compõem seu botão. Escolha Modify I Symbol I Convert to Symbol. Note que um símbolo pode ter outros símbolos aninhados. Nomeie o novo símbolo como **Glassy Button**, marque a opção Graphic e clique em OK.

16 Grave seu arquivo como **glassy_button.png**.

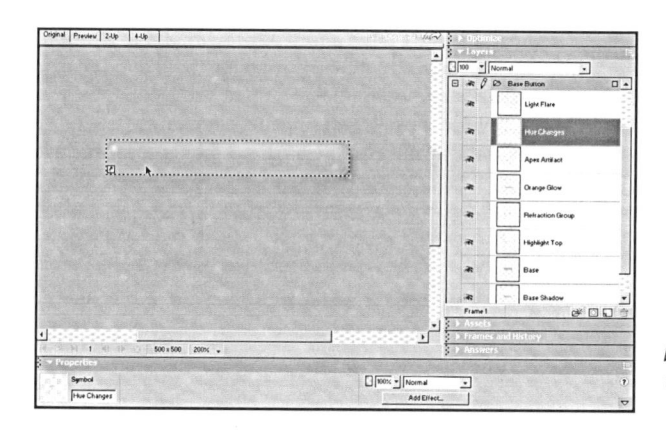

Os componentes do botão estão completos com uma alteração de suavização do matiz.

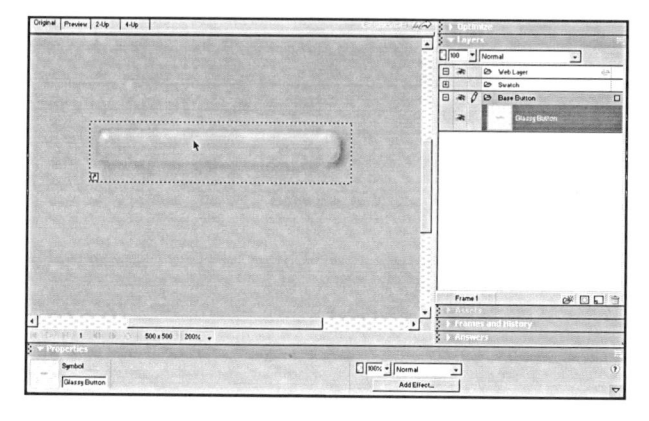

Os símbolos do componente do botão são agrupados como um símbolo-mestre.

COMO CONSTRUIR UMA BARRA DE NAVEGAÇÃO

Agora que você construiu um símbolo de botão transparente, a próxima etapa será para você ou um membro da equipe construir uma barra de navegação inteira com ele. Usando os símbolos, você manterá controle sobre a aparência da construção e as atualizações se tornarão um processo rápido e fácil. Por exemplo, depois de construir uma barra de navegação com diversas cópias do mesmo símbolo, você poderá mudar instantaneamente a aparência da barra de navegação inteira, fazendo uma alteração apenas no símbolo-fonte.

1   Inicie um novo documento que tenha 500 de altura por 400 de largura; use a resolução default e defina a cor do segundo plano para White (Branco). Para trabalhar com o mesmo símbolo Glassy Button criado anteriormente, simplesmente importe-o. Abra o painel Library (Biblioteca) e escolha Import Symbols (Importar Símbolos) no menu suspenso Options.

2   Localize o arquivo **glassy_button.png** que gravou anteriormente ou use o incluído na pasta **Project 14** no CD-ROM em anexo. Clique em Open (Abrir). Uma janela aparecerá, listando todos os símbolos para esse documento. Selecione o símbolo Glassy Button e clique em Import.

O símbolo Glassy Button, junto com os símbolos aninhados nele, aparecerá listado no painel Library.

3   Selecione o símbolo Glassy Button em Library e arraste-o para o documento, nomeando o elemento como **First State**. Crie uma duplicata do símbolo na página. O desenho Glassy Button original se tornará o primeiro estado de um botão interativo que você construirá. Você irá transformar o símbolo duplicado no estado de rollover do botão. Para tanto, terá que dividir o símbolo, fazer alterações e então convertê-lo novamente em um símbolo com um novo nome**.**

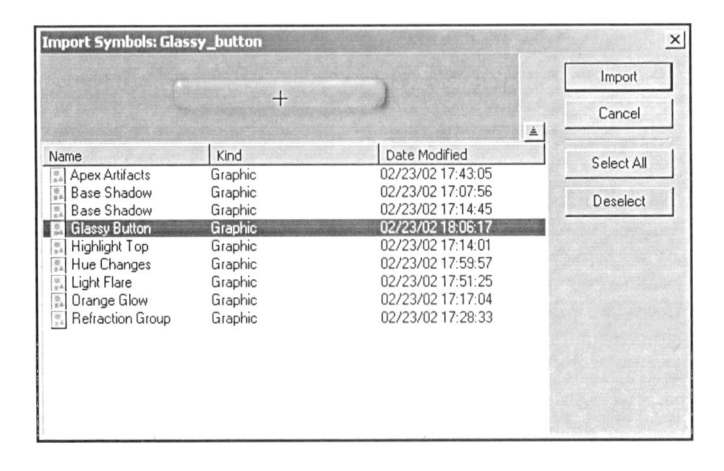

Como importar o símbolo Glassy Button para um novo documento.

Projeto 14 - FLUXO DE TRABALHO DE COLABORAÇÃO | 181

4 Selecione o símbolo duplicado e escolha Modify I Symbol I Break Apart (Dividir). Agora o botão será um grupo, consistindo em diversos símbolos. Escolha Modify I Ungroup (Desagrupar). Selecione apenas os símbolos com laranja como seu preenchimento principal ou cor de graduação e novamente escolha Modify I Symbol I Break Apart. Agora que esses símbolos estão separados, mude o laranja para uma cor escolhida.

5 Depois de ajustar as graduações e os preenchimentos, transforme de novo o objeto em um novo símbolo. Escolha Modify I Symbol I Convert to Symbol. Selecione a opção Graphic e nomeie-o como **Button Rollover**.

6 Selecione Edit I Insert (Inserir) I New Button (Novo Botão). A janela Button Editor (Editor de Botões) aparecerá, onde você poderá construir os estados Up (Elevado), Over (Sobre) e Down (Abaixado) de um botão. Arraste e solte a versão laranja de seu botão no painel Library para a janela Button Editor. Centralize o símbolo na janela e defina ambos os pontos X e Y de registro em 0 no Properties Inspector. Adicione o texto **convert >>** (Fonte: Verdana, Tamanho: 10, Cor: #000000) para que fique centralizado no meio do botão. Agora, no Button Editor, clique na aba Over. Arraste e solte a versão cinza de seu botão na janela. Forneça os mesmos locais X e Y da versão laranja. Copie o texto fornecido no estado Up do botão para o estado Over.

Clique em Done (Terminado) para fechar a janela Button Editor.

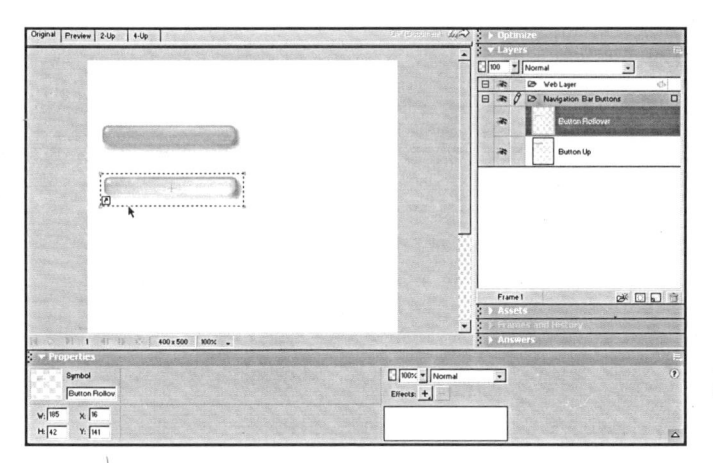

Divida o símbolo duplicado para mudar sua coloração. Grave o novo desenho como um novo símbolo

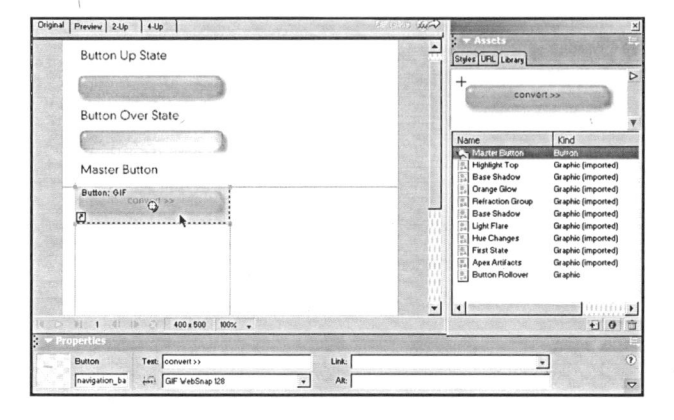

Como construir o botão a partir de uma série de símbolos aninhados.

7 No painel Library, clique duas vezes no novo botão e renomeie-o como **Master Button**. Apague os símbolos Up e Over da tela e deixe apenas Master Button. Escolha Modify | Canvas | Fit Canvas (Caber na Tela). Agora grave o documento como **button_source.png** na pasta **Project 14**.

8 Abra o arquivo **nav_symbol_start.png** na pasta **Project 14** e adicione uma nova camada no painel Layers. Para construir uma barra de navegação usando seu símbolo de botão gravado, você terá primeiro que importá-lo para o painel Library. No painel Library, escolha Import Symbols no menu suspenso Options. Localize o arquivo **button_source.png** e clique em Open. Na janela Import Symbols, destaque o símbolo Master Button e clique em Import. Master Button agora aparecerá no painel Library, pronto para ser usado.

Note que é o mesmo processo pelo qual os colaboradores passariam para usar o símbolo Master Button em seus arquivos.

9 Arraste quatro cópias do símbolo Master Button de Library para seu documento e posicione-as uma sobre a outra nas seções divididas.

Voilà! Você tem uma barra de navegação instantânea, criada a partir de um botão-mestre.

10 No painel Library, escolha Import Symbols no menu suspenso Options. Localize o arquivo **interface_pieces.png** e clique em Open. Na janela Import Symbols, destaque o símbolo Interface Pieces e clique em Import.

O símbolo Interface Pieces agora aparecerá no painel Library. Arraste uma cópia do símbolo Interface Pieces para seu documento e alinhe para que o cabeçalho caiba na parte superior da interface.

11 Para mudar a aparência da barra de navegação instantaneamente, simplesmente mude o símbolo-mestre. No documento, clique duas vezes em um dos botões. A janela Button Editor aparecerá.

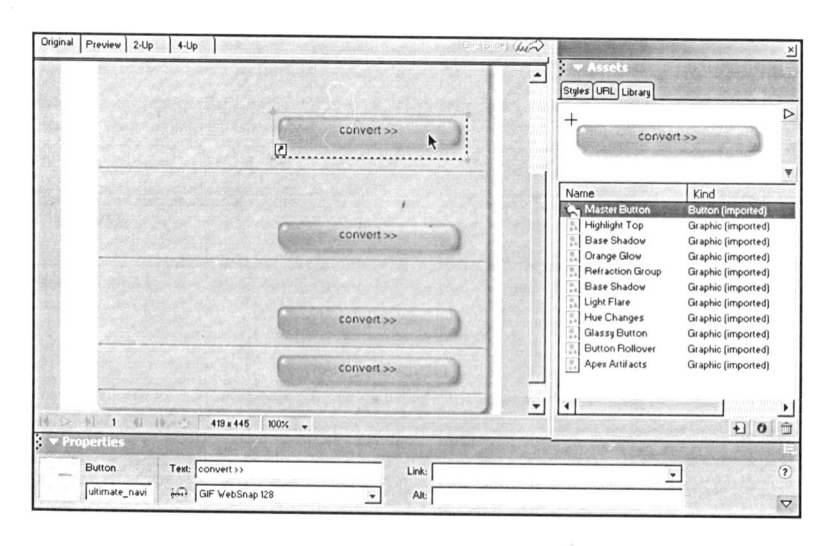

Como construir a barra de navegação a partir de Master Button.

Projeto 14 - FLUXO DE TRABALHO DE COLABORAÇÃO | **183**

12 Clique duas vezes no símbolo no estado Up para abrir a janela Symbol Editor. Como o Master Button é em si uma coleção de símbolos, clique duas vezes de novo. Outra janela Symbol Editor aparecerá. Com a ferramenta Select Behind (Selecionar Atrás) (V) ativa, continue clicando duas vezes nos objetos laranjas na janela Symbol Editor até poder editar seus caminhos de origem. Mude a cor do preenchimento ou da graduação de laranja para verde.

Feche todas as janelas Symbol Editor para voltar para seu documento principal. Sua barra de navegação inteira deverá agora ter botões verdes!

MODIFICAÇÕES

O que é uma interface sem funcionalidade? Nesta seção final, você irá atribuir links e URLs aos botões de navegação, fechando a lacuna entre o codificador e o construtor. Esses URLs são fictícios e poderão ser substituídos mais tarde pelos URLs escolhidos.

1   Abra o **nav_symbol_final.png** na pasta **Project 14**. No menu Options do painel URL Library (Biblioteca de URLs), selecione New URL Library (Nova Biblioteca de URLs). Nomeie a biblioteca como **ultimate_navigation_symbol.htm**.

2   Digite os seguintes URLs na caixa de texto e clique no ícone do sinal de mais (+), depois de fornecer cada URL:

   convert.asp?type=1

   convert.asp?type=2

   convert.asp?type=3

   convert.asp?type=4

   Quando você fornecer os URLs, eles aparecerão na caixa abaixo da área de entrada.

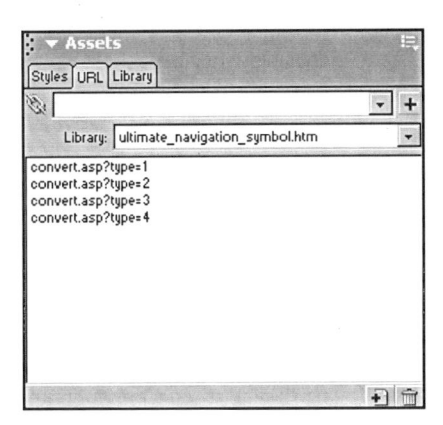

Como adicionar links às instâncias do botão na interface.

3   Selecione Export URLs (Exportar URLs) no menu Options no painel URL Library. Nomeie o arquivo como **Master_URLS.htm** e grave-o em um diretório escolhido. Agora que gravou seus links, poderá enviá-los por e-mail para os colaboradores, para que todos na equipe usem não apenas os mesmos estilos e símbolos, mas também os mesmos links.

4   Selecione o primeiro símbolo do botão no documento. Clique no primeiro link **convert.asp?type=1** no painel URL. O link será atribuído ao botão. Selecione o segundo botão e aplique o segundo link. Continue a aplicar os dois links restantes aos botões restantes. Grave seu arquivo. Para visualizar seu trabalho em um navegador, pressione F12.

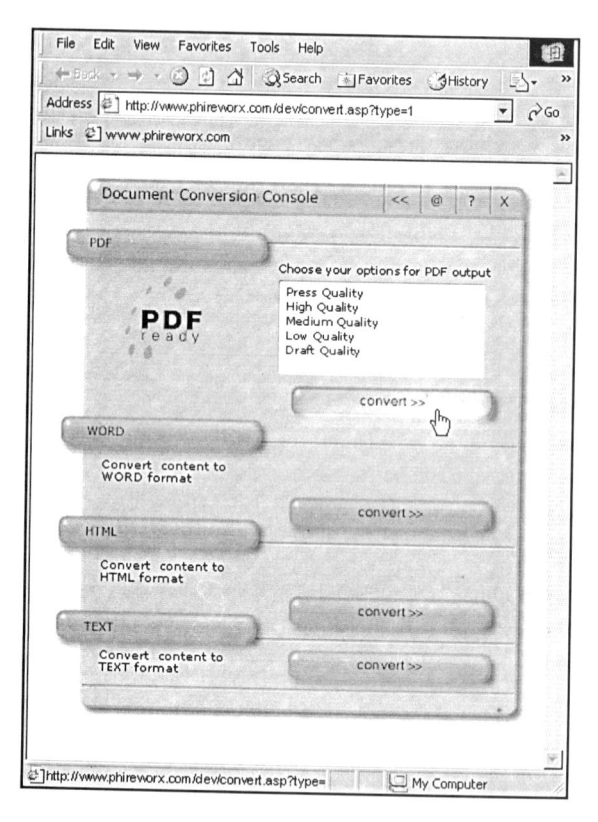

A interface com os botões aninhados, símbolos e links visualizados em uma janela do navegador.

EXTENSÕES PODEROSAS DO FIREWORKS

"Uma das grandes alegrias da vida é realizar o que os outros dizem que não pode ser feito."
–Anônimo

COMO CRIAR COMANDOS FLASH PERSONALIZADOS

Construindo extensões Fireworks com o JavaScript e o Macromedia Flash, você poderá economizar horas ao trabalhar nas tarefas repetidas. Poderá usar essas extensões em seus projetos e poderá aplicá-las em qualquer lugar que precise de um impulso de produtividade ou criatividade. Neste projeto, você verá como as extensões Fireworks funcionam, como são criadas, como poderá dar-lhes uma ótima interface do usuário baseada no Flash e compartilhá-las com outras pessoas.

Projeto 15
Extensões poderosas do Fireworks
de Joe Marini

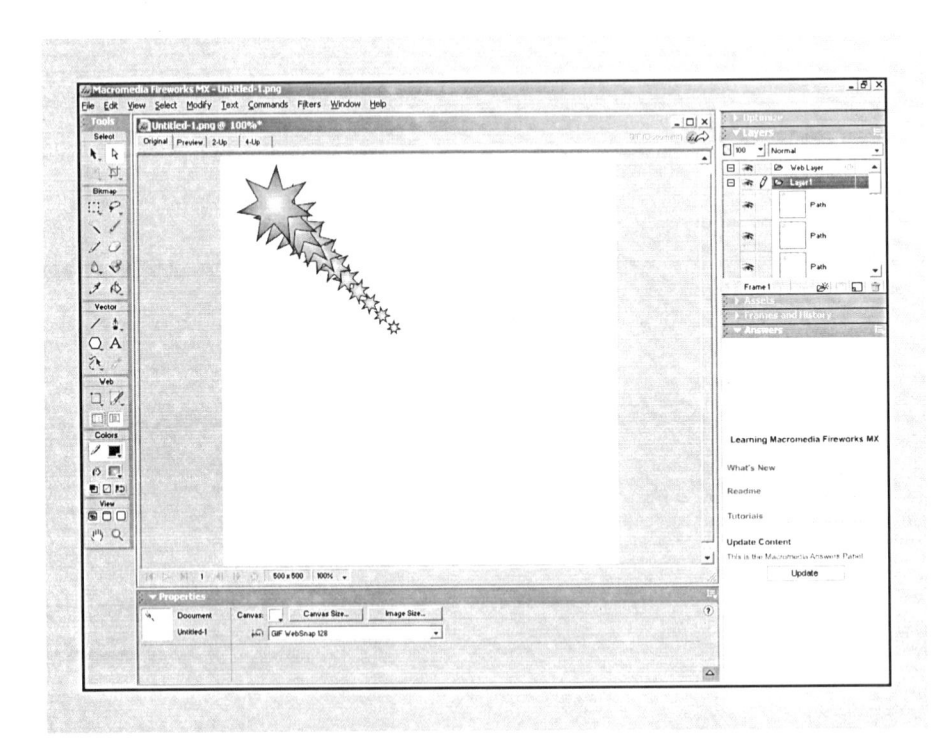

COMO INICIAR

As extensões Fireworks são fragmentos de JavaScript que informam ao Fireworks para executar certas ações, como por exemplo criar e manipular os caminhos, definir as cores, mover os objetos, etc. Essas extensões são acessadas de dentro do Fireworks, através do menu Commands (Comandos).

Neste projeto, você irá criar uma extensão Fireworks que simplifica o processo de criar uma série animada de quadros para uma dada forma. Porém, antes de começar a criar a extensão real, você irá revisar como as extensões Fireworks são criadas, como funcionam e como poderá compartilhá-las com outras pessoas em sua organização ou com amigos.

Para completar este projeto, precisará do Fireworks 5 e do Flash 5. Se não tiver a ferramenta de autoria Macromedia Flash, não se preocupe. Mostrarei uma maneira alternativa de adicionar uma interface do usuário à sua extensão.

O Fireworks vem com várias extensões já predefinidas. Quando você cria uma nova extensão, pode acessá-la através do menu Commands. Os arquivos de extensão do Fireworks são armazenados na pasta Commands, que está localizada na pasta Fireworks MX/Configuration. Se você olhar dentro da pasta Commands, verá os arquivos que terminam com uma extensão .jsf. São os arquivos Fireworks JavaScript e contêm o código JavaScript para cada extensão vista no menu Commands. Você poderá compartilhar os comandos com seus colaboradores e amigos, fornecendo-lhes cópias desses arquivos. Quando eles as colocarem em sua própria pasta Commands, terão acesso aos comandos.

Quando você escolhe uma extensão no menu Commands, o Fireworks executa o código desta extensão, que é armazenado no arquivo JSF correspondente na pasta Commands. Não é necessário envolver o código no arquivo JSF com uma tag <script>, como faria na HTML.

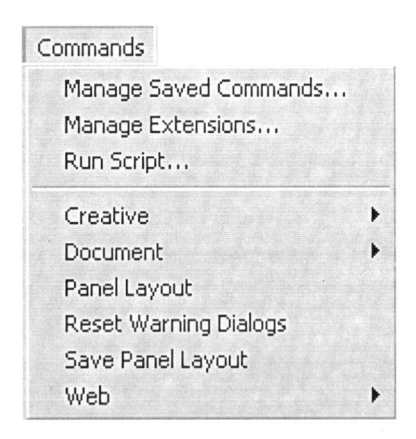

O menu Commands do Fireworks.

COMO CONFIGURAR O AMBIENTE DE CONSTRUÇÃO

Nesta seção, você irá configurar o ambiente de construção do Fireworks para criar a extensão. Irá construir um documento de amostra com um objeto que irá usar na criação da extensão. Então, testará a extensão com o documento construído.

1. Inicialize o Fireworks e crie um novo documento. Abra espaço para trabalhar, de preferência com 500x500 pixels, um fundo branco e 72 dpi.

2. Na seção Vector (Vetor) do painel Tools (Ferramentas), selecione a ferramenta Polygon (Polígono). (Você terá que clicar e pressionar na ferramenta Rectangle (Retângulo) para exibir a ferramenta Polygon em um menu instantâneo.) No Properties Inspector (Inspetor de Propriedades), selecione Star (Estrela) no menu Shape (Forma). Defina o número de pontos para 7 e o ângulo para 45 graus.

3 Desenhe um objeto de estrela no canto superior esquerdo do documento.

Torne o objeto grande o bastante para trabalhar com facilidade, pelo menos com 100x100 pixels.

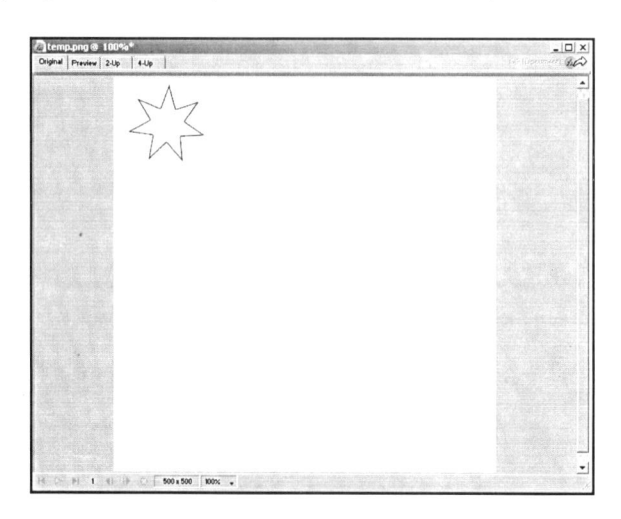

Um objeto de estrela simples na tela do documento.

4 Usando o Properties Inspector, selecione um preenchimento com graduação Starburst para a estrela e selecione as cores escolhidas. Selecione uma pincelada com 1 pixel.

Agora seu documento deverá ter uma estrela com sete pontas. Imagine que esse elemento de estrela simples seja algo que você pretende usar com freqüência em um projeto. Agora que executou as etapas de construção da estrela, poderá gravar suas etapas como um comando personalizado. Na próxima vez em que precisar de uma estrela, poderá então simplesmente escolher seu comando no menu Commands.

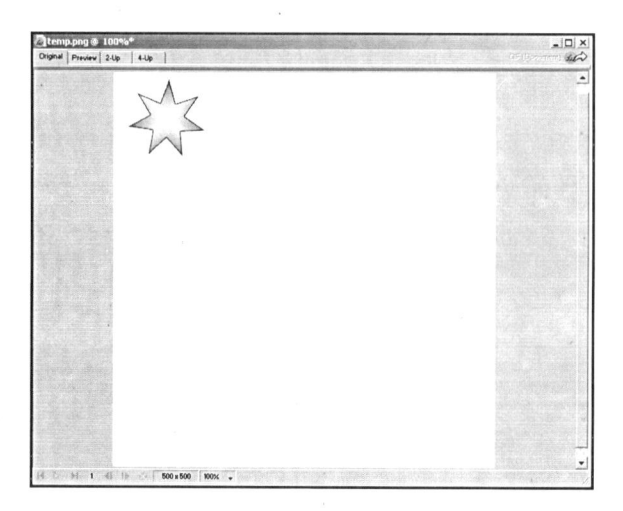

O objeto de estrela com um preenchimento com graduação Starburst.

Como construir a extensão
Lembrando um pequeno histórico

Agora que você tem um objeto com o qual pode trabalhar em seu documento, iremos construir o código para a extensão. No momento, ao invés de usar um editor de texto, você irá usar o painel History (Histórico) do Fireworks. Isto fornecerá uma lista das ações recentes executadas no documento atual e permitirá que você as grave como comandos.

Cada ação aparecerá em sua própria linha separada no painel. Usando o painel History, você poderá selecionar as etapas e "reproduzi-las" como se fossem uma única etapa. E mais, poderá gravar um conjunto de etapas selecionadas como um comando. Para reproduzir as ações recentes, simplesmente selecione as etapas que deseja repetir e clique o botão Replay (Repetir). Para gravar essas etapas como um comando, clique no ícone de disquete na parte inferior direita do painel History e forneça um nome para o comando.

1   No menu Window (Janela), selecione o painel History, se já não estiver visível (ou pressione Shift+F10).

Quando o painel History aparecer, provavelmente ele já conterá uma lista de etapas. São as etapas usadas para criar o objeto de estrela na seção anterior.

Nota: O painel History lembra-se da maioria das ações executadas em um documento, mas há algumas exceções notáveis a saber ao criar os comandos. Por exemplo, os painéis History não registram os movimentos do mouse ou as seleções feitas usando o mouse. Para capturar esses eventos e registrá-los no painel History, você precisará usar os atalhos do teclado, ao invés do mouse.

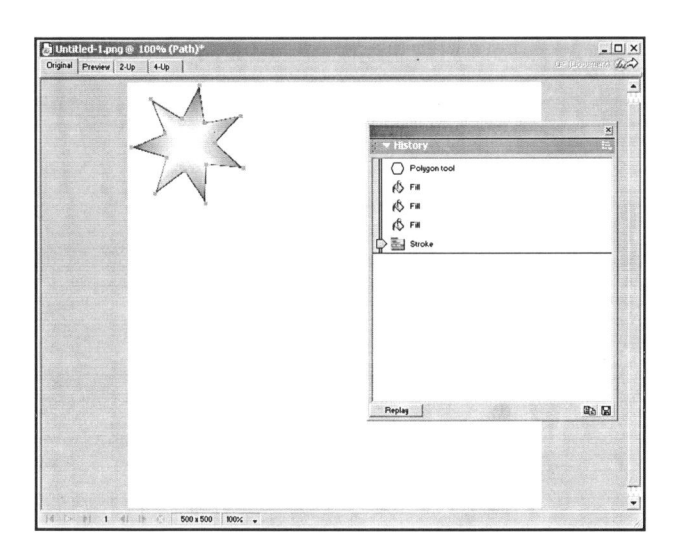

O painel History do Fireworks.

2 Como você não precisa das etapas originais, iremos nos livrar delas clicando no menu instantâneo do painel History e selecionando Clear History (Limpar Histórico). Clique em OK na caixa de diálogo que pede para você confirmar sua ação. Deixe o painel History aberto, para que possa observar o que ocorrerá quando executar as seguintes etapas.

3 Com a ferramenta Pointer (Ponteiro), selecione o objeto de estrela no documento criado na seção anterior.

4 Clone a seleção pressionando Ctrl(Cmd)+Shift+D. O painel History registrará uma etapa Clone (Clonar).

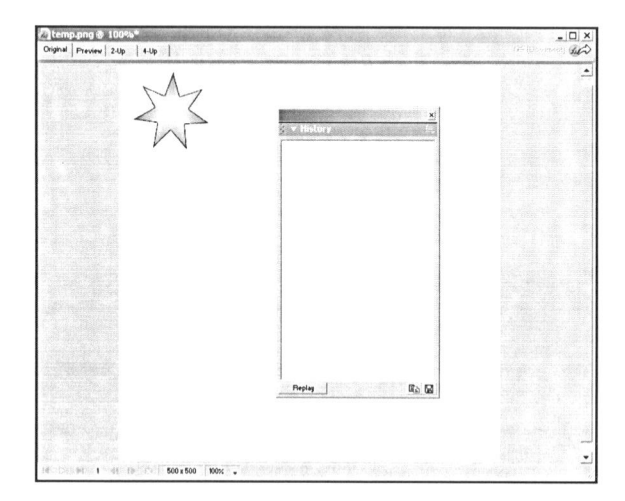

Um estado vazio – o painel History limpo.

5 Mova a seleção para a direita pressionando a tecla Shift e a tecla com seta para a direita duas vezes. O painel History registrará as duas etapas Move (Mover).

6 Mova a seleção para baixo pressionando a tecla Shift e a tecla com seta para baixo duas vezes. O painel History registrará mais duas etapas Move.

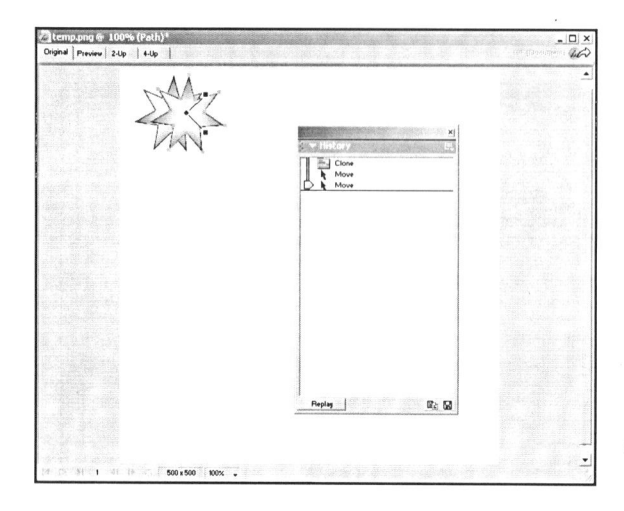

Como construir um conjunto de etapas History.

Projeto 15 - EXTENSÕES PODEROSAS DO FIREWORKS | 191

7 Selecione Modify (Modificar) I Transform (Transformar) I Numeric Transform (Transformação Numérica). Selecione Rotate (Girar) no menu Transform Type (Tipo de Transformação) e forneça **15** graus. Clique em OK. O painel History registrará uma etapa Transform.

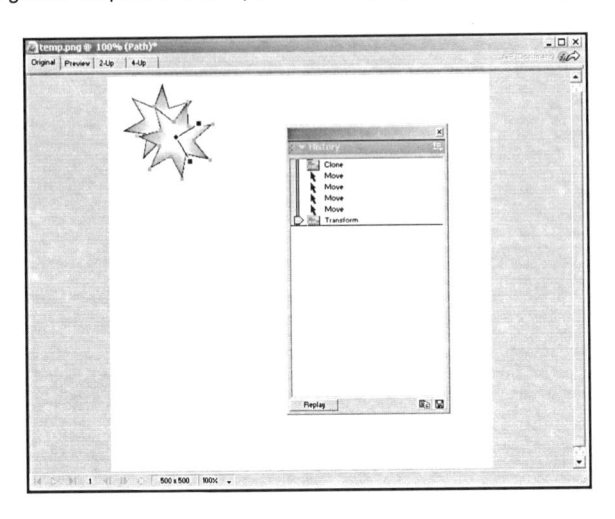

O comando toma forma.

8 Selecione Modify I Transform I Numeric Transform. Selecione Scale (Dimensionar) no menu do tipo de transformação e forneça **80** porcento. Deixe os quadros de seleção Scale Attributes (Dimensionar Atributos) e Constrain Proportions (Limitar Proporções) marcados. Clique em OK. O painel History registrará outra etapa Transform.

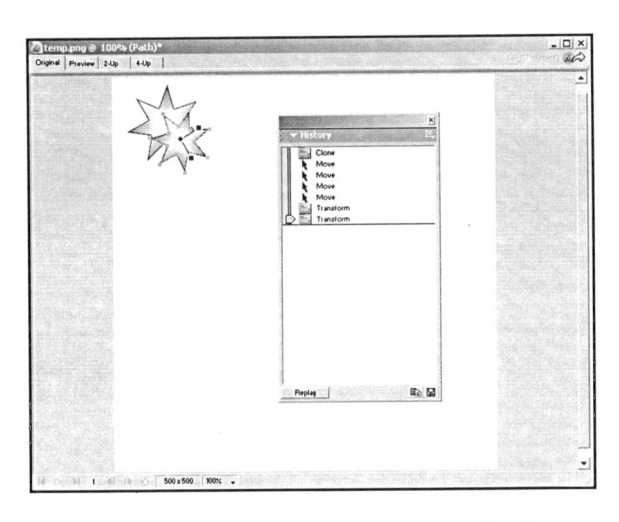

Quase pronto – todas as transformações são registradas.

9   Selecione Modify I Arrange (Organizar) I Send To Back (Enviar Para Trás) (ou pressione Ctrl+Shift+seta para baixo). O painel History registrará uma etapa Move to Back (Mover para Trás).

Neste ponto, o painel History deve conter uma lista de todas as suas etapas.

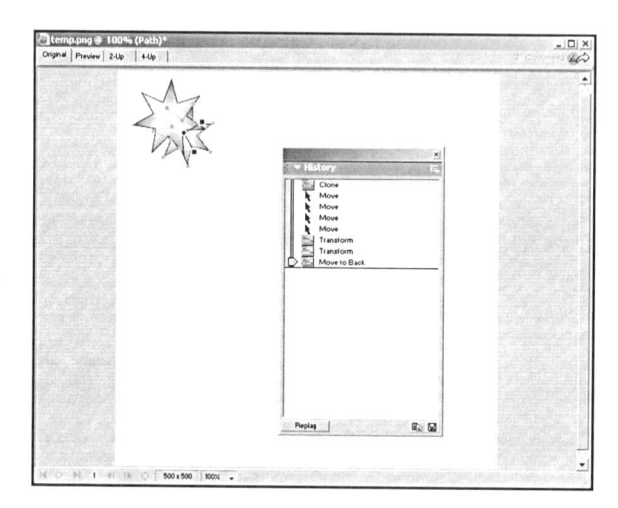

Terminado! Um comando completo construído com o painel History.

10 No painel History, pressione Shift e selecione as etapas que acabou de registrar e clique no ícone de disquete no canto inferior direito do painel History. Quando a caixa de diálogo Save Command (Salvar Comando) aparecer, forneça um nome para seu comando como **My Transformer**. Clique em OK.

É tudo! Agora, se você clicar no menu Commands, deverá ver seu comando listado. Poderá executar este comando repetidamente em qualquer objeto selecionado ou grupo de objetos no documento Fireworks. Note que quando executar o comando, o painel History registrará uma única etapa Command Script (Script do Comando).

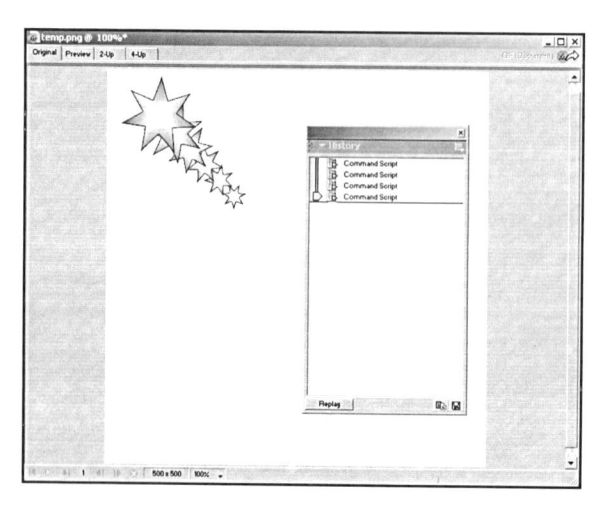

Como executar o comando quatro vezes no objeto de estrela.

Como fornecer extensão a uma interface do usuário

O comando que você criou é muito útil, mas ainda tem um foco estreito. Por exemplo, ele não permite escolher a quantidade de giro do objeto selecionado, quanto deslocamento é feito a cada vez que é movido ou a quantidade do dimensionamento. O comando seria mais útil se um usuário pudesse fornecer valores diferentes para cada uma das definições, ao invés de ter que usar os mesmos valores sempre. Também seria ótimo se um usuário pudesse especificar quantas vezes clonar a seleção e aplicar essas transformações. Chegou a hora de adicionar uma "interface do usuário" à sua extensão.

Nesta seção, você usará um editor de texto para adicionar uma interface básica que permite aos usuários personalizarem algumas maneiras como seu comando opera. Na próxima seção, você usará o Flash para adicionar uma interface realmente atraente ao seu comando.

1 Localize o arquivo do comando **mytransformer.jsf** criado na seção anterior ou o arquivo **simpleinterface.jsf** fornecido na pasta **Project 15** no CD-ROM em anexo. Abra o arquivo de comando em um editor de texto como o Notepad (Bloco de Notas) ou SimpleText para ver o que há dentro.

O arquivo de comando criado a partir do painel History na seção anterior será armazenado na pasta Fireworks MX Commands, que está em um lugar diferente do Fireworks 4. Está localizada em um local específico em seu disco rígido, dependendo do sistema operacional que seu computador usa (como indicado no seguinte):

```
fw.getDocumentDOM( ).cloneSelection( );
fw.getDocumentDOM( ).moveSelectionBy({x:10, y:0}, false, false);
fw.getDocumentDOM( ).moveSelectionBy({x:10, y:0}, false, false);
fw.getDocumentDOM( ).moveSelectionBy({x:0, y:10}, false, false);
fw.getDocumentDOM( ).moveSelectionBy({x:0, y:10}, false, false);
fw.getDocumentDOM( ).rotateSelection(15, "autoTrimImages
->transformAttributes");
fw.getDocumentDOM( ).scaleSelection(.80000001192092896,
->0.80000000000000004, "autoTrimImages transformAttributes");
fw.getDocumentDOM( ).arrange("back");
```

Macintosh

- **OS X:** HD/Users/<nome usuário>/Library/Application Support/Macromedia/Fireworks MX/Commands
- **Um usuário clássico:** HD/System Folder/ Application Support/Macromedia/Fireworks MX/Commands
- **Diversos usuários clássicos (usuário):** HD/Users/<nome usuário>/Preferences/Macromedia/Fireworks MX/Commands
- **Diversos usuários clássicos (administrador):** HD/System Folder/Preferences/Macromedia/FireworksMX/Commands

Windows

- 98 e ME (um usuário): **[diretório Windows]**
  Application Data\Macromedia\Fireworks MX\Commands
- 98 e ME (diversos usuários): **[diretório Windows]**
  profiles\<nome usuário>\Application Data\Macromedia\Fireworks MX\Commands
- NT: **[diretório Windows]\profiles\<nome usuário>**
  Application Data\Macromedia\Fireworks MX\Commands
- 2000 e XP: **C:\Documents and Settings\<nome**
  usuário>\Application Data\Macromedia\Fireworks MX\Commands

Nota: Algum código poderá ser familiar para você; outro poderá ser novo. Cada linha do código JavaScript corresponde a uma das etapas History gravadas na seção anterior. O objeto fw é um objeto global que se refere à aplicação Fireworks. Este objeto permite acessar toda a funcionalidade fornecida pela interface de programação da aplicação (API) do Fireworks, um termo elegante que significa "um monte de funções que você pode informar ao Fireworks para executar". A função getDocumentDOM( ) refere-se ao seu documento Fireworks atual e aos objetos que ele contém.

---

2. Selecione e apague tudo, exceto as primeiras linhas moveSelectionBy para começar a consolidar este código.

```
fw.getDocumentDOM( ).cloneSelection( );
fw.getDocumentDOM( ).moveSelectionBy({x:10, y:0}, false, false);
fw.getDocumentDOM( ).rotateSelection(15, "autoTrimImages
->transformAttributes");
fw.getDocumentDOM( ).scaleSelection(.80000001192092896,
->0.80000000000000004, "autoTrimImages transformAttributes");
fw.getDocumentDOM( ).arrange("back");
```

Você não precisará de quatro chamadas separadas para moveSelectionBy( ), porque poderá mover a seleção na vertical e na horizontal de uma só vez. Assim poderá consolidar as quatro linhas em uma.

3. Crie alguns retornos na parte superior do código, então acrescente a seguinte linha:

```
var hDist = prompt("Enter a value to move the selection horizontally:");
```

A função prompt permite que os usuários alterem a quantidade de distância na qual o objeto clonado é movido a cada vez.

4. Em seguida, adicione mais algumas linhas, que permitirão ao usuário controlar o quanto o objeto se move na vertical, o quanto é girado e o quanto é dimensionado.

```
var hDist = prompt("Enter a value to move the selection vertically:");
var r = prompt("Enter a value to rotate the selection by (in degrees):");
var s = prompt ("Enter a percentage to scale the selection by (i.e., 90):");
```

Observe os nomes das variáveis: vDist para o quanto o objeto é movido na vertical, r para o quanto é girado e s para o quanto é dimensionado. Você irá se referir a essas variáveis na última etapa.

5   Na próxima linha, irá adicionar o código que permitirá ao usuário repetir o comando inteiro várias vezes.

```
var count = prompt("How many times should I repeat?");
var i=0;
```

Repetindo o comando, você acabará com diversos objetos duplicados, movidos, girados e dimensionados, que poderão compor as etapas de uma animação. Por exemplo, depois de executar o comando, você poderia selecionar todos os objetos resultantes e escolher a opção Distribute to Frames (Distribuir nos Quadros) no painel Frames (Quadros).

6   Na próxima linha, abra um loop for ( ) adicionando estas duas linhas:

```
for (i=0; i<count; i++)
{
```

Como você está permitindo que os usuários repitam o comando, precisará colocar as etapas dentro de um loop. Depois do conjunto de comandos, feche o loop for ( ) com uma chave.

Seu loop for ( ) final deverá ficar assim:

```
for (i=0; i<count; i++)
{
fw.getDocumentDOM( ).cloneSelection( );
fw.getDocumentDOM( ).moveSelectionBy({x:10, y:0}, false, false);
fw.getDocumentDOM( ).rotateSelection(15, "autoTrimImages
->transformAttributes");
fw.getDocumentDOM( ).scaleSelection(.80000001192092896,
->0.80000000000000004, "autoTrimImages transformAttributes");
fw.getDocumentDOM( ).arrange("back");
}
```

7   Finalmente, mude o código do comando original para substituir por nomes da variável (configurados na etapa 4) os números codificados especificamente que existiam antes.

Os códigos de seu comando deverão ficar assim:

```
for (i=0; i<count; i++)
{
fw.getDocumentDOM( ).cloneSelection( );
fw.getDocumentDOM( ).moveSelectionBy({x:hDist, y:vDist}, false,
->false);
fw.getDocumentDOM( ).rotateSelection(r, "autoTrimImages
->transformAttributes");
fw.getDocumentDOM( ).scaleSelection(s/100, s/100,"autoTrimImages
->transformAttributes");
fw.getDocumentDOM( ).arrange("back");
}
```

196 | Fireworks MX: efeitos mágicos

8 Grave seu trabalho, volte para o Fireworks e execute seu comando modificado em um novo objeto em um novo documento.

Presto! Um comando configurável!

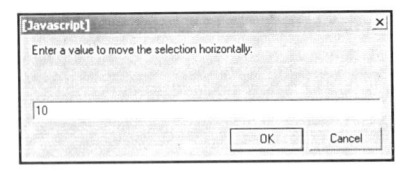

Como usar a função prompt do JavaScript para obter os valores do usuário.

Nota: O Fireworks usa o JavaScript exatamente como os navegadores web, mas há algumas diferenças importantes, que você deve saber em relação a como o JavaScript é usado no Fireworks versus os navegadores.

Primeiro, o Fireworks não incorpora seu código JavaScript dentro dos documentos como fazem os navegadores. O código JavaScript é armazenado separadamente nos arquivos JSF e é chamado quando o usuário seleciona um comando no menu Commands. O Fireworks também fornece suporte para muito mais tipos de objetos e funções que o navegador comum do JavaScript para suportar recursos, como por exemplo, selecionar objetos, trabalhar com arquivos e definir as propriedades dos elementos da página, como as transformações e as cores.

E mais, quando você escrever o código JavaScript para usar no Fireworks, não tente executá-lo em um navegador web comum. Há boas chances de que não funcionará e o navegador exibirá mensagens de erro, informando que há erros em seu código.

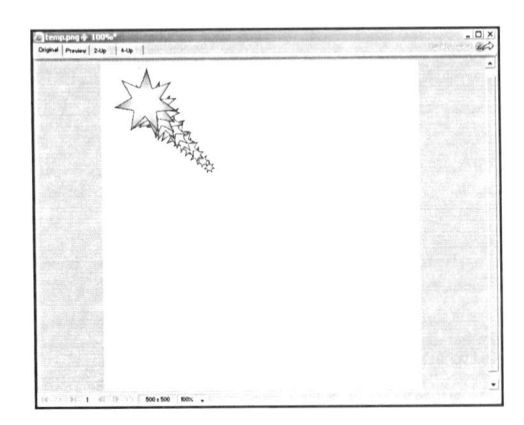

O documento depois de executar o comando.

MODIFICAÇÕES

No Fireworks MX, você pode agora usar o Flash para fornecer a seus comandos interfaces do usuário personalizadas. Quando você coloca um filme Flash na pasta Fireworks MX Commands, ele se torna disponível como um comando no menu Commands.

Na seção anterior, você forneceu a seu comando uma interface do usuário básica, para permitir que os usuários personalizassem a operação de seu comando, mas foi bem complicado. O usuário teve que digitar valores individuais em diversas caixas de diálogo e não havia nenhuma maneira de mudar um valor depois do usuário tê-lo fornecido e ido para a próxima caixa. Nesta última seção, você corrigirá esses problemas usando o Flash para dar a seu comando uma interface mais robusta.

Projeto 15 - EXTENSÕES PODEROSAS DO FIREWORKS | 197

Nota: Esta seção supõe que você está um pouco familiarizado com o Flash, é capaz de usar o Flash para criar animações básicas, está familiarizado com o código ActionScript e pode anexá-lo aos objetos de filme Flash. Se você não estiver familiarizado com esses conceitos, poderá não ser capaz de seguir as etapas, mas terá uma chance de ver como o Fireworks MX ficou poderoso. Note também que as etapas nesta seção funcionam apenas com o Flash MX, não com o Flash 5.

1   Inicialize o Flash MX. Abra o arquivo **scaleandrotate** incluído na pasta **Project 15** no CD-ROM em anexo.

   Este arquivo é um projeto Flash que contém a interface do usuário para seu comando Fireworks. Contém itens de texto estático, itens de entrada do texto e dois botões.

2   Clique o botão Cancel (Cancelar) e escolha Actions (Ações) no menu Window. A janela Actions será aberta e mostrará o ActionScript para o botão Cancel.

   Como o botão Cancel simplesmente fecha a caixa de diálogo sem executar nenhuma ação, o único script do qual precisa é o FWEndCommand( ). Essa função é inicializada pela subrotina de eventos on (release).

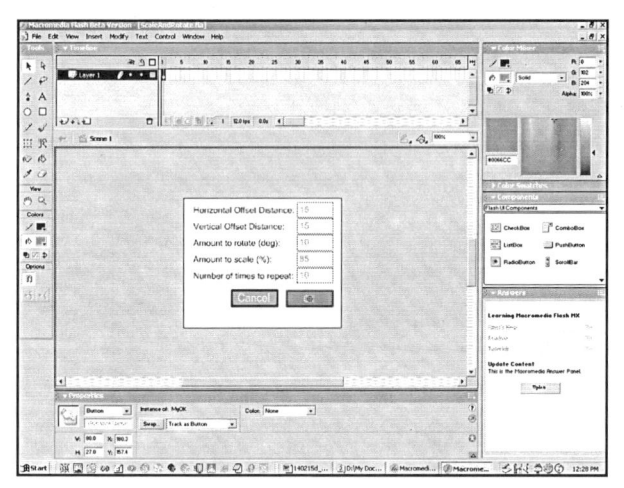

O projeto de interface do usuário com comandos no Flash.

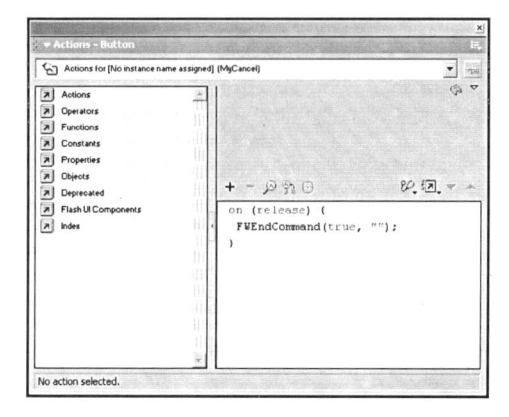

O código ActionScript para o botão Cancel.

Nota: O Flash MX fornece duas funções ActionScript novas que você poderá usar para se comunicar com o Fireworks: FWJavascript( ) e FWEndCommand( ). Você usará a função FWJavascript( ) para executar uma string do código JavaScript dentro do Fireworks. Por exemplo, chamar FWJavascript("alert('Hello There!');") fará com que uma caixa de alerta apareça dentro da aplicação Fireworks com a mensagem "Hello There!".

A função FWEndCommand( ) informa ao Fireworks que o comando completou seu trabalho e que a caixa de diálogo pode fechar. A função tem dois argumentos: um booleano (true ou false) e uma string de texto. Para indicar que seu comando completou normalmente e não tem nenhum erro a informar, transmita true como o primeiro argumento e uma string vazia como o segundo. Se seu comando tiver uma condição de erro a informar, e foi incapaz de completar seu trabalho normalmente, transmita false como o primeiro argumento e uma string de texto explicando o erro como o segundo. Esta string será exibida para o usuário no Fireworks.

3   Clique o botão OK. A janela Actions mudará para exibir o ActionScript do botão OK.

Como o botão Cancel, você colocou seu código Fireworks dentro de uma subrotina do botão on (release). Porém, a diferença aqui é que obteve o código gerado a partir do painel History na seção anterior e dividiu-o em diversas linhas. Todas as funções prompt( ) foram removidas, porque os valores para o comando agora virão dos campos de texto da interface. Os campos de texto foram nomeados para que você possa se referir a eles no ActionScript.

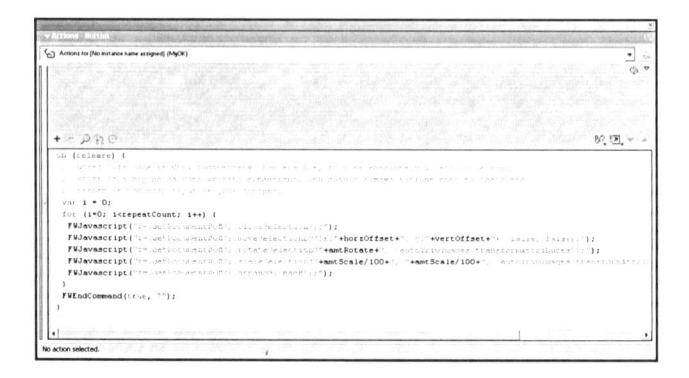

O código ActionScript para o botão OK.

Dica: Cada linha de código é dividida em uma chamada separada para FWJavascript( ), mas você poderia ter simplesmente construído tudo como uma string de texto gigante e enviado tudo para o Fireworks de uma só vez. A razão para tornar cada linha uma chamada separada é para melhor ajudar na depuração. Se o comando estiver causando problemas ou não estiver funcionando devidamente, será mais fácil comentar as linhas individuais para determinar qual está causando problemas.

4   Exporte o filme selecionando Export Movie (Exportar Filme) no menu File (Arquivo). Nomeie o filme como **scaleandrotate.swf**. Grave o arquivo SWF em sua pasta Fireworks MX/Configuration/Commands.

Projeto 15 - EXTENSÕES PODEROSAS DO FIREWORKS | 199

5 Inicie o Fireworks, crie um novo documento e desenhe um objeto de círculo simples com a ferramenta Shape (Forma).

6 Selecione o comando Scale and Rotate (Dimensionar e Girar) no menu Commands. Quando a caixa de diálogo aparecer, forneça valores diferentes nos campos de entrada do texto e clique em OK.

Observe como seu comando Flash gira e torce seu desenho!

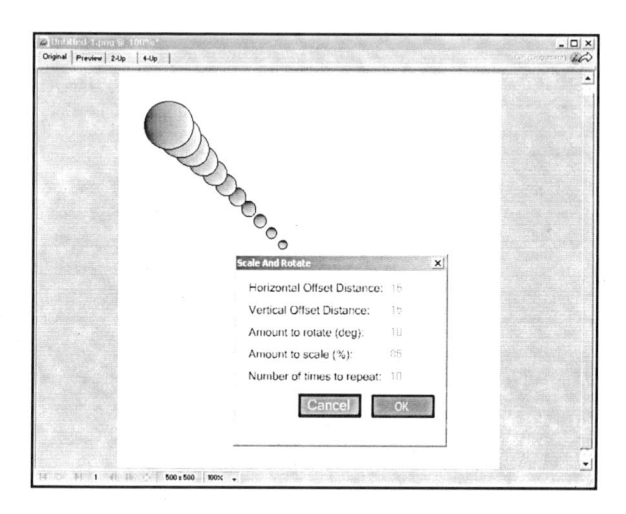

O comando Flash em ação.

Nota: Como uma precaução, clique em cada campo de texto para fornecer os dados, em oposição a usar a tecla Tab para se mover entre os campos. Do contrário, a interface poderá paralisar.

Índice

A

ActionScript, comunicar com Fireworks, 197
Add Used URLs to Library, opção, 107
Alien Skin, filtro Swirl, 26
Align, painel, 115
Alt, texto, 118
animações
   centralizar nos documentos, 97
   clipes do filme, 95-96
   definições, 65
   efeitos de rollover, 81
   exportar, 45-46, 67-69, 82
   inicializadas por botões interativos, 63-66
   intermediárias, 70-71, 77-80
   linha inicial, animadas, 35
   loop contínuo, 67-69
   otimizar, 45-46
   posicionar, 80
   quadro a quadro, 95
   quadros, 65
API (interfaces de programação da aplicação), 194
arquivos, automatizar alterações em série de arquivos, 147-150, 159-160
Assets, painel, 141

B

atualizar
   bibliotecas de links, 106
   sites web, 145-147
auréolas, remover de mapas de bits, 20-21

B

banners, 27
barras de navegação, 41
   exportar, 41-44
   otimizar, 41-44
Behaviors, painel, 85, 124, 130-131
Blending, modo (camadas), 24
blocos
   como padrões de preenchimento, 54
   exagerados, 56-57
   exportar, 56-57
   gravar, 53
   layouts, aplicar em, 54-55
   otimizar, 56-57
   personalizados, 50-53
   usar nas células da tabela, 58-59
Blur, ferramenta, 52
bordas distorcidas (texturas), 10
botões de rollover, 35, 63-65
   efeitos de animação, 65-66
   estados do rollover, criar, 63
botões transparentes, 175-179
   símbolos, gravar como, 179
botões
   animações, inicializar, 63-66
   barras de navegação, 112
   barras de navegação, criar, 180-183
   criar, 172-174
   gráficos, criar, 112-114
   links, adicionar, 118
   logotipo, 88
   rollover, 35, 63-64
   símbolos, 114-119, 174
   transparentes, 175-179
Brush, ferramenta, 51-52

C

cabeçalhos, 31, 35
camadas
   Blending, modo, 24
   mesclar, 19
centralizar texto em botões, 115
Circle, ferramenta, 89
círculos, desenhar, 89-91
clipes do filme, 95-96
   criar, 95

exportar, 96, 198
importar para Flash, 96
colaboração, fluxo de trabalho de, 171-172
  estilos e símbolos, gravar, 173-179
colagens
  criar, 16
  uso de em sites web, 26-31
comandos
  configuráveis, 193
  personalizados, 192
  repetir, 195
comportamentos
  apagar, 136
  aplicar, 124
  otimizar para usar com Dreamweaver, 135-137
  personalizados, 141
Configuration, pasta, 53
consistência da construção, 171-172
  estilos e símbolos, gravar, 173-179
cor
  adicionar a ilustrações, 6-8
  cores de preenchimento, alterar, 63
  cores foscas para blocos do fundo, 55
  em botões, 116
  esquemas, alterar, 150-152
  graduações de preenchimento, 6, 10
  texto, 116
Create Web Photo Album, comando (Dreamweaver), 170
Crop, ferramenta, 142

D

desenhar com formas, 3-5
  cruzar formas, 5

desenhos, 35-36, 145-147
  atualizar, 145-147
  exportar, 35-36
  otimizar, 35-36
dimensionar ilustrações, 13
dimensionar imagens, processamento em lote, 153, 161-163
Dreamweaver
  blocos, 58
  Create Web Photo Album, comando, 170
  Fireworks, integrar com, 133-134
  tabelas HTML, aninhar, 40
  texto, formatar, 135

E

editar
  arquivos, otimizar para usar com Dreamweaver, 139-141
  HTML, 105
efeitos
  Drop Shadow, 70
  Swirl, filtro (Alien Skin), 26
Ellipse, ferramenta, 56, 113
estilos, gravar, 173-179
Export Area, ferramenta, 47, 55
exportar
  animações, 45-46, 67-69, 82
  atualizações do site web, 152-153
  automatizar alterações em uma série de arquivos, 147-150
  barras de navegação, 41-44
  bibliotecas de ligações, 107
  blocos, 56-57
  clipes do filme, 96, 198
  desenhos, 35-36

Dreamweaver, otimizar para usar com, 137-138
fatias do texto, 46-48
Gráficos, 38-41
imagens com processamento em batch, 168-169
menus instantâneos, 129-130
quadros do botão, 92-93
regiões fatiadas, exportar código HTML ao invés de gráficos, 105
extensões (Fireworks), 185-187
  ambientes de construção, 187-188
  criar, 186-192
  interfaces do usuário, 193-196
Eyedropper, ferramenta, 174

F

fatias
  código HTML, exportar em lugar de gráficos em regiões fatiadas, 105
  comportamentos, aplicar, 136
  deixar lacunas entre, 64
  desenhar, 64
  desenhos web, fatiar, 36-38
  gráficos, 38-41
  links, aplicar, 64
  otimizar, 42, 135-137
  texto, 105
fatias de texto, 105
  usar com função URL, 109
ferramentas vetoriais, criar gráficos do botão, 112-114
ferramentas
  Blur, ferramenta, 52

Índice

Brush, ferramenta, 51-52
Circle, ferramenta, 89
Crop, ferramenta, 142
Ellipse, ferramenta, 56, 113
Export Area, 55
Export Area, ferramenta, 47
Eyedropper, ferramenta, 174
Freeform, ferramenta, 9
Hand, ferramenta, 42, 47
Knife, ferramenta, 76
Lasso, ferramenta, 39
Magic Wand, ferramenta, 21
Marquee, ferramenta, 17, 22, 25, 52
Pen, ferramenta, 3-5, 76
Pointer, ferramenta, 5, 51, 53, 114, 190
Polygon Lasso, ferramenta, 18-19
Polygon, ferramenta, 187
Rectangle, ferramenta, 23, 25, 54, 112
Reshape Area, ferramenta, 113
Rounded Rectangle, ferramenta, 29, 75
Rubber Stamp, ferramenta, 16, 20
Scale, ferramenta, 18, 76, 90-91
Selection, ferramentas, 16
Shape, ferramenta, 3, 198
Slice, ferramenta, 37, 64, 135
Subselection, ferramenta, 76-77, 91
Text, ferramenta, 78, 114-115
Transform, ferramenta, 96

filtros Swirl (Alien Skin), 26
Find and Replace, função, 107-108, 147-148
  em Project Log, 147
  esquemas de cores, alterar, 152
  Find URL, 108
Fireworks
  Dreamweaver, integrar com, 133-134
  Flash, integrar com, 88
  JavaScript, uso de, 196
Flash
  clipes do filme, exportar, 198
  Fireworks, comunicar com, 198
  Fireworks, extensões, 185-187
  Fireworks, integrar com, 88
  interfaces do usuário personalizadas, 196-199
for( ), loops, 195
formas
  círculos, desenhar, 89-91
  colar dentro de outras formas, 9-10
  cruzar, 5
  desenhar com, 3-5
  mesclar, 90-92
  retângulos, combinar, 29
formatar
  imagens com processamento em lote, 163-166
  texto com Dreamweaver, 135-136
Frames, painel, 35, 66-67, 95
Freeform, ferramenta, 9
FWEndCommand( ), função, 198
FWJavascript( ), função, 198

G

graduações de preenchimento, 10
  alterar posição, 25
  padrões de preenchimento personalizados, 12-13
  Radial, graduações, 25
  texturizadas, 6
graduações. *Veja* graduações de preenchimento
gráficos
  compressão JPEG seletiva, 39
  exportar, 38-41
  fatiar, 38-41
  otimizar, 38-41
  sites web, atualizar com ferramentas de processamento em lote, 145-147
gráficos de ficha, 75-77
gravar
  blocos, 53
  blocos/padrões personalizados, 12
  estilos, 173-179
  scripts de processamento em lote, 162
  símbolos, 173-179
guias
  arrastar, 36, 51
  exibir, 52

H

Hand, ferramenta, 42, 47
hiperlinks
  Add Used URLs to Library, opção, 107
  barras de navegação, atribuir a, 183-184
  bibliotecas de URLs, adicionar a, 104
  botões, adicionar a, 118
  fatias, aplicar a, 64

gerenciar com painéis URL, 103
menus instantâneos, aplicar a, 124
History, painel, 142, 170
  comandos, armazenar, 193
  extensões, criar, 189-192
  gravar scripts, 164
  registrar ações, 164
HTML
  editar, 105
  tabelas, 36, 38

I

ilustrações
  dimensionar, 13
  desenhar com formas, 3-5
  cor, adicionar, 6-8
  texturas, adicionar, 6-8
imagens compostas
  criar, 16
  em sites web, 26-31
imagens
  auréolas, remover, 20-21
  banners web, 27
  cabeçalhos, 31
  camadas, mesclar, 19
  colar dentro de outras imagens, 24-26
  compostas, 16, 26-31
  converter em tons de cinza, 156-158
  corrigir depois de ajustes, 19-20
  dimensionar com processamento em lote, 161-163
  estender, 22
  exibir dimensões, 163
  exportar com processamento em lote, 168-169
  formatar com processamento em lote, 163-166

girar, 18, 28
gráficos da ficha, 75-77
mapas de bits, alterar forma, 16-19
matizes, alterar com processamento em lote, 169-170
mesclar, 52
pequenas exibições, 161-166, 169-170
processamento em lote, 161-170
redimensionar, 24
rollovers de mapa da imagem, 74
segundos planos, 17, 22-24, 46-48
tornar nítidas, 166-168
importar
  clipes do filme, 96
  quadros do botão, 93-94
  símbolos, 117
Info, painel, 56-57, 89
instâncias, símbolos, 78
interfaces do usuário
  comandos personalizados, 193-196
  personalizadas, criar com Flash, 196-199
intermediárias, 77-80
  adicionar etapas, 79

J

JavaScript
  comportamentos personalizados, criar com, 141
  Fireworks, extensões, 185-187, 194-196
  Fireworks *versus* navegadores, 196

K-L

Knife, ferramenta, 76
Lasso, ferramenta, 39

Layers, painel, 54, 55, 75, 77, 82, 117, 135, 174-175, 177-178, 182
Layers, palheta, 82
Library, painel, 79-80, 97, 117, 119, 140-141, 180-182
linhas iniciais animadas, 35
links
  Add Used URLs to Library, opção, 107
  barras de navegação, atribuir a, 183-184
  bibliotecas de URLs, adicionar a, 104
  botões, adicionar a, 118
  fatias, aplicar a, 64
  gerenciar com painéis URL, 103
  menus instantâneos, aplicar a, 124
logotipo, botões, 88
  criar, 89-90
  efeitos de rollover, 89
  estados Down animados, 95
  exportar, 92-93
  importar para Flash, 93-94
loop em animações continuamente, 67

M

Magic Wand, ferramenta, 20
mapas de bits
  alterar forma, 16-19
  auréolas, remover, 20-21
  banners web, 27
  cabeçalhos, 31
  camadas, mesclar, 19
  colar dentro de outras imagens, 24-26
  corrigir depois de ajustes, 19-20
  estender, 22
  girar, 18, 28
  mesclar, 52

Índice

redimensionar, 24
remover a marca, 20-21
segundos planos, 17, 22-24
marcas, remover das imagens mescladas, 52-53
Marquee, ferramenta, 17, 22, 25, 52
Menu Delay, definir (menus instantâneos), 126
menus instantâneos, 121
    aparência, 125-126
    clicar para ativar, 130-131
    criar, 122-124
    exportar, 129-130
    links, aplicar, 124
    menu Delay, definir, 126
    posicionar, 127
    testar, 128
    visualizar, 126
menus instantâneos, 121
    aparência, 125-126
    clicar para ativar, 130-131
    criar, 122-124
    exportar, 129-130
    links, aplicar, 124
    menu Delay, definição, 126
    posicionar, 127
    rollovers de troca, 131-132
    testar, 128
    visualizar, 126
mesclar formas, 90-92
MouseOver, estados (efeitos de rollover), 81, 84-85

N-O

navegadores, uso do JavaScript em, 196
objetos
    animar, 65-66
    colar dentro de outros objetos, 9-10, 24-26

Optimize, painel, 17, 39-40, 43, 45, 55, 57-58, 64, 67-68
Options, painel, 187
otimizar
    animações, 45-46
    barras de navegação, 41-44
    blocos, 56-57
    desenhos web, 35-36
    fatias sobre diversos quadros, 42
    gráficos, 38-41
    visualizar definições da otimização, 39

P

padrões de madeira, 113
padrões de preenchimento, blocos, 54
Pen, ferramenta, 3-5, 77
pequenas imagens de exibição
    criar, 160-163
    formatar, 163-166
    matizes, alterar, 169-170
pequenas sombras, 70, 113
Photoshop, aplicar filtros, 13
Pointer, ferramenta, 5, 51, 53, 114, 190
Polygon Lasso, ferramenta, 18-19
Polygon, ferramenta, 187
pontos ativos, coordenadas do local, 123
Pop-Up Menu Editor, 105
processamento em lote, 153-156, 159-160
    comandos, remover dos menus, 166
    formatar imagens, 163-166
    imagens, 156-158, 161-163, 166-169
    pequenas exibições, 161-164, 169-170
    scripts, gravar, 162

sites web, atualizar, 145
Project Log, 107, 147-148
    arquivos, adicionar para processar, 108
    atualizar páginas com, 149-150
    esquemas de cor, alterar, 150-152
    Find and Replace, 148

Q

quadro a quadro, animação, 95
quadros (animação), 65
    adicionar, 66
    incluir apenas específicos, 67-69
    retardo, 66
    Tween, recurso, 70-71

R

Radial, graduações, 25
Rectangle, ferramenta, 23, 25, 54, 112
réguas
    arrastar guias, 36, 51
    tornar visíveis, 36
Reshape Area, ferramenta, 113
retângulos
    agrupar e desagrupar, 76
    arredondar cantos, 29
    combinar, 29
    cor, adicionar, 76
    pontos de âncora, editar, 76
retardo entre quadros, 66
rollover, efeitos, 73
    animações, 82, 83
    áreas clicáveis, definir, 94
    botões de logotipo, 89
    botões, 35, 63-64
    comportamentos, adicionar a fatias, 141

mapas da imagem, 74
MouseOver, estados, 81, 84-85
rollovers de troca, 73
rollovers remotos, 73
rollovers separados, 73
Swap Image, comportamentos, 83-84
rollovers de troca, 36, 73
  comportamentos, apagar, 136
  criar, 136
  menus instantâneos, 131-132
rollovers remotos, 36, 73
rollovers separados, 36, 73
Rotate, função, 28
Rounded Rectangle, ferramenta, 29, 75
Rubber Stamp, ferramenta, 16, 20
  ponteiros, 20
  usar sem fazer seleções, 20

S

Scale, ferramenta, 18, 16, 90-91
segundos planos
  blocos lado a lado, 50-59
  cor do segundo plano, remover, 17
  gráficos como fundos para células da tabela, 46
  imagens, exportar para usar como, 46-48
  texturas uniformes, 50
Selection, ferramentas, 16
Shape, ferramenta, 3, 198
símbolos, 78
  barras de navegação, criar, 112, 180-183
  botões, 114-116
  desagrupar, 182
  em símbolos, 78
  gravar, 173-179

importar, 117
incorporar diversos em um, 116
instâncias, 78
modificar, 119-120
sistemas de navegação, 74
  barras de navegação, 111
  botões, 112-116
  gráficos da ficha, 75-77
  menus instantâneos, 121
Slice, ferramenta, 37, 64, 135
Styles, painel, 119, 173-176
suavizar aparência do texto em botões, 116
Subselection, ferramenta, 77, 91
Swap Image, comportamentos (efeitos de rollover), 83-84
Swirl, filtro (Alien Skin), 26

T

tabelas HTML aninhadas, 36
tabelas
  aninhadas, 36
  blocos, usar como fundos nas células da tabela, 58-59
  gráficos, usando como fundos para células da tabela, 46
  simples, 38
telas, aumentar, 51
Text, ferramenta, 78, 114-115
  símbolos do botão, criar, 114-116
texto
  Alt, 118
  formatar com Dreamweaver, 136
texturas
  bordas distorcidas, 10
  Chiffon, 10
  graduações de preenchimento, 6, 10

ilustrações, adicionar, 6-8
papel pergaminho, 51
personalizadas, 12-13
Photoshop, aplicar filtros, 13
segundo plano da imagem, adicionar, 22-24
tons de cinza, converter imagens em, 156-158
Tools, painel, 39, 52, 55, 187
tornar nítidas imagens com processamento em lote, 166-168
Transform, ferramenta, 96
Tween, recurso, 70-71

U

URL, painéis, 103, 136
  arquivos HTML, importar como listas de links, 103
  bibliotecas de links, atualizar, 106
  bibliotecas de links, criar, 103
  comportamentos personalizados, adicionar, 141
  exportar bibliotecas de links, 107
  links, 104-105
utilitários
  Blur, ferramenta, 53
  Brush, ferramenta, 51-52
  Circle, ferramenta, 89
  Crop, ferramenta, 142
  Ellipse, ferramenta, 56, 113
  Export Area, 55
  Export Area, ferramenta, 47
  Eyedropper, ferramenta, 174
  Freeform, ferramenta, 9
  Hand, ferramenta, 42, 47
  Knife, ferramenta, 76
  Lasso, ferramenta, 39

Magic Wand, ferramenta, 21
Marquee, ferramenta, 17, 22, 25, 52
Pen, ferramenta, 3-5, 76
Pointer, ferramenta, 5, 51, 53, 114, 190
Polygon Lasso, ferramenta, 18-19
Polygon, ferramenta, 187
Rectangle, ferramenta, 23, 25, 54, 112
Reshape Area, ferramenta, 113
Rounded Rectangle, ferramenta, 29, 75
Rubber Stamp, ferramenta, 16, 20
Scale, ferramenta, 18, 76, 90-91
Selection, ferramentas, 16
Shape, ferramenta, 3, 198-199
Slice, ferramenta, 37, 64, 135
Subselection, ferramenta, 76-77, 91
Text, ferramenta, 78, 114-116
Transform, ferramenta, 96

W

web, banners, 27
web, sites
   atualizar, 145-158
   visualizar em navegadores, 109

O que há no CD-ROM

O CD-ROM anexo inclui todos os tipos de arquivos de exercício e produtos, para ajudá-lo a trabalhar com este livro e com o Fireworks. As seções seguintes contêm descrições do conteúdo do CD-ROM.

Para obter mais informações sobre o uso deste CD-ROM, veja o arquivo **readme.txt** no diretório-raiz. Esse arquivo inclui informações de renúncia dos direitos autorais, assim como informações sobre a instalação, exigências do sistema, solução de problemas e suporte técnico.

Questões do suporte técnico: Se você tiver qualquer dificuldade com este CD-ROM, poderá acessar o site **www.newriders.com** (versão em inglês).

REQUISITOS DO SISTEMA

Este CD-ROM foi configurado para ser usado nos sistemas que executam Windows 98, Windows 2000, Windows XP e Macintosh. Sua máquina precisará satisfazer as seguintes exigências do sistema para este CD-ROM operar devidamente:

- Macintosh OS System 9.1 e superior
- Windows 98 e superior

COMO CARREGAR OS ARQUIVOS DO CD-ROM

Para carregar os arquivos do CD-ROM, insira-o no drive. Se a função autoplay (reprodução automática) estiver ativada em sua máquina, o programa de configuração do CD-ROM iniciará automaticamente na primeira vez em que você inserir o disco. Poderá copiar os arquivos para seu disco rígido ou usá-los diretamente a partir do CD.

Nota: Este CD-ROM usa nomes de arquivo longos e com letras maiúsculas e minúsculas misturadas, requerendo o uso de um driver de CD-ROM no modo protegido.

Arquivos de Exercício

Este CD-ROM contém todos os arquivos dos quais você precisará para completar os exercícios em *Macromedia Fireworks MX – efeitos mágicos*. Esses arquivos podem ser encontrados nas pastas de projeto do diretório-raiz.

Leia antes de abrir o Software

Abrindo o pacote do CD-ROM, você concorda com os seguintes termos:

Você não pode copiar ou redistribuir o CD-ROM como um todo. A cópia e a redistribuição de programas de software individuais do CD-ROM são governadas pelos termos definidos pelos proprietários dos direitos autorais individuais.

O instalador, código, imagens, ações e pincéis do(s) autor(es) são direitos autorais do editor e dos autores.

Este software é comercializado neste estado, sem nenhum tipo de garantia, expressa ou implícita, incluindo mas não limitado às garantias implícitas de comercialização e idoneidade para um determinado fim. Nem o publicador nem seus revendedores ou distribuidores assumem qualquer responsabilidade por qualquer dano alegado ou real que surja do uso deste programa. (Alguns estados não permitem a exclusão das garantias implícitas; portanto, a exclusão pode não se aplicar a você.)

Impressão e acabamento
Editora Ciência Moderna Ltda.
Rua Alice Figueiredo, 46
CEP: 20950-150, Riachuelo – Rio de Janeiro – RJ – Brasil
Tels.: (21) 2201-6662 /2201-6492 /2201-6511 /2201-6998
Fax: (21) 2201-6896 /2281-5778
E-mail: lcm@lcm.com.br